总部经济
最新优惠政策解读

AN INTERPRETATION OF
THE LATEST PREFERENTIAL POLICIES
FOR THE HEADQUARTERS ECONOMY

任永菊 著

天津出版传媒集团

天津人民出版社

图书在版编目（ＣＩＰ）数据

总部经济最新优惠政策解读 / 任永菊著. -- 天津：
天津人民出版社，2020.7
　　ISBN 978-7-201-16265-2

　　Ⅰ.①总… Ⅱ.①任… Ⅲ.①地区经济—经济政策—
研究—中国 Ⅳ.①F127

中国版本图书馆 CIP 数据核字（2020）第 124635 号

总部经济最新优惠政策解读
ZONGBU JINGJI ZUIXIN YOUHUI ZHENGCE JIEDU

出　　版	天津人民出版社
出 版 人	刘　庆
地　　址	天津市和平区西康路35号康岳大厦
邮政编码	300051
邮购电话	（022）23332469
网　　址	http://www.tjrmcbs.com
电子信箱	reader@tjrmcbs.com

策划编辑	王　康
责任编辑	郑　玥
特约编辑	郭雨莹　武建臣
装帧设计	汤　磊

印　　刷	北京虎彩文化传播有限公司
经　　销	新华书店
开　　本	710毫米×1000毫米 1/16
印　　张	22.75
插　　页	2
字　　数	300千字
版次印次	2020年7月第1版　2020年7月第1次印刷
定　　价	88.00元

前　言

北京市是中国第一个出台《关于鼓励跨国公司在京设立地区总部的若干规定》(京政发〔1999〕4号)的城市。之后,总部经济相关政策就如雨后春笋般在中国的大地上迅速发展,并呈现出如下特征:一是总部经济地方政策层次越来越多,从省市自治区到地级城市,再到县级城市,甚至乡镇;从国家级开发区到省级开发,再到地级开发区。二是政策规范性越来越强,基本上都是以规范性政策文件(体例分总则、分则、附则)完成,有些尽管没有明确划分,但基本都遵循该体例。三是政策细节性越来越强,大多都是出台实施意见之后,随即出台实施细则或是专项扶持资金管理办法,甚至出台分行业的总部经济相关政策或者实施细则或者专项扶持资金等。四是认定管理制度正在逐步得到认可,且出现了不同层级的认定。

上述特征进一步验证了总部经济对于我国进一步扩大开放、利用外资促进高质量发展、改善营商环境、推动区域经济协同发展等的重要作用。正因为如此,在未来,总部经济将继续发挥其不可或缺的作用。总部经济相关政策的出台也将出现以下趋势:一是原有总部经济相关政策有效期过后,直接出台利用外资高质量发展的实施意见,将吸引地区总部作为其中一个工作环节,比如江苏省南通市。二是政策到期后,直接出台三年行动计划,具体部署三年内的相关工作,比如南京市。三是更新迅速,根据国内外经济形势,及时调整政策,比如上海市,基本上平均两年即更新一次。四是配套政策逐步完善,比如北京市,在2009年出台跨国公司地区总部修订意见之后,围绕总部经济建设出台相关的人才、总部企业、知识产权、研发中心等政策。五是政策制定权逐渐下放，比如杭州市，政策到期后，不再出台新的政策，而是下辖区县根据自身具体情况各自出台相应政策。

毋庸置疑，每个政策的出台都是一个复杂的系统工程，解读政策更是如此。在解读过程中，笔者先按照区域划分，即华北地区、东北地区、华东地区、华中地区、华南地区、西南地区、西北地区的顺序展开；再按照行政层级展开，即省（自治区、直辖市）、地市州、国家级开发区、自由贸易试验区等。在解读形式方面，笔者采取基于原文设定场景以"一问一答"的形式完成，旨在以一个信息传递者的身份向政界、商界、学界传递相关信息，其中最为重要的是对总部企业的认定。总部企业只有满足认定条件，才有资格谈论可享受的政策；否则只是空谈而已。因此，对认定条件的解读相对比较详细。

需要提及的是，一是所有原始资料均来自各地区人民政府、发改委、工信委、商务局、财政局等负责出台或解释政策文件的政府部门官网，故参考文献不再单独列出。二是笔者多方式多渠道求证以保证政策信息的准确性和有效性。为保证政策信息的准确性和有效性，笔者拨打了无数个电话向各省市各地市州相关政府部门进行求证，由此也获得了很多有效信息，为本书增色不少。但是世界上只有变化本身是不变的，政策的变化也是一样，因此本书只对相对没有变化的，即在有效期内的政策进行解读。三是对于一些有效性存疑的政策，比如一些官网上能查到但多方求证而未果，或者一些出台相对较早又没有明确有效期的，且未得到求证的，均不再本书考虑之内。

笔者仅为一介书女，能力有限，既无法满足自身对于解读的最初设想，也不能满足所有需求者的需求，更不能做到百分之百完美的解读。虽尽力而为，但难免出现纰漏。当然文责自负。

任永菊

2019年12月31日

目　录

第三部分　华东地区

第四部分　华中地区

第五部分 华南地区

第六部分　西南地区

第七部分　西北地区

后　记

第一部分
华北地区

1. 北京市

1.1北京市

北京,简称"京",地处华北大平原的北部,是中华人民共和国的首都,是全国的政治中心、文化中心,是世界著名古都和现代化国际城市。1999年,北京市成为我国第一个出台《关于鼓励跨国公司在京设立地区总部若干规定》(京政发〔1999〕4号)的城市,至2019年已经过去整整20年。20年里,随着国内外形势的变化,北京市不仅修订了原有政策,还新出台了一系列相关政策。为贯彻落实新版城市总体规划,推动创新型总部经济减量集约、提质增效发展,支撑北京经济高质量发展,助推国际一流的和谐宜居之都建设,特制《北京创新型总部经济优化提升三年行动计划(2018—2020年)》(京商函字〔2018〕170号)。

问:北京市出台的总部经济系列相关政策有哪些?

答:北京市出台的总部经济系列相关政策包括《鼓励跨国公司在京设立设立地区总部的若干规定》(京政发〔2009〕15号);《关于鼓励跨国公司在京设立地区总部的若干规定实施办法》(京商务总部字〔2016〕3号)。

《关于加快总部企业在京发展的工作意见》(京政发〔2013〕29号)及其附件《关于促进总部企业在京发展的若干规定》;《关于促进总部企业在京发展的若干规定实施办法》(京商务总部字〔2016〕4号)。

《关于进一步做好总部企业知识产权工作促进总部经济创新发展的若

干措施》(京商务总部字〔2018〕4号)。《北京市鼓励企业设立科技研究开发机构实施办法》(京科发〔2014〕312号)。《北京市高级人才奖励管理规定》(京政办发〔2010〕40号)。

问：总部经济相关政策的主要内容有哪些？

答：《鼓励跨国公司在京设立设立地区总部的若干规定》(京政发〔2009〕15号)包括三个部分。主要内容是：第一部分包括第一、二条，明确了制定本规定的意义和适用对象；第二部分包括第三至十八条，明确了不同方面的鼓励政策；第三部分包括第十九、二十条，明确了组织部门和实施期限。

《关于鼓励跨国公司在京设立地区总部的若干规定实施办法》(京商务总部字〔2016〕3号)包括七个部分，分别明确了地区总部的认定条件、可享受的补助和奖励、高层次管理人才引进和奖励、人员流动便利化措施、相关部门的管理服务职责、商务部门的职责、实施期限等。

《关于加快总部企业在京发展的工作意见》(京政发〔2013〕29号)之附件《关于促进总部企业在京发展的若干规定》按照规范文件分为总则、分则和附则三个部分共计五章二十二条。第一章包括第一、二条，明确了制定本规定的意义、适用对象及其认定条件；第二章包括第三至九条，明确了总部企业可享受的资金奖励和补助；第三章包括第十至十六条，明确了总部企业可享受的配套服务；第四章包括第十七至十九章，明确了相关保障机制；第五章包括第二十至二十二章，明确了牵头部门、适用范围、实施期限等。

《关于促进总部企业在京发展的若干规定实施办法》(京商务总部字〔2016〕4号)包括三大部分，第一部分明确了制定本办法的意义。第二部分包括第一至四条，分别明确了总部企业的认定条件；可享受的资金奖励和补助等政策；申请奖励和补助的流程、提交的材料等相关事宜；可享受的配套服务等。第三部分为附则，明确了本办法适用范围、执行部门、落实、监督、实施期限等。

《关于进一步做好总部企业知识产权工作促进总部经济创新发展的若干措施》(京商务总部字〔2018〕4号)包括两大部分。分别明确了本措施的意义、十条措施及其各部门具体分工。

《北京市鼓励企业设立科技研究开发机构实施办法》(京科发〔2014〕312号)按照规范文件分为总则、分则和附则共计五章三十三条。第一章包括第一至六条,分别明确了制定本办法的意义、发展路径、研发机构的界定、鼓励事项、责任部门、相关工作遵循原则等。第二章包括第七至十五条,明确了认定工作的具体事宜。第三章包括第十六至十九条,明确了评估与管理相关事宜。第四章包括第二十至三十二条,明确了各类扶持政策。第五章为附则,明确了实施期限。

《北京市高级人才奖励管理规定》(京政办发〔2010〕40号)除制定本规定意义之外,共计包括十一条内容。分别明确了奖励原则、评审程序、规范奖励要求、超万元奖励申报要求、一般奖励申请条件、申报时间、奖金来源、申请单位/个人责任、受理部门工作要求、解释权、实施期限。

问:北京市出台的总部经济系列相关政策的适用对象有哪些?

答:《鼓励跨国公司在京设立设立地区总部的若干规定》(京政发〔2009〕15号)和《关于鼓励跨国公司在京设立地区总部的若干规定实施办法》(京商务总部字〔2016〕3号)适用于跨国公司地区总部。跨国公司地区总部是指外国跨国公司以投资或授权形式在本市注册设立的,对在一个或一个以上国家行政区域内的企业行使管理和服务职能的唯一总机构。中国香港、中国澳门、中国台湾地区的海外公司在本地注册设立的地区总部,参照本规定执行。

《关于加快总部企业在京发展的工作意见》(京政发〔2013〕29号)及其附件《关于促进总部企业在京发展的若干规定》、《关于促进总部企业在京发展的若干规定实施办法》(京商务总部字〔2016〕4号)、《关于进一步做好总部企业知识产权工作促进总部经济创新发展的若干措施》(京商务总部字〔2018〕4号)适用于在京中央企业、市属国有企业、民营总部企业,以及跨国公司地区总部、金融总部企业。总部企业是指对其控股企业或分支机构拥有控制权或行使管理权的企业组织,并符合认定条件。

《北京市鼓励企业设立科技研究开发机构实施办法》(京科发〔2014〕312

号)适用于企业科技研究开发机构(即"企业研发机构")。企业研发机构是指从事自然科学及科学技术相关领域研究开发和试验发展(包括为开发活动服务的中间试验)的企业,或者企业内部从事技术开发、产品开发、工艺开发以及有关技术服务的机构,是企业开展技术创新、实现科技进步的基础条件。企业研发机构的形式可分为法人企业和企业分支机构。

《北京市高级人才奖励管理规定》(京政办发〔2010〕40号)适用于在京创业工作的各类高级人才,对北京市重点发展领域的高级人才按照对首都经济社会发展贡献程度给予政府奖励。

《北京创新型总部经济优化提升三年行动计划(2018—2020年)》(京商函字〔2018〕170号)适用于创新型企业总部。涵盖新一代信息技术、人工智能、智能装备、医药健康、新能源智能汽车等十大"高精尖"产业领域创新型企业总部;金融、商务服务、信息服务等高端服务业创新型企业总部;创意设计、数字新媒体、VR/AR、动漫游戏、数字出版等文化科技类创新型企业总部;具有全球影响力、掌握产业前沿核心技术的国内外企业研发中心、工程技术中心等研发类创新型企业总部;数字经济、绿色经济、创意经济等新经济形态的创新型企业总部;互联网金融、在线教育、远程医疗、工业互联网等"互联网+"领域的平台型企业总部;中关村领航企业、"瞪羚"企业、独角兽企业"准创新型总部"企业。

问:跨国公司地区总部的认定条件是什么?

答:根据《关于鼓励跨国公司在京设立地区总部的若干规定实施办法》(京商务总部字〔2016〕3号)规定,符合下列条件之一,可申请认定为地区总部:

(一)经批准设立的外商投资性公司。

(二)具备以下条件的外商投资管理性公司:

1.母公司的资产总额不低于4亿美元。

2.母公司在中国累计实缴注册资本总额不低于1000万美元,且在中国境内外投资或者授权管理的企业不少于3个;在中国境内外投资或者授权管理的企业不少于 6 个。

3.管理性公司注册资本不低于 200 万美元。

4.是母公司在中国境内唯一的最高经营管理机构。

5.对国际知名跨国公司,可适当放宽条件。

投资性公司是指跨国公司按照商务部发布的《关于外商投资举办投资性公司的规定》设立的从事直接投资的公司。

管理性公司是指为母公司所投资的企业和关联企业提供管理、决策、研发、资金管理、物流、销售、策划、咨询、培训等相关服务的企业法人。

问:总部企业的认定条件是什么?

答:根据《关于促进总部企业在京发展的若干规定实施办法》(京商务总部字〔2016〕4 号)规定,具备以下特征者,可认定为总部企业:

(一)在本市行政区域内注册,且具有法人资格。

(二)跨地区或跨境经营,且在京外至少拥有 1 个分(子)公司。

(三)符合下列条件标准之一:

1.资产合计和年营业收入均在 1 亿元人民币以上(含)的企业。

2.资产合计和年营业收入均在 5000 万元人民币以上(含)的国家认定的高新技术企业或中关村科技园区管理委员会认定的高新技术企业(科技创新型准总部企业)。

3.市发展总部经济工作部门联席会议(简称"联席会议")及其办公室确定的其他符合北京产业发展方向的重点总部企业。

问:科技研究开发机构的认定条件是什么?

答:根据《北京市鼓励企业设立科技研究开发机构实施办法》(京科发〔2014〕312 号)规定,符合下列条件者,可认定为市级企业研发机构:

第一条,申请认定市级企业研发机构的,应当是在本市或者区(县)工商行政管理部门依法取得《企业法人营业执照》或《营业执照》的法人企业或者企业分支机构。

第二条,已获得市级企业研发机构资格的企业,除所从事的主营业务不同外，不再受理其控股子公司或者所属母公司的市级企业研发机构的认定申请。

第三条，除符合第一条规定外，具备以下条件的企业法人，可以申请认定市级企业研发机构：

(一)有明确的研究开发方向，符合国家及本市的技术政策和产业政策。

(二)企业信用情况良好，两年内未发生产品质量事故或者侵犯他人知识产权等违法违规行为。

(三)工商登记注册时间在1年以上；有固定场所、科研仪器设备以及其他开展技术研发所需的科研条件，其中，科研用房面积300平方米以上、科研仪器设备原值200万元以上。

(四)总人数不少于20人，其中具有本科以上学历人员人数不低于50%；专职从事研究开发活动人员人数不低于60%。

(五)上一年度技术性收入占总收入比例不低于60%。

(六)上一年度销售收入不足1000万元的，要求近三个会计年度年平均研究开发经费投入不低于200万元；上一年度销售收入1000万元以上的，近三个会计年度研究开发经费投入总额采用超额累计计算，研究开发经费投入占销售收入的比例按照分段超额累退比例法核定：

1.年销售收入不足3000万元的，比例不低于20%。

2.年销售收入在3000万元以上、不足1亿元的部分，比例不低于15%。

3.年销售收入在1亿元以上的部分，比例不低于10%。

其中，企业在中国境内发生的研究开发经费投入总额占全部研究开发经费投入总额的比例不低于60%。企业注册成立时间不足3年的，按实际经营年限计算。

(七)近三年拥有以下科技成果或者奖项之一：

1.国内外授权的发明专利，或者至少3项实用新型专利。

2.制(修)订现行有效的国家标准、行业标准，实质性参与制(修)订国际标准。

3.国家秘密技术。

4.国家新药或者临床批件。

5.国家动(植)物新品种权。

6.认定为中关村国家自主创新示范区新技术新产品(服务)。

7.国家或者本市科学技术类奖励。

第四条,除符合第一条和第三条第一、二、七款规定外,具备以下条件的企业分支机构,可以申请认定市级企业研发机构:

(一)所属公司上一年度销售收入在 1 亿元(含)以上。

(二)有固定场所、科研仪器设备以及其他开展技术研发所需的科研条件。其中,科研用房面积 500 平方米以上,科研仪器设备原值 300 万元以上。

(三)具有本科以上学历的从事研究开发活动人员人数不少于 30 人。

(四)所属公司近三个会计年度研究开发经费投入总额采用超额累计计算,研究开发经费投入占销售收入的比例按照分段超额累退比例法核定:

1.年销售收入不足 3 亿元的,比例不低于 5%。

2.年销售收入在 3 亿元以上、不足 10 亿元的部分,比例不低于 3%。

3.年销售收入在 10 亿元(含)以上的,研究开发经费投入占销售收入的比例不低于 1.5%,或者企业当年研究开发费用总额不低于 7000 万元。

其中,企业在中国境内发生的研究开发经费投入总额占全部研究开发经费投入总额的比例不低于 60%。企业注册成立时间不足 3 年的,按实际经营年限计算。

问:高级人才奖励的申请条件是什么?

答:根据《北京市高级人才奖励管理规定》(京政办发〔2010〕40 号)规定,设立北京市高级人才奖励专项资金。鼓励各类高级人才在京创业工作,对于本市重点发展领域的高级人才按照对首都经济社会发展贡献程度给予政府奖励。符合下列条件之一的高级人才可申请奖励,奖励金额累计不超过 30 万元:

(一)被跨国公司地区总部,注册资本 1000 万美元(含)以上的外商投资企业，世界 500 强中的境外公司在京投资的企业级世界知名会计师事务所在京设立的会计师事务所聘用，连续 2 年以上担任副总经理以上或相当职务的人员。

（二）被软件企业、集成电路企业聘用，连续 2 年以上且年薪 15 万元（含）以上的高级管理人才和专业技术人才。

（三）被北京科技研究开发机构聘用，连续 2 年以上担任主任或相当职务且年薪 15 万元（含）以上的人员。

（四）被来京投资企业聘用，连续 2 年以上担任常务副总经理以上职务及担任总会计师、总工程师、总经济师的人员。

（五）被在京金融企业聘用，连续 2 年以上担任副总经理以上或相当职务的人员。

（六）在京国际、国内文化艺术名人、名家和民族传统艺术专家、优秀运动员、优秀教练员及接触文化艺术体育产业经营管理人才。

问：跨国公司地区总部的管理和服务部门有哪些？

答：北京市商务委负责在京跨国公司地区总部的认定。北京市商务委员会、发展和改革委员会、公安局、财政局、人力资源和社会保障局、地方税务局、统计局、国家税务局在各自职责范围内，做好对跨国公司地区总部的管理服务工作。

问：总部企业的管理和服务部门有哪些？

答：北京市商务委负责协调具体问题，重大问题上报联席会议和经市政府批准后实施。联席会议由市政府有关部门和各区县政府主管领导参加，负责统筹解决全市总部经济发展过程中政策、服务等方面的重大问题。联席会议办公室设在市商务委，承担日常工作。

问：科技研究开发机构的管理和服务部门有哪些？

答：北京市科学技术委员会负责在京科技研究开发机构的认定，做好对科技研究开发机构的评估和管理服务工作。北京市科委与区（县）建立协同工作机制，鼓励各区（县）对市级企业研发机构创新发展给予配套扶持政策。

问：高级人才奖励的管理和服务部门有哪些？

答：北京市人力社保局负责在京高级人才奖励的核准，市财政局拨付相关奖励资金，由受理部门兑现发放相关奖励。北京市人力社保局、市财政局协调解决《北京市高级人才奖励管理规定》（京政办发〔2010〕40号）实施过程中遇到的具体问题。

问：跨国公司地区总部可享受哪些鼓励政策？

答：根据《关于鼓励跨国公司在京设立地区总部的若干规定实施办法》（京商务总部字〔2016〕3号）规定，跨国公司地区总部可享受补助和奖励的财政支持政策；享受人才引进、多次出入境便利（可申请F字签证）、居留许可、往来港澳通行证和多次出入境有效的商务签注、优先办理《大陆居民往来台湾通行证》及商务签注等鼓励政策。

问：总部企业可享受哪些鼓励政策？

答：根据《关于促进总部企业在京发展的若干规定实施办法》（京商务总部字〔2016〕4号）规定，总部企业可享受资金奖励和补助，包括新入驻奖励和补助、高级管理人员奖励、实体化经营奖励、提升能级奖励、中介组织奖励；享受相应的配套服务，包括重点总部企业的跟踪服务、人员流动便利等。

强调鼓励各区政府结合本区域总部经济发展实际情况，提供更多优质服务，并将服务提供情况定期报送联席会议办公室。

问：科技研究开发机构可享受哪些鼓励政策？

答：根据《北京市鼓励企业设立科技研究开发机构实施办法》（京科发〔2014〕312号）规定，科技研究开发机构可享受不同类别的政策支持与鼓励，比如专项资金、高级人才奖励、财政科技经费、优先立项市科技计划项目等。

问：高级人才可享受哪些奖励？

答：根据《北京市高级人才奖励管理规定》（京政办发〔2010〕40号）规定，高级人才可享受北京市高级人才专项资金奖励。

问：总部企业可享受哪些知识产权保障措施？

答：根据《关于进一步做好总部企业知识产权工作促进总部经济创新发

展的若干措施》(京商务总部字〔2018〕4 号)规定,由北京市商务委员会、北京市知识产权局、北京市工商行政管理局、北京市版权局分别从 10 个方面制定总部企业知识产权保障措施,包括深化总部企业知识产权战略实施、提升总部企业高质量知识产权创造、促进总部企业知识产权转化运用、加强总部企业知识产权保护、推进总部企业知识产权区域协同发展、推动总部企业知识产权国际化发展、建立总部企业知识产权推进机制、强化总部企业知识产权政策支持、加强总部企业知识产权人才支撑、培育总部企业知识产权文化。

问:创新型总部经济提升计划的重点任务有哪些?

答:根据《北京创新型总部经济优化提升三年行动计划(2018—2020 年)》(京商函字〔2018〕170 号)规定,创新型总部经济提升计划的重点任务涵盖重点领域创新型总部升级、国际化提升、新动能培育、提质增效、布局优化、区域联动等,每一项重点任务细化的若干种类如下文所述:

(一)实施重点领域创新型总部升级行动,包括支持高精尖产业创新型总部发展壮大、促进高端服务业创新型总部提质升级、加快文化科技融合的创新型总部培育、着力打造研发类创新型总部优势集群。

(二)实施创新型总部国际化提升行动,包括加快跨国公司地区总部引进与能级提升、促进世界 500 强企业在京投资增资、鼓励创新型总部企业"走出去"跨国经营、支持创新型总部企业参与国际标准制定。

(三)实施创新型总部新动能培育行动,包括培育一批新经济形态的创新型总部、扶持一批平台类的创新型总部、建立"准创新型总部"企业发现培育机制。

(四)实施创新型总部企业提质增效行动,包括支持创新型总部企业实体化经营、鼓励分支机构向创新型总部升级。

(五)实施创新型总部企业布局优化行动,包括支持金融街、中央商务区(CBD)、中关村等功能区提质增效,促进"三城一区"创新型总部企业发展,加快城市副中心高端服务业创新型总部引进,推进新城、新区特色总部基地建设。

（六）实施创新型总部经济区域联动行动,包括推动创新型总部企业构建跨区域产业链、以创新型总部经济模式助推京津冀协同发展。

1.2平谷区

平谷区,位于北京市的东北部;南与河北省三河市为邻,北与北京市密云区接壤,西与北京市顺义区接界,东南与天津市蓟州区、东北与河北省承德市兴隆县毗连。目前,平谷区坚持"五位一体"总体布局,建设京津冀协同发展桥头堡、建设北京城市副中心后花园、建设宜居宜业宜游生态谷、建设农业科技创新示范区。2018年,平谷区全年实现地区生产总值251亿元。

问:平谷区出台的总部经济相关政策有哪些?

答:平谷区出台《北京平谷区人民政府关于扶持总部企业发展的若干规定》(京平政发〔2009〕30号),旨在鼓励国内外企业总部到平谷区发展,推动平谷区产业结构优化升级和城市功能提升,壮大区域内经济总量。

问:总部经济相关政策的主要内容有哪些?

答:《北京平谷区人民政府关于扶持总部企业发展的若干规定》(京平政发〔2009〕30号)除出台本规定的意义之外,共计包括6个部分,分别明确了总部企业认定条件、申请政策的条件、认定程序、认定的变更与撤销、扶持政策以及其他。

问:总部经济相关政策的适用对象有哪些?

答:《北京平谷区人民政府关于扶持总部企业发展的若干规定》(京平政发〔2009〕30号)适用于总部企业,包括经批准设立的投资性公司、国内外上市公司、具备相关条件要求的其他企业。

问:总部企业的认定条件有哪些?

答:根据《北京平谷区人民政府关于扶持总部企业发展的若干规定》(京平政发〔2009〕30号)规定,总部企业认定条件包括总部企业的认定条件和申请政策的认定条件,具体如下:

一、总部企业的认定

符合下列条件之一,可申请认定为总部企业:

(一)经批准设立的投资性公司。

(二)国内外上市公司。

(三)具备以下条件之一的其他企业:

1.采取总分机构形式管理,在中国境内外投资或授权管理和服务的非法人资格分支机构不少于 3 个,其中在评估区外的不能少于 2 个,并且在平谷区汇总缴纳企业所得税。

2.采取母子公司形式管理,上年度营业收入不得少于 1 亿元人民币,在中国境内外投资或授权管理的企业不得少于 3 个。

投资性公司是指根据国家工商行政管理局发布的《关于投资公司登记有关问题的通知》和商务部发布的《关于外商投资举办投资性公司的规定》设立的从事直接投资性的公司。

二、享受政策的企业总部的认定

符合以下 3 个条件的总部企业,可享受扶持政策:

(一)自 2009 年 1 月 1 日起新迁入平谷区。

(二)在平谷区办理工商注册、税务登记并具有独立的法人资格。

(三)注册资金不得低于 5000 万元人民币、总资产不得少于 1 亿元人民币(其中房地产企业注册资金不得低于 2 亿元人民币)的企业。

问:总部企业可享受哪些鼓励政策?

答:根据《北京平谷区人民政府关于扶持总部企业发展的若干规定》(京平政发〔2009〕30 号)规定,平谷区政府设立总部企业扶持资金主要用于:企业注册资本资金补助;扶持企业发展资金补助;企业主要负责人奖励;总部企业上市扶持资金补助;扶持总部企业在平谷区建设商务楼;企业租用办公用房资金补助;落实市级相关政策所需资金;对中介机构或个人的奖励资金;

促进总部企业健康发展,开展总部企业认定的有关工作经费等。另外,根据贡献大小,还可以享受相应的人才政策。

问:总部企业的管理和服务部门有哪些?

答:根据《北京平谷区人民政府关于扶持总部企业发展的若干规定》(京平政发〔2009〕30号)规定,平谷区发展总部企业领导小组负责政策制定、资格认定、扶持政策的兑现等工作(附小组成员名单)。领导小组下设办公室(办公室设在平谷区财政局),负责日常事务性工作和协调工作。

1.3怀柔区

怀柔区是首都的生态涵养发展区、东部发展带上的重要节点、国际交往中心的重要组成部分,以全国绿化模范城市、国家级生态示范区、国家级卫生区、国家级可持续发展综合实验区等闻名。怀柔区产业布局特色鲜明,以怀柔科学城、中国(怀柔)影视产业示范区、北京雁栖湖生态发展示范区等重点产业板块为代表的文化科技高端产业,成为首都创新驱动的示范新窗口。2014年,APEC领导人非正式会议在怀柔雁栖湖成功举办,使怀柔作为"国际会都"享誉世界。怀柔区已经全面确立"以生态涵养为核心,以科技创新、影视文化、休闲会展三大功能区为支撑"的"1+3"发展模式。为鼓励国内外公司在本区设立地区总部,促进本区经济发展,根据北京市政府相关文件规定,怀柔区结合本区实际情况,制定《怀柔区促进总部经济发展财政政策》(怀政发〔2011〕6号)。

问:怀柔区出台的总部经济政策有哪些?

答:根据《北京市人民政府印发关于鼓励跨国公司在京设立地区总部若干规定的通知》(京政发〔2009〕15号)等相关文件,怀柔区出台《怀柔区促进总部经济发展财政政策》(怀政发〔2011〕6号),旨在鼓励国内外公司在怀柔区设立地区总部。

《怀柔区促进总部经济发展专项支持资金实施细则》(怀商务发〔2017〕

27号),旨在大力吸引培育总部企业在怀发展,全力打造总部经济发展新区。

问:总部经济相关政策的主要内容有哪些?

答:《北京市人民政府印发关于鼓励跨国公司在京设立地区总部若干规定的通知》(京政发〔2009〕15号)除本规定的意义之外,包括分则和附则共计6部分,分别明确了组织机构;跨国公司地区总部认定条件及其可享受的政策;非跨国公司地区总部认定条件及其可享受的政策;跨国公司地区总部和非跨国公司地区总部的申报、审批程序;资金监督和管理;实施期限、执行原则和解释权等。

《怀柔区促进总部经济发展专项支持资金实施细则》(怀商务发〔2017〕27号)以阐明本规定的意义开始,以明确实施期限、解释权等结尾。主要内容包括6部分,分别明确了总部企业的申报条件;类型界定;认定程序;支持方式及申报材料要求;资金的申请、审批和拨付程序;项目及资金监督与管理。

问:总部经济相关政策的适用对象有哪些?

答:《北京市人民政府印发关于鼓励跨国公司在京设立地区总部若干规定的通知》(京政发〔2009〕15号)适用于跨国公司地区总部和非跨国公司地区总部。

《怀柔区促进总部经济发展专项支持资金实施细则》(怀商务发〔2017〕27号)适用于企业总部。

问:跨国公司地区总部的认定条件有哪些?

答:根据怀柔区《怀柔区促进总部经济发展财政政策》(怀政发〔2011〕6号)规定,跨国公司地区总部是指外国跨国公司以投资或授权形式在本区注册设立的,经市商务委认定并颁发地区总部资质证明具有独立法人资格的外商投资企业。符合下列条件之一,可认定为地区总部:

(一)经市商务委批准设立的外商投资性公司。

(二)具备以下条件的外商投资管理性公司:

1.母公司的资产总额不低于4亿美元。

2.母公司在中国累计实缴注册资本总额不低于1000万美元,且在中国境内外商投资或者授权管理的企业不少于 3 个；或者在中国境内外投资或者授权管理的企业不少于 6 个。

3.管理性公司注册资本不低于 200 万美元。

4.是母公司在中国境内唯一的最高经营管理机构。

5.对国际知名跨国公司可适当放宽条件。

投资性公司是指跨国公司按照商务部发布的《关于外商投资举办投资性公司的规定》设立的从事直接投资的公司。

管理性公司是指为母公司所投资的企业和关联企业提供管理、决策、研发、资金管理、物流、销售、策划、咨询、培训等相关服务的企业法人。

问：非跨国公司地区总部的认定条件有哪些？

答：根据怀柔区《怀柔区促进总部经济发展财政政策》(怀政发〔2011〕6号)规定，非跨国公司地区总部是指除跨国公司以外 2011 年 1 月 1 日以后在本区新注册设立或新迁入本区的、生产经营中无违法违规行为、依法纳税且按有关规定足额发放职工工资、上缴各项社会保险、依法统计上报经营成果、经领导小组认定并颁发地区总部资质证明、具有独立法人资格的企业(不包括在怀境内进行房地产开发建设的房地产开发企业)。符合下列条件之一，可认定为地区总部：

(一)采取总分机构形式管理，总公司注册资本在 5000 万元人民币以上，且在区外投资或授权管理和服务的非法人资格分支机构不少于 3 家，同时总公司和其分公司资产总额 1 亿元人民币(含)以上，且在本区汇总缴纳企业所得税。

(二)采取母子公司形式管理，母公司注册资本在 5000 万元人民币以上，且在区外投资或授权管理的企业不少于 5 家，母公司和其子公司注册资本总和 1 亿元人民币(含)以上。

(三)投资公司认定地区总部的，投资的公司不少于 3 家，且每家投资规模不低于 1000 万元人民币。

(四)具备以下条件的销售总部：公司年销售收入 3 亿元人民币(含)以

上,且在区外设立销售分部(分公司)不少于3家。

问:跨国公司地区总部可享受哪些优惠政策?

答:根据怀柔区《怀柔区促进总部经济发展财政政策》(怀政发〔2011〕6号)规定,经认定的跨国公司地区总部可享受资金奖励、资金补助、人才奖励。资金奖励涉及一次性年营业收入资金奖励、主要负责人奖励、贡献奖励。资金补助涉及一次性注册资本资金补助、租用办公用房租金补助。经认定的地区总部及其设立的研发中心,自建或购买办公用房的,可享受一次性补助。

人才奖励即人才引进和人员流动奖励,可享受北京市和怀柔区相关人才政策奖励。

问:非跨国公司地区总部可享受哪些优惠政策?

答:根据怀柔区《怀柔区促进总部经济发展财政政策》(怀政发〔2011〕6号)规定,非跨国公司地区总部可享受资金补助或奖励。经认定的非跨国公司地区总部按照缴税额,可享受相应的企业资金补助、主要负责人奖励。经认定的非跨国公司地区总部及其设立的研发中心可享受自建或购买办公用房补助、租用办公用房租金补助。

人才引进可享受怀柔区相应的人才奖励政策。

问:总部企业引入者可享受哪些优惠政策?

答:根据怀柔区《怀柔区促进总部经济发展财政政策》(怀政发〔2011〕6号)规定,按照经营规模,引入单位可享受一次性奖励。

问:总部企业管理和服务部门有哪些?

答:根据怀柔区《怀柔区促进总部经济发展财政政策》(怀政发〔2011〕6号)规定,怀柔区成立促进总部经济发展工作领导小组(以下简称“领导小组”)负责总部企业管理和服务。领导小组由常务副区长任组长,主管副区长任副组长,区发展改革委、区经济信息化委、区商务委、区财政局、区人力社保局、区统计局、区国税局、区地税局、工商分局等部门主要负责同志为成员,负责在怀跨国公司地区总部的奖励资金审核和非跨国公司地区总部的资质认定、奖励资金的管理审定等工作。领导小组办公室设在区商务委、区经济信息化委。

2. 天津市

2.1天津市

天津市,地处太平洋西岸,华北平原东北部,海河流域下游,东临渤海,北依燕山,西靠首都北京。天津市距北京市120千米,是拱卫京师的要地和门户,是中蒙俄经济走廊主要节点、海上丝绸之路的战略支点、"一带一路"交汇点、亚欧大陆桥最近的东部起点,凭借优越的地理位置和交通条件,成为连接国内外、联系南北方、沟通东西部的重要枢纽,是邻近内陆国家的重要出海口。天津市是我国首批沿海开放城市,全国先进制造研发基地、北方国际航运核心区、金融创新运营示范区、改革开放先行区。随着中国(天津)自由贸易试验区批准设立,天津市认真贯彻落实习近平总书记系列重要讲话精神和治国理政新理念新思想新战略,以制度创新为核心,以可复制可推广为基本要求,全力推动投资贸易便利化改革,着力打造国际化、市场化、法治化、便利化营商环境,积极服务京津冀协同发展,制度创新工作总体进展顺利,改革开放红利逐步显现。①

问:天津市出台的总部经济相关优惠政策有哪些?

答:天津市出台《天津市鼓励跨国公司设立地区总部及总部型机构的若干规定》(〔津商行规〔2019〕2号)、《鼓励跨国公司地区总部及总部型机构发

---

① 天津市人民政府:《天津自贸区》,http://www.tj.gov.cn/tj/tjgk/kfkf/zmq/201712/t20171201_361760 90.html。

展专项资金使用和管理办法》(津商务资管〔2018〕10号),旨在贯彻落实《中华人民共和国外商投资法》《国务院关于积极有效利用外资推动经济高质量发展若干措施的通知》(国发〔2018〕19号)要求,鼓励跨国公司在津设立地区总部和总部型机构,支持在津地区总部和总部型机构发展壮大、拓展功能、提升能级,促进天津市利用外资转型升级,推动经济实现高质量发展。

问:总部经济相关政策的主要内容有哪些?

答:《天津市鼓励跨国公司设立地区总部及总部型机构的若干规定》(〔津商行规〔2019〕2号〕)共计分为二十六条。第一条明确了制定本规定的意义;第二条界定了地区总部、总部型机构;第三、四条明确了地区总部和总部型机构的认定条件;第五条分别明确了认定、管理服务部门;第六、七条分别明确了认定材料、审核期限等;第八至二十一条分别明确了可享受的不同扶持以及便利化政策;第二十二至二十五条,分别明确了评价、区县贯彻落实、港澳台企业规定、解释权、实施期限等。

《鼓励跨国公司地区总部及总部型机构发展专项资金使用和管理办法》(津商务资管〔2018〕10号)共分九条。第一至八条明确了专项资金使用和相关管理;第九条明确了解释权和实施期限。

问:天津市总部经济优惠政策的适用对象有哪些?

答:根据《天津市鼓励跨国公司设立地区总部及总部型机构的若干规定》(〔津商行规〔2019〕2号〕)规定,天津市优惠政策适用于跨国公司地区总部、总部型机构。地区总部是指境外跨国公司在本市设立的,对一个省以上区域内的企业履行投资和管理服务职能的外商投资企业。总部型机构是指境外跨国公司或外商投资性公司在本市设立的,以授权形式对一个省以上区域内的企业履行管理决策、研发、资金管理、采购、销售、物流、结算、培训等支持服务中多项职能的外商投资企业。但不包括银行、证券、保险企业。

问:跨国公司地区总部的认定条件有哪些?

答:根据《天津市鼓励跨国公司设立地区总部及总部型机构的若干规定》(津商行规〔2019〕2号)第三条规定,申报地区总部须符合下列条件:

（一）符合本规定第二条关于地区总部的定义。

（二）境外母公司持股比例不低于 50%，资产总额不低于 2 亿美元。

（三）申报企业具有独立法人资格。

（四）申报企业投资的境内外独立法人企业不少于 3 家（其中至少有 1 家注册在天津市以外）；或申报企业设立的境内外分支机构不少于 6 家（其中至少有 1 家注册在天津市以外），且所有分支机构均正常经营。

（五）基本符合前述条件，并为所在地区经济发展做出突出贡献的，可酌情考虑认定。

问：总部型机构的认定条件有哪些？

答：根据《天津市鼓励跨国公司设立地区总部及总部型机构的若干规定》（〔津商行规〔2019〕2 号〕）第四条规定，申报总部型机构须符合下列条件：

（一）符合本规定第二条关于总部型机构的定义。

（二）境外母公司资产总额不低于 1 亿美元。

（三）申报企业具有独立法人资格。

（四）申报企业授权管理（服务）的境内外独立法人企业不少于 3 家（其中至少有 1 家注册在天津市以外）；或制造业领域，申报企业授权管理（服务）的境内外分支机构不少于 4 家（其中至少有 1 家注册在天津市以外），且所有分支机构均正常经营。

问：跨国公司地区总部可享受的优惠政策有哪些？

答：根据《天津市鼓励跨国公司设立地区总部及总部型机构的若干规定》（津商行规〔2019〕2 号）规定，在天津市新设立并经过认定的地区总部和总部型机构，按照市人民政府有关规定享受财政补助、奖励政策、人才政策，以及开办连锁企业便利、融资便利、进出境便利、进出口货物通关便利等多项便利政策。

问：跨国公司地区总部或总部型机构可享受的人才政策有哪些？

答：根据《天津市鼓励跨国公司设立地区总部及总部型机构的若干规定》（津商行规〔2019〕2 号）规定，地区总部和总部型机构中符合条件的企业职工可依照《天津市引进人才"绿卡"管理办法》办理天津市人才"绿卡",其本人及随迁配偶和子女,可享受人才"绿卡"适用的相应配套政策。

问:港、澳、台的投资者是否可享受相应的优惠政策?

答:根据《天津市鼓励跨国公司设立地区总部及总部型机构的若干规定》(津商行规〔2019〕2号)规定,中国香港、澳门、台湾地区的投资者在本市注册设立地区总部和总部型机构,参照本规定执行。

问:跨国公司总部发展专项资金采用哪些资助标准?

答:根据《鼓励跨国公司地区总部及总部型机构发展专项资金使用和管理办法》(津商务资管〔2018〕10号)规定,跨国公司总部发展专项资金采用无偿资助的方式,资助范围涉及开办资助、租房资助、贡献奖励、提升能级资助、整合股权资助。

问:跨国公司地区总部和总部型机构管理和服务部门有哪些?

答:市商务主管部门负责在津地区总部和总部型机构的认定工作,协调有关部门开展对地区总部和总部型机构的管理服务。市发展改革、教育、科技、公安、财政、人社、卫生健康、外事、市场监管、人民银行、海关、税务等部门在各自职责范围内,做好对地区总部和总部型机构的管理服务工作。

2.2滨海新区

滨海新区,位于天津东部沿海,是北方第一个自由贸易(试验)区、全国综合配套改革试验区、国家自主创新示范区。2005年10月,党的十六届五中全会把滨海新区开发开放正式纳入国家发展战略;2006年5月,国务院颁布《关于推进天津滨海新区开发开放有关问题的意见》,批准滨海新区为国家综合配套改革试验区,确定了发展目标和功能定位。即:依托京津冀、服务环渤海、辐射"三北"、面向东北亚,努力建设成为我国北方对外开放的门户、高水平的现代制造业和研发转化基地、北方国际航运中心和国际物流中心,逐步成为经济繁荣、社会和谐、环境优美的宜居生态型新城区。滨海新区正在打造航空航天、石油化工、装备制造、电子信息、生物制药、新能源新材料、轻工纺织、国防科技 8 大支柱产业,形成产业特色突出、要素高度集聚的功能区,成为高端化、高质化、高新化的产业发展载体。

问:滨海新区出台的总部经济相关优惠政策有哪些?

答:滨海新区出台《滨海新区关于促进总部经济发展的实施意见》(2016年 2 月 23 日),旨在更好落实国家重大发展战略,全面完成国家赋予的功能定位,进一步发展壮大总部经济,建设总部经济集聚区,努力成为京津冀协同发展的重要引擎。

问:总部经济相关政策的主要内容有哪些?

答:《滨海新区关于促进总部经济发展的实施意见》(2016 年 2 月 23 日)主要分为 3 个部分,分别明确了实施意见的总体要求、10 类政策措施、实施的保障措施。

问:总部经济优惠政策的适用对象有哪些?

答:根据《滨海新区关于促进总部经济发展的实施意见》(2016 年 2 月 23 日)规定,滨海新区优惠政策适用于国内外知名跨国公司、大企业大集团在新区设立的总部企业。

问:企业总部或企业地区总部可享受的优惠政策有哪些?

答:根据《滨海新区关于促进总部经济发展的实施意见》(2016 年 2 月 23 日)规定,企业总部可享受资金奖励、人才奖励等,涵盖扶持开办运营、补助办公用房、奖励经营贡献、激励企业成长、鼓励上市重组、助力研发创新、吸引高端人才、即时办理落户(就业就学)、叠加优惠政策、服务非首都功能疏解共计 10 个方面的政策扶持。

问:总部经济管理和服务部门有哪些?

答:根据《滨海新区关于促进总部经济发展的实施意见》(2016 年 2 月 23 日)规定,成立滨海新区促进总部经济发展工作领导小组,主管区长任组长,各功能区和区发改委、工信委、商务委、教委、科委、公安局、财政局、人社局、规国局、市场监管局、投资促进中心主要负责同志为成员。领导小组办公室设在区发改委,牵头组织相关部门制定实施细则,开展总部企业的认定、奖励,协调和督促各项政策措施落实等工作。

3. 山西省

3.1晋中市

晋中市,位于山西省中部,东依太行,西傍汾河,北与省会太原市毗邻;是晋商故里,全国十大煤炭基地之一。晋中工业起步较早,工业基础条件良好,工业门类较为齐全,已形成机械、煤炭、冶金、化工等支柱产业,煤焦、纺机、玻璃器皿、玛钢、医药等产品在全省占有较大份额。

晋中开发区位于榆次区西北地段的城乡接合部,与太原市接壤。1996年1月,经山西省人民政府批准设立榆次经济技术开发区,为山西省14个省级经济技术开发区之一;2005年7月,山西省政府批准,榆次经济技术开发区更名为晋中经济技术开发区。开发区成立后,围绕"工业立区、科技兴区、商贸活区"的发展战略,走"一区多园,培育特色,集约化发展"开发之路,先后建立2个省级产业园,即山西医药工业园和山西民营科技园;4个区级工业园,即纺机工业园、汽贸园、台商工业园和机械工业园。

问:晋中开发区出台的总部经济相关政策有哪些?

答:晋中市出台《山西转型综合改革示范区晋中开发区发展总部经济扶持办法》(市政办发〔2019〕26号),旨在促进总部经济发展,积极引导企业总部入驻山西转型综合改革示范区晋中开发区(以下简称示范区晋中开发区),促进产业转型升级。

问：总部经济相关政策的主要内容有哪些？

答：《山西转型综合改革示范区晋中开发区发展总部经济扶持办法》（市政办发〔2019〕26号）按照规范文件体例分总则、分则和附则共四章十三条。第一章包括第一至三条，分别明确了本办法的目的、企业总部的界定、专项资金来源；第二章包括第四、五条，明确了企业总部认定；第三章包括第六至十条，明确了扶持政策；第四章包括第十一至十三条，分别明确了"一事一议"原则、不重复原则、施行日期。

问：总部经济相关政策的适用对象有哪些？

答：《山西转型综合改革示范区晋中开发区发展总部经济扶持办法》（市政办发〔2019〕26号）适用于企业总部。重点引进高端智能制造、现代金融和现代服务业的企业总部。

问：总部企业的认定条件有哪些？

答：根据《山西转型综合改革示范区晋中开发区发展总部经济扶持办法》（市政办发〔2019〕26号）规定，申请落户的企业总部，应符合下列条件：

（一）依法在示范区晋中开发区市场监督管理局进行注册登记，并承诺5年内不得进行迁址。

（二）年营业收入在5000万元以上或年缴纳税收总额在300万元以上。

问：总部型企业可享受哪些鼓励政策？

答：根据《山西转型综合改革示范区晋中开发区发展总部经济扶持办法》（市政办发〔2019〕26号）规定，总部型企业可享受开办补助、纳税贡献奖、高级管理人员保障补贴、高级管理人员贡献奖励、子女入学便利等鼓励政策。

问：总部企业的管理和服务部门有哪些？

答：根据《山西转型综合改革示范区晋中开发区发展总部经济扶持办法》（市政办发〔2019〕26号）规定，晋中开发区管委会负责总部企业的管理和服务等相关工作。

3.2阳泉市

阳泉市位于山西省东部,是一座新兴工业城市,是晋东政治、经济、文化中心。阳泉是三晋门户,晋冀要衡,地处太原、石家庄两个省会城市的中间位置,相距均为100千米,一重一轻两大城市对阳泉经济互辅性极强。阳泉又处于东部发达地区与中西部的结合地带,具有承东接西、双向支撑的战略地位。阳泉还位于环渤海与长江三角洲两大经济区的合理运输扇区内,在半径500千米内,分布着首都北京、直辖市天津及省会太原、郑州、济南等城市,经天津、青岛、黄骅港可东出渤海,是京津塘及沿海发达地区向内地幅射的重要通道。阳泉经济技术开发区于1993年2月经山西省人民政府批准成立,属于省级开发区。

问:阳泉经济技术开发区出台的总部经济相关政策有哪些?

答:阳泉经济技术开发区出台《阳泉经济技术开发区关于发展总部经济促进实体经济发展的实施意见》(阳开管发〔2014〕29号),旨在发挥总部经济辐射的带动效应,创优发展环境,鼓励和支持各类优秀企业落户开发区,进一步改善开发区产业结构、税源结构,推进开发区经济转型跨越发展。

问:总部经济相关政策的主要内容有哪些?

答:《阳泉经济技术开发区关于发展总部经济促进实体经济发展的实施意见》(阳开管发〔2014〕29号)除去开篇阐明出台本意见的意义以及两个附件之外,还包括十二条内容。第一、二、三条分别明确了适用对象、提供的总部基地、准入资格要求;第四、五、六、七、八条集中于各类优惠政策,分别明确了入驻企业可享受的优惠政策、优先入驻企业的行业类别、办公场所资金补贴条件、变更企业名称后可享受的政策、融资便利;第九、十、十一、十二条,分别明确了管理与服务部门、认定部门、各方协调服务要求、解释权等。文后的两个附件是"1.阳泉经济技术开发区总部经济基地企业入驻、退出管理办法"和"2.阳泉经济技术开发区总部基地入驻协议"。

问:总部经济相关政策的适用对象有哪些?

答:根据《阳泉经济技术开发区关于发展总部经济促进实体经济发展的实施意见》(阳开管发〔2014〕29号)规定,阳泉经济技术开发区总部经济相关政策适用于在开发区办理工商注册、税务登记,以投资形式在开发区设立,具有独立法人资格,依法从事经营活动的各类企业。

问:企业入驻条件有哪些?

答:依据《阳泉经济技术开发区总部经济基地企业入驻、退出管理办法》规定,企业入驻需要满足下列条件:

(一)符合国家产业政策和阳泉经济技术开发区发展规划,能够严格执行法律、法规和政策。

(二)依法在开发区工商登记和纳税,年纳税额预计在30万元以上。

(三)具有独立的法人主体资格,产权明晰,自主经营,自负盈亏,且无欠税费、无安全事故、无产品责任纠纷和劳资纠纷,具有比较完善的企业管理制度,具有良好的经营业绩。

(四)接受基地管理规定和指导服务,自觉维护良好的办公和生产经营秩序。

问:总部企业的管理和服务部门有哪些?

答:依据《阳泉经济技术开发区总部经济基地企业入驻、退出管理办法》规定,入驻企业由区总部经济协调工作组办公室认定,并进行日常管理和服务。

问:企业可享受的优惠政策有哪些?

答:根据《阳泉经济技术开发区关于发展总部经济促进实体经济发展的实施意见》(阳开管发〔2014〕29号)规定,入驻总部基地的企业,可享受办公室免费使用、标准厂房优先租用、人才政策等;入驻总部基地之外的企业,可享受租房资金补助。

第二部分
东北地区

4. 辽宁省

4.1 沈阳市

沈阳市是辽宁省省会,是中国东北地区经济、文化、交通和商贸中心;区位优势明显,高速铁路、高速公路和城际铁路网密集,拥有东北地区最大的铁路编组站和航空港;与周边鞍山、抚顺、本溪、营口、辽阳、铁岭、阜新七城市构成的沈阳经济区,资源丰富、经济互补,是国家新型工业化综合配套改革试验区;对外交往活跃,已同 188 个国家和地区实现经贸往来,美国通用、德国宝马、法国米其林等 87 家世界 500 强企业已在沈阳设立企业 152 家;是国家新型工业化综合配套改革试验区,工业化、信息化两化融合示范区,目前正在加快建设国家中心城市、先进装备制造业基地、生态宜居之都,全力推进老工业基地全面振兴。2017 年 3 月 15 日,国务院印发《中国(辽宁)自由贸易试验区总体方案》(国发〔2017〕15 号),强调沈阳片区重点发展装备制造、汽车及零部件、航空装备等先进制造业和金融、科技、物流等现代服务业,提高国家新型工业化示范城市、东北地区科技创新中心发展水平,建设具有国际竞争力的先进装备制造业基地。

问:沈阳市出台的总部经济相关政策有哪些?

答:沈阳市出台的《关于促进总部经济发展的实施意见》(沈政发〔2014〕53 号),旨在紧紧围绕把沈阳市建设成为国家中心城市的总体目标,以创新工作机制为着力点,以优化政策、服务、环境为主线,坚持市场主导和政府引导相结合、壮大总量与优化结构相结合、大力引进和重点培育相结合、循序渐进和创新突破相结合、错位发展和协调发展相结合。

问：总部经济相关政策的主要内容有哪些？

答：《关于促进总部经济发展的实施意见》（沈政发〔2014〕53号）包括8个部分，分别明确了沈阳市发展总部经济的总体思路、主要目标、功能定位、区域布局、培育方向、支持政策、服务环境保障、协调促进机制。

问：总部经济相关政策的适用对象有哪些？

答：《关于促进总部经济发展的实施意见》（沈政发〔2014〕53号）适用于跨国公司地区性总部或派出机构、国内大企业地区性总部或分支机构。重点引进世界500强企业、中国500强企业、中国制造业500强企业、中国服务业500强企业、跨国公司、国内大企业等在沈阳设立综合型总部、地区总部或职能型总部机构，着力引进国内尤其是东北三省民营总部企业，培育本土优势总部企业，打造总部基地城市品牌，构建以高端装备制造业总部为核心、以与装备制造业密切相关的生产性服务业总部为支撑、以现代农业总部为补充的总部经济发展体系，形成以沈阳中心城区为核心，辐射东、西、南、北主导产业带，依托沈阳经济区、立足东北、服务全国、辐射东北亚的总部经济发展格局。

问：总部经济区域布局是怎样的？

答：根据《关于促进总部经济发展的实施意见》（沈政发〔2014〕53号）规定，沈阳市在市域范围内规划形成"一城四带"的总部经济空间布局。

（一）"一城"，即城市中心区，建立金融总部基地、商务总部基地、科技信息总部基地。

（二）"四带"，即围绕中心城市向西、南、东、北辐射形成四大总部经济产业带。

问：总部企业培育方向有哪些？

答：根据《关于促进总部经济发展的实施意见》（沈政发〔2014〕53号）规定，沈阳市总部企业培育方向包括引进域外总部企业、留住落户总部企业、培育本土总部企业、积极发展楼宇经济。引进各类现代服务业企业、研发中心、营销中心、结算中心等。

问：总部经济支持政策有哪些？

答：根据《关于促进总部经济发展的实施意见》（沈政发〔2014〕53 号）规定，沈阳市提供资金、土地、人才、融资等方面的支持政策，主要划分为 9 项，即落户奖励、社会贡献奖励、提升能级奖励、增资奖励、办公用房补贴、对金融总部的支持、土地政策、人才激励政策、拓宽融资渠道。

问：总部企业的管理和服务部门有哪些？

答：沈阳市工商局、国税局、地税局、财政局对经认定的总部企业实行分级管理，建立全市统一的总部企业信息库。市直各部门将总部企业作为重要服务对象，为总部企业融资、上市做好协调服务工作。

4.2 大连市

大连市，地处欧亚大陆东岸，中国东北辽东半岛最南端，东濒黄海，西临渤海，南与山东半岛隔海相望，北依辽阔的东北平原；是东北、华北、华东以及世界各地的海上门户，是重要的港口、贸易、工业、旅游城市。2017 年 3 月 15 日，国务院印发《中国（辽宁）自由贸易试验区总体方案》（国发〔2017〕15 号），强调大连片区重点发展港航物流、金融商贸、先进装备制造、高新技术、循环经济、航运服务等产业，推动东北亚国际航运中心、国际物流中心建设进程，形成面向东北亚开放合作的战略高地。

问：大连市出台的总部经济相关政策有哪些？

答：大连市出台《大连市扩大对外开放积极利用外资若干政策措施》（大委发〔2018〕26 号），其中与跨国公司地区总部或研发机构有关的有两款，即第二款"外商投资设立总部支持政策"和第三款"外商开展研发合作支持政策"。据此，出台《关于外商投资设立总部支持政策的实施细则》（大商务发〔2018〕500 号），和《关于新设外资研发中心申报开办补助的实施细则》（大商务发〔2018〕523号)。旨在鼓励外商在大连市设立地区总部、总部型机构、研发中心,分别推动大连市"四个中心,一个聚集区"和"两先区"建设以及"东北亚科技创新创业创投中心"建设。

问:总部经济相关政策的主要内容有哪些?

答:《关于外商投资设立总部支持政策的实施细则》(大商务发〔2018〕500号)除开篇阐明本细则的意义之外,共分为9个部分,分别明确了本细则适用范围、总部企业认定标准和条件、认定申请材料、认定审核、奖励标准、申报材料、申报和拨付流程、监督检查、附则(解释权)。

《关于新设外资研发中心申报开办补助的实施细则》(大商务发〔2018〕523号)除开篇出台本细则的意义之外,共分为8个部分,分别明确了外资研发中心认定标准和条件、认定申请材料、认定审核、补助标准、申报材料、申报流程、监督管理、附则(实施期限、解释权、名词解释等)。

问:总部经济相关政策的适用对象有哪些?

答:《关于外商投资设立总部支持政策的实施细则》(大商务发〔2018〕500号)适用于工商注册地、税务征管关系及统计关系在大连市范围内,有健全的财务制度、具有独立法人资格、实行独立核算,且承诺10年内不迁离大连、在大连市缴纳税款、不减少注册资本的外资地区总部和总部型机构。

《关于新设外资研发中心申报开办补助的实施细则》(大商务发〔2018〕523号)适用于外资研发中心。

问:跨国公司地区总部的认定条件是什么?

答:根据《关于外商投资设立总部支持政策的实施细则》(大商务发〔2018〕500号)规定,外商投资地区总部(以下简称"地区总部")是指在境外注册的母公司在本市设立,以投资或授权形式对在一个国家及以上区域内的企业履行管理和服务职能的总机构。投资者须以外商独资或中外合资的投资性公司、管理性公司等具有独立法人资格的企业组织形式在本市设立地区总部。申请认定地区总部,应当符合下列条件:

（一）须为具有独立法人资格的外商投资企业。

（二）申请设立地区总部上一年，境外母公司的资产总额不低于 2 亿美元。

（三）母公司已在中国境内投资累计缴付的注册外资总额不低于 1000 万美元，且母公司授权管理的中国境内外企业不少于 3 个；或母公司授权管理的中国境内外企业不少于 5 个。

（四）注册外资不低于 1000 万美元。

问：总部型机构的认定条件是什么？

答：根据《关于外商投资设立总部支持政策的实施细则》（大商务发〔2018〕500 号）规定，外商投资总部型机构（以下简称"总部型机构"），是指虽未达到跨国公司地区总部标准，但实际承担境外注册的母公司在一个国家及以上区域内的管理决策、资金管理、采购、销售、物流、结算、研发、培训等支持服务职能的外商投资企业。申请认定总部型机构，应当符合下列条件：

（一）须为具有独立法人资格的外商投资企业。

（二）申请设立总部型机构上一年，境外母公司的资产总额不低于 2 亿美元，在中国境内已投资设立不少于 2 家外商投资企业，其中至少 1 家注册在大连。

（三）注册外资不低于 200 万美元。

问：外资研发中心的认定条件是什么？

答：根据《关于新设外资研发中心申报开办补助的实施细则》（大商务发〔2018〕523 号）规定，外资研发中心是指外国投资者依法设立的，从事自然科学及其相关科技领域的研究开发和实验发展（包括为研发活动服务的中间试验）的机构，研发内容包括基础研究、应用研究、产品开发等方面。外资研发中心的形式可以是外国投资者以合资、合作、独资方式设立的独立法人企业，也可以是设在外商投资企业内部的非独立法人的独立研发部门。

申请认定外资研发中心，应当符合下列条件：

（一）有明确的研究开发领域和具体的研发项目，固定的场所、科研必需的仪器设备和其它必需的科研条件。

（二）作为独立法人的外资研发中心，其用于研发的实际投资额不低于200万美元；作为公司内设部门的研发中心，其研发总投入不低于200万美元。

（三）研发中心应配备专职管理和研发人员，其中具有本科以上学历的直接从事专职研究与试验发展等研发活动的人员占研发中心总人数的比例应不低于80%。

问：地区总部或总部型机构可享受的鼓励政策有哪些？

答：根据《关于外商投资设立总部支持政策的实施细则》（大商务发〔2018〕500号）规定，地区总部可享受总部落户奖励、办公用房补贴、提升能级奖励等鼓励政策；地区总部和总部型机构可享受营业收入奖励、高管人员奖励等鼓励政策。申请不同鼓励政策，按照规定提交相应材料。

问：外资研发中心可享受的鼓励政策有哪些？

答：根据《关于新设外资研发中心申报开办补助的实施细则》（大商务发〔2018〕523号）规定，外资研发中心可享受开办补助等鼓励政策。申请认定外资研发中心，按照独立法人与非独立法人，提交相应材料。

问：地区总部或总部型机构的管理和服务部门有哪些？

答：根据《关于外商投资设立总部支持政策的实施细则》（大商务发〔2018〕500号）规定，大连市商务局负责管理服务与统筹协调。

问：外资研发中心的管理和服务部门有哪些？

答：根据《关于新设外资研发中心申报开办补助的实施细则》（大商务发〔2018〕523号）规定，大连市商务局负责管理服务与统筹协调。

5. 吉林省

5.1 长春市

长春市是吉林省的政治、经济、文化中心;西北与松原市毗邻,西南和四平市相连,东南与吉林市相依,东北同黑龙江省接壤,其中主城区位于松辽平原腹地的伊通河台地之上。新中国建立初期,国家先后在长春建设了第一汽车制造厂、拖拉机厂、客车厂、机车厂等大型企业,使中国的行走机械制造业迅速改变落后面貌,也使长春市成为中国汽车等产业的摇篮,新中国第一辆卡车、第一辆轿车等都在这里诞生。至今,长春市仍是世界上重要的汽车生产和研发基地之一,"汽车城"的美誉传遍全球;中车长客股份公司是我国动车组和地铁车的摇篮。长春市新兴产业方兴未艾,先进装备制造、生物及医药、光电信息、新能源汽车、新材料、大数据六大行业有望在未来五年进入千亿级行列,与汽车和农产品加工一道创造 6000 亿元人民币的投资空间。

问:长春市出台的总部经济相关政策有哪些?

答:长春市出台《长春市人民政府办公厅关于加快培育壮大楼宇经济的若干意见(试行)》(长府办发〔2018〕66 号),将总部经济作为楼宇经济的一部分;旨在实施省市服务业发展攻坚战略,进一步优化营商环境,培育壮大现代服务业发展新动能,推动楼宇经济健康、有序、快速发展。

问:总部经济相关政策的主要内容有哪些?

答:《长春市人民政府办公厅关于加快培育壮大楼宇经济的若干意见

(试行)》(长府办发〔2018〕66 号)共十五个部分。第一、二部分分别明确了本意见的目的、"楼宇"界定;第三至十一条,分别明确了鼓励/支持打造专业特色楼宇、企业入驻专业楼宇、开发企业定向招商、提升楼宇对地方财政贡献度、老旧楼宇提升改造、引进龙头企业、创建品牌楼宇、完善楼宇配套服务、开展楼宇经济创新发展试点;第十二条明确了审定程序;第十三至十五条,分别明确了监督管理相关事宜。

问:总部经济相关政策的适用对象有哪些?

答:《长春市人民政府办公厅关于加快培育壮大楼宇经济的若干意见(试行)》(长府办发〔2018〕66 号)适用于控股子公司或地区总部型企业。

问:总部企业可享受哪些鼓励政策?

答:根据《长春市人民政府办公厅关于加快培育壮大楼宇经济的若干意见(试行)》(长府办发〔2018〕66 号)规定,总部企业可享受财政贡献补助、办公用房补助。

问:总部企业的管理和服务部门有哪些?

答:根据《长春市人民政府办公厅关于加快培育壮大楼宇经济的若干意见(试行)》(长府办发〔2018〕66 号)规定,市发展改革委牵头负责楼宇经济(包括总部经济在内)的管理和服务等相关工作。

5.2 延边朝鲜族自治州

延边朝鲜族自治州是中国吉林省管辖的一个少数民族自治州,简称延边州或延边,地处吉林省东部,中、俄、朝三国交界,面临日本海。以珲春为核心,在直线距离不到 200 千米的周边,分布着俄、朝等国 10 个优良港口。州内有 11 个对俄对朝口岸和 1 个国际空港。经过多年的建设,延边已初步形成了铁路、公路、航空、海运相互衔接、沟通内外的立体交通网络。

问:延边朝鲜族自治州出台的总部经济相关政策有哪些?

答:延边朝鲜族自治州出台《延边州鼓励发展总部型经济暂行办法》(延

州政发〔2014〕10号〕,旨在鼓励境内外企业或各类经济组织来延边州设立企业总部、地区总部或总部型机构,推动招商引资工作,提高全州产业发展水平及经济综合实力。

问:总部经济相关政策的主要内容有哪些?

答:《延边州鼓励发展总部型经济暂行办法》(延州政发〔2014〕10号)按照规范文件分总则、分则和附则共计七章二十五条。第一章包括第一条,明确了出台本办法的意义;第二章包括第二、三条,明确了组织领导机制;第三章包括第四至七条,明确了总部型企业的认定与申报;第四章包括第八至十二条,明确了总部型企业可享受的政策扶持;第五章包括第十三至十九条,明确了总部型企业可享受的绿色通道服务;第六章包括第二十至二十二条,明确了总部型企业的监督管理;第七章附则包括二十三至二十五条,明确了收益分成原则、引资中介奖励、解释权。

问:总部经济相关政策的适用对象有哪些?

答:《延边州鼓励发展总部型经济暂行办法》(延州政发〔2014〕10号)适用于总部型企业、视同总部型企业的机构、比照总部型企业的机构。

总部型企业是指其核心营运机构或具备总部性质的职能机构设在延边州,对其投资或授权管理和服务的下属企业行使经营、管理、服务职能,并符合规定条件的组织机构。

视同总部型企业的机构包括在州内预交企业所得税的各商业银行、证券公司、铁路、航空、公路等中央和省分支机构。

比照总部型企业的机构包括私募股权基金、风险投资基金、第三方支付公司、上规模州直小额贷款公司等创新行业新兴领域机构。

问:总部型企业的认定条件是什么?

答:根据《延边州鼓励发展总部型经济暂行办法》(延州政发〔2014〕10号)规定,总部型企业认定条件是在州内工商部门登记注册的独立企业法人,实行统一核算,在本州内汇总缴纳企业所得税,且符合下列条件之一者:

(一)实际到位注册资本5000万元(含)以上(人民币或等值外币,下同)

或年销售额不低于 3 亿元。

(二)金融机构和上市公司。

(三)央企、国内外知名企业集团子公司。

(四)符合延边产业发展导向,经联席会议认定的新兴行业的领军企业等。

问:总部型企业可享受鼓励政策有哪些?

答:根据《延边州鼓励发展总部型经济暂行办法》(延州政发〔2014〕10号)规定,总部型企业可享受产业转移政策、专项资金、人才政策以及相关绿色通道等鼓励支持政策。

问:总部型经济的管理和服务部门有哪些?

答:根据《延边州鼓励发展总部型经济暂行办法》(延州政发〔2014〕10号)规定,延边州设立鼓励总部型经济发展工作联席会议(以下简称"联席会议")制度,负责统筹全州鼓励总部型经济发展有关工作。联席会议办公室设在州商务局,负责日常工作。

"联席会议"由州政府领导为召集人,州委财经办、州政府金融办、州发改委、州工信局、州教育局、州科技局、州民委、州公安局、州财政局、州审计局、州人社局、州国土资源局、州环保局、州住建局、州农委、州商务局、州外事办、州统计局、州工商局、州国税局、州地税局、州质监局、人民银行延边州中心支行、延边银监分局等部门及各县(市)政府为成员单位。

6. 黑龙江省

6.1黑龙江省

黑龙江省简称黑,位于东北亚区域腹地,是亚洲与太平洋地区陆路通往俄罗斯和欧洲大陆的重要通道,是中国沿边开放的重要窗口,现已成为我国对俄罗斯及其他独联体国家开放的前沿。黑龙江省是中国重工业基地,工业门类以机械、石油、煤炭、木材和食品工业为主。

问:黑龙江省出台的总部经济相关政策有哪些?

答:黑龙江省出台《关于鼓励和支持中央直属企业及其他省(境)外企业在我省设立总部或独立法人机构的若干意见》(黑政发〔2008〕38号),旨在鼓励和支持中央直属企业及其他省(境)外企业在黑龙江省设立总部或独立法人机构。

问:总部经济相关政策的主要内容有哪些?

答:《关于鼓励和支持中央直属企业及其他省(境)外企业在我省设立总部或独立法人机构的若干意见》(黑政发〔2008〕38号)分为四个部分,分别明确了鼓励和支持省外企业在黑龙江省设立企业总部或地区总部的相关政策;鼓励和支持省外企业对黑龙江省资源进行深度开发,并在黑龙江省设立具有法人资格、独立核算、登记纳税企业的相关政策;鼓励和支持省外企业对黑龙江省市场资源进行投资开发,并在黑龙江省设立具有法人资格、独立核算、登记纳税企业的相关政策;进一步改善投资环境的相应措施。

问：总部经济相关政策的适用对象有哪些？

答：《关于鼓励和支持中央直属企业及其他省（境）外企业在我省设立总部或独立法人机构的若干意见》（黑政发〔2008〕38号）适用于企业总部、地区总部。

企业总部是指境内外投资者在黑龙江省投资设立的，对其在中国境内外所投资的企业、机构行使经营、管理和服务职能的唯一法人机构。

地区总部是指境内外投资者在黑龙江省投资设立的，对其在中国境内外一定区域内所投资的全部或部分企业行使经营、管理和服务职能的法人机构。

问：化工、食品、生物、材料业地区总部的认定条件是什么？

答：根据《关于鼓励和支持中央直属企业及其他省（境）外企业在我省设立总部或独立法人机构的若干意见》（黑政发〔2008〕38号）规定，化工、食品、生物、材料业等行业地区总部的认定条件是：

（一）省外企业在黑龙江省新注册的实行独立或统一核算，具有独立法人资格，在黑龙江省缴纳企业所得税等各项税收，利用境内外矿产、森林、农畜产品等资源进行精深加工的企业。

（二）在中国境内投资或授权管理的企业不少于3个，且对其具有管理和服务职能。

（三）母公司资产总额不低于15亿元人民币。母公司在黑龙江省实际缴纳资本金不低于1亿元，累计投资总额不低于2亿元。

问：金融业地区总部的认定条件是什么？

答：根据《关于鼓励和支持中央直属企业及其他省（境）外企业在我省设立总部或独立法人机构的若干意见》（黑政发〔2008〕38号）规定，金融业地区总部认定条件是：

（一）省外企业在黑龙江省新注册的实行独立或统一核算，具有独立法人资格的银行、证券、保险和其他非银行金融机构。

（二）拥有跨地区的金融服务业务。

（三）母公司资本金总额,银行和保险机构不低于 30 亿元,证券公司和其他非银行金融机构不低于 6 亿元。

（四）母公司在黑龙江省实际缴纳的资本金,银行和保险机构不低于 6 亿元,证券公司和其他非银行金融机构不低于 1 亿元。

问：商贸、物流、旅游、会展、信息服务、咨询、中介等服务业地区总部的认定条件是什么?

答：根据《关于鼓励和支持中央直属企业及其他省(境)外企业在我省设立总部或独立法人机构的若干意见》(黑政发〔2008〕38 号)规定,商贸、物流、旅游、会展、信息服务、咨询、中介等服务业地区总部认定条件是：

（一）在黑龙江省新注册的实行独立或统一核算,具有独立法人资格,在黑龙江省缴纳企业所得税等各项税收的商贸、物流(包括采购中心、营销中心、配送中心等)、旅游、会展服务与代理、信息服务、工程咨询(包括设计、咨询、监理等)和中介服务企业。

（二）在中国境内(不含本省)设立分支机构不少于 2 个,且对其具有管理和服务职能。

（三）商贸、物流业母公司资产总额不低于 5 亿元,在黑龙江省实际缴纳资本金不低于 5000 万元;旅游、会展服务与代理、信息服务、工程咨询、中介服务业母公司资产总额不低于 1 亿元,在黑龙江省实际缴纳的资本金不低于 2000 万元。

问：新注册相关行业企业总部、地区总部可享受哪些鼓励政策?

答：《关于鼓励和支持中央直属企业及其他省(境)外企业在我省设立总部或独立法人机构的若干意见》(黑政发〔2008〕38 号)规定,对新注册的化工、食品、生物、材料业等资源精深加工企业和金融、商贸、旅游、物流、会展、信息服务、咨询、中介等服务类企业总部、地区总部,经地方政府对其资格进行审查确认,并与其签订连续经营 5 年以上协议的,总部可享受资金补助、财政补贴、购房或租房补助等。

（一）所在地政府可根据注册资本额度以货币资金和政策优惠的方式给

予一次性补助。省财政按照实际补助额的50%对地方政府给予资助。

1.化工、食品、生物、材料业等资源精深加工企业总部、地区总部,注册资本5亿元以上(含本数,下同)的,一次性补助2000万元;注册资本5亿元以下、1亿元以上的,一次性补助1000万元。

2.银行、保险类金融企业总部、地区总部,一次性补助2000万元;证券公司和其他非银行类金融企业总部、地区总部,一次性补助1000万元。

3.商贸、物流企业总部、地区总部,一次性补助500万元;旅游、会展、信息服务、咨询、中介等服务类企业总部、地区总部,一次性补助200万元。

(二)对新注册的企业总部、地区总部,总部所在地政府可根据企业对地方财政的实际贡献,在一定时间内按照一定比例给予补助。

(三)对新注册的企业总部、地区总部租赁和用非注册资本金购买、自建自用办公用房的,总部所在地政府可予以适当补助。其中,对租赁自用办公用房的,在3年内按不低于年租金的5%给予补助;对购买或自建自用办公用房的,按不低于购(建)房价款3%给予一次性补助。

(四)对新注册的企业总部、地区总部,在行政审批和注册登记过程中免收行政事业性收费。其中,属国家管理的涉企行政事业性收费由总部所在地政府承担;属省级管理的涉企行政事业性收费一律免收。属经营服务性收费由企业所在地政府视情况给予适当补助。

(五)对企业总部或地区总部聘任的境外、省外高级管理人员按规定缴纳的个人所得税,总部所在地政府可按其缴纳的个人所得税地方分享部分的50%给予等额补助,补助期限不超过5年。

问:资源性深度开发企业可享受的鼓励政策有哪些?

答:《关于鼓励和支持中央直属企业及其他省(境)外企业在我省设立总部或独立法人机构的若干意见》(黑政发〔2008〕38号)规定,鼓励和支持黑龙江省外企业对本省资源进行深度开发,并在本省设立具有法人资格、独立核算、登记纳税的企业,涉及大庆外围小油田开发;大庆石化产业链延伸性投资开发;铜、钼、铁、镁、锌、铝、硅、石墨等矿产资源开发项目;煤炭资源开发项目;生物医药产品、生物化工产品、生物能源产品、食品保健产品等农畜产品精深加工开发项目;木制家具、纸浆、人造板等木材深加工开发项目;符合国家产业政策和固定资产投资规模以上的资源精深加工投资项目;符合国家产业政策和固定资产投资规模以上的资源精深加工投资项目;国际或国内同行业排名靠前企业,或具有资本、技术、品牌、市场优势企业;科学利用土地资源、主导产业突出、单位土地面积产出率高、投资强度和税收贡献大、能源资源循环利用效果好的开发区;产品销售收入在省外企业总部实行统一核算企业等十二大类别可享受相应的鼓励和支持性政策。

问:市场资源性投资开发企业可享受的鼓励政策有哪些?

答:《关于鼓励和支持中央直属企业及其他省(境)外企业在我省设立总部或独立法人机构的若干意见》(黑政发〔2008〕38 号)规定,鼓励和支持黑龙江省外企业对本省市场资源进行投资开发,并在本省设立具有法人资格、独立核算、登记纳税的企业,涉及装备制造优势主导产品、配套加工企业及其基地;优势主导企业配套企业的销售公司(结算中心)及其基地;银行、证券、保险等金融企业的分支机构;年营业收入超过 2 亿元的物流企业和石油、煤炭、化工、粮食等专业市场;符合本省规划的旅游企业;投资设立专业金融信息服务、网络运营服务、增值服务、软件服务企业和自主开发网络游戏软件产品企业;投资建设对俄农副产品、机电、轻纺、高新技术出口产品基地等七大类别可享受相应的鼓励和支持性政策。

问:总部企业可享受的管理和服务机制有哪些?

答:《关于鼓励和支持中央直属企业及其他省(境)外企业在我省设立总部或独立法人机构的若干意见》(黑政发〔2008〕38 号)规定,为进一步改善投资环境,特建立重大招商引资项目协调机制、规划建设与总部经济发展相配套的支撑体系、建立行政审批绿色通道机制、推进社会信用体系建设、加强法治环境建设、建立省外企业投资投诉机制和首长联系制度。

6.2 七台河市

七台河市是一座因煤而生、缘煤而兴的新兴工业城市,地处黑龙江省东部城市群中心位置,交通四通八达,牡佳铁路、鹤大高速、依七高速、饶盖公路贯穿全境,与省城及周边市县全部实现高等级公路连接,具有百千米城市圈中枢的优越地理区位条件,与东北东部十四市(州)结成区域战略合作城市。七台河市是国家循环经济试点市、东北地区民营经济改革试点市、国家公立医院改革试点市。近年来,七台河市持续推进发展煤炭精深加工、新材料新能源、生物和医药、先进制造、绿色食品、现代服务业"六大产业",加快城市转型振兴。

问:七台河市出台的总部经济相关政策有哪些?

答:七台河市出台《七台河市加快总部经济发展的若干意见(试行)》(2018年2月24日公布),以及《七台河市加快总部经济发展的若干意见(试行)》政策解读(2018年2月24日公布),旨在培育总部型企业,加快转型发展。

问:总部经济相关政策的主要内容有哪些?

答:《七台河市加快总部经济发展的若干意见(试行)》(2018年2月24日公布)除开篇阐明出台本意见的意义之外,共分六个部分,分别明确了本意见的扶持对象、奖励扶持办法、高管人才奖励、认定程序、优化服务环境、实施期限等。

问:总部经济相关政策的适用对象有哪些?

答:根据《七台河市加快总部经济发展的若干意见(试行)》(2018年2月24日公布)规定,七台河市总部经济相关政策适用于一般不负责生产,只负责金融和销售的企业总部,即总公司或集团。

问:七台河市引进总部企业应具备什么条件?

答:根据《七台河市加快总部经济发展的若干意见(试行)》(2018年2月24日公布)规定,总部企业应当依法注册并开展经营活动,对其控股企业或

分支机构行使投资控股、运营决策、集中销售、财务结算等管理服务的总机构,同时应满足下列条件:

(一)新引进的域外企业,对地方财政年贡献累计达到200万元以上,注册资本1000万元以上或年营业收入2亿元以上,并且工商注册地、税务征管及统计关系在七台河市范围内;有健全的财务制度、具备独立的法人资格、实行独立核算、统一汇总纳税;全资或绝对控股公司、分公司不少于2家,其中,域外分公司不少于1家,域外分公司对地方财政年贡献不能少于50%。

(二)享受政策的企业须承诺3年内不离开七台河市。若被扶持企业违反承诺,将追回已经发放的奖励扶持资金。

问:新引进总部企业可享受的优惠政策有哪些?

答:根据《七台河市加快总部经济发展的若干意见(试行)》(2018年2月24日公布)规定,新引进总部企业可享受资金支持和人才奖励。

(一)给予奖励扶持资金。总部企业从纳税之日起,根据企业对地方财政贡献安排奖励扶持资金。企业所得税按年兑现奖励扶持资金,其他税种按月兑现奖励扶持资金。一是对地方财政贡献累计达到200万元以上的企业,按50%一次性兑现奖励扶持资金。二是对地方财政贡献累计达到1000万元以上的企业,按60%一次性兑现奖励扶持资金。三是对地方财政贡献累计达到2000万元以上的企业,按70%一次性兑现奖励扶持资金。四是对地方财政贡献大、拉动作用明显的企业,采取"一事一议"的办法另行研究奖励扶持资金。

(二)给予高管人才奖励。新引进总部企业对地方财政年贡献累计达到2000万元以上的高级管理人员及副高级职称以上高级专家,每个总部企业不超过10名,按照个人所得税地方留成部分100%给予奖励。

第三部分

华东地区

7. 上海市

7.1 上海市

上海市,简称"沪",地处太平洋西岸,亚洲大陆东沿,长江三角洲前缘,是中国共产党诞生地、国家历史文化名城,是中国改革开放排头兵、创新发展先行者,是 2013 年 9 月国务院批准成立的第一个中国自由贸易(试验)区,是中国经济、金融、贸易、航运、科技创新中心,肩负着面向世界、推动长三角地区一体化和长江经济带发展的重任。上海市也是中国吸引跨国公司地区总部最多的城市,对跨国公司地区总部实施认定管理。截至 2019 年 8 月底,上海市集聚跨国公司地区总部共计 701 家,其中亚太区总部 106 家、投资性公司 144 家、研发中心 451 家,[①]主要集聚于浦东新区、静安区、虹口区、黄浦区等。

问:上海市出台的总部经济相关政策有哪些?

答:上海市先后出台若干总部经济相关政策。《上海市鼓励跨国公司设立地区总部的规定》(沪府发〔2017〕9 号)和《上海市鼓励跨国公司设立地区总部的规定》政策解读,旨在贯彻落实《中共中央国务院关于构建开放型经济新体制的若干意见》,进一步扩大对外开放,营造更加开放的符合国际通行规则的投资环境、更加便利化的贸易环境、更加完善的法治环境、更加良

---

① 吴宇:《上海引进跨国公司地区总部超 700 家》,http://finance.people.com.cn/n1/2019/0916/c1004–31353767.html,2019 年 9 月 16 日。

好的生产生活环境、更加宽松的人才发展环境,鼓励跨国公司在上海市设立地区总部和总部型机构,支持在沪地区总部和总部型机构集聚业务、拓展功能、提升能级,积极参与上海"四个中心"和具有全球影响力的科技创新中心的建设。

《上海市鼓励跨国公司地区总部发展专项资金使用和管理办法》(沪商外资〔2018〕190 号),旨在进一步扩大对外开放,鼓励跨国公司在本市设立地区总部和外资研发中心,鼓励在沪跨国公司地区总部进一步集聚实体业务、拓展功能、提升能级,鼓励外资研发中心升级为全球研发中心,促进经济转型发展,根据上海市相关政策,设立上海市鼓励跨国公司地区总部发展专项资金。

《关于进一步支持外资研发中心参与上海具有全球影响力的科技创新中心建设的若干意见》(沪府发〔2017〕79 号)和《上海市人民政府关于进一步支持外资研发中心参与上海具有全球影响力的科技创新中心建设的若干意见》政策解读材料(2017 年 10 月 16 日),旨在加快向具有全球影响力的科技创新中心进军,坚持全球视野、国际标准,更好地服务外资研发中心集聚发展,进一步营造有利于企业创新发展的环境,促进创新要素跨境流动和全球配置,进一步支持外资研发中心更加深入、更加广泛地参与上海具有全球影响力的科技创新中心建设。

《上海市鼓励企业设立服务全国面向世界的贸易型总部若干意见》(沪商综〔2015〕48 号),旨在贯彻落实《上海市推进国际贸易中心建设条例》,进一步扩大对内对外开放,构筑开放型经济新优势,鼓励具有国际国内资源配置能力的企业在沪设立贸易型总部,提高贸易集聚度和辐射力,促进长江流域贸易投资一体化发展,推动贸易型总部服务全国、走向世界。

问:总部经济相关政策的主要内容有哪些?

答:《上海市鼓励跨国公司设立地区总部的规定》(沪府发〔2017〕9 号)共分十六条,分别明确了目的和依据、跨国公司地区总部的界定、适用范围、管理部门、地区总部认定条件、总部型机构认定条件、申请材料、审核、资助和奖励、资金管理、简化出入境手续、人才引进、通关便利、区级政府支持、参照适用、施行日期和有效期。

《上海市鼓励跨国公司地区总部发展专项资金使用和管理办法》（沪商外资〔2018〕190号）共分为十条，分别明确了目的和依据、资金来源、支持对象、支持标准、资金具体负担办法、申请提交的材料、申报与审核、资金拨付、使用监督、附则（解释权、实施期限、有效期）。

《关于进一步支持外资研发中心参与上海具有全球影响力的科技创新中心建设的若干意见》（沪府发〔2017〕79号）除开篇意义之外，涉及四个方面内容共分十六条。一是增强在沪外资研发中心的竞争力和全球资源配置能力，包括支持高能级研发中心、鼓励研发新模式、提升研发样品跨境流动的便利性、鼓励参与重大项目研发、鼓励研发成果在本地转移转化。二是进一步优化知识产权环境，包括促进知识产权落地、多种途径加大知识产权保护力度、提升知识产权服务能级。三是进一步营造良好的人才环境，包括进一步便利外籍人才办理工作许可、进一步便利外籍人才出入境、进一步优化外籍人才生活环境。四是创造更好的研发环境、加强政府服务，包括加强研发公共服务、支持外资研发中心参与政府计划项目、完善政府服务机制、鼓励各区积极出台相关政策措施。

《上海市鼓励企业设立服务全国面向世界的贸易型总部若干意见》（沪商综〔2015〕48号）分为十五条，分别明确了本意见的意义、指导思想与原则、贸易型总部的界定、认定管理服务部门、认定条件、申请材料、认定材料、支持力度、融资渠道、外汇资金管理运营业务、外籍人才政策、中国籍人员出境便利措施、海关等监管模式创新、监督管理、施行日期和有效期。

问：总部经济相关政策的适用对象有哪些？

答：《上海市鼓励跨国公司设立地区总部的规定》（沪府发〔2017〕9号）适用于在上海市范围内设立的地区总部和总部型机构。跨国公司地区总部（以下简称"地区总部"），是指在境外注册的母公司在上海市设立，以投资或授权形式对在一个国家以上区域内的企业履行管理和服务职能的唯一总机构。跨国公司须以外商独资的投资性公司、管理性公司等具有独立法人资格的企业组织形式在上海市设立地区总部。跨国公司总部型机构（以下简称"总部型机构"），是指虽未达到跨国公司地区总部标准，但实际承担境外注册的母公司在一个国家以上区域内的管理决策、资金管理、采购、销售、物流、结算、研发、培训等支持服务中多项职能的外商独资企业（含分支机构）。

《上海市鼓励跨国公司地区总部发展专项资金使用和管理办法》（沪商外资〔2018〕190 号）适用于跨国公司地区总部和外资研发中心。跨国公司地区总部是指在境外注册的母公司在上海市设立，以投资或授权形式对在一个国家以上区域内的企业履行管理和服务职能的唯一总机构。跨国公司须以外商独资的投资性公司、管理性公司等具有独立法人资格的企业组织形式在上海市设立地区总部。外资研发中心是指外国投资者依法设立的、从事自然科学及其相关科技领域的研究开发和实验发展（包括为研发活动服务的中间试验）的机构，研发内容包括基础研究、应用研究、产品开发等方面。

《关于进一步支持外资研发中心参与上海具有全球影响力的科技创新中心建设的若干意见》（沪府发〔2017〕79 号）适用于外资研发中心。外资研发中心规定同于《上海市鼓励跨国公司地区总部发展专项资金使用和管理办法》（沪商外资〔2018〕190 号）。

《上海市鼓励企业设立服务全国面向世界的贸易型总部若干意见》（沪商综〔2015〕48 号）适用于贸易型总部，是指境内外企业在上海设立的，具有采购、分拨、营销、结算、物流等单一或综合贸易功能的总部机构。贸易型总部既包含传统贸易企业，也包含基于互联网等信息技术从事撮合交易或提供配套服务的平台型贸易企业。

问：跨国公司地区总部的认定条件是什么？

答：根据《上海市鼓励跨国公司设立地区总部的规定》（沪府发〔2017〕9 号）规定，申请认定地区总部，应当符合下列条件：

（一）须为具有独立法人资格的外商独资企业。

（二）母公司的资产总额应不低于 4 亿美元；服务业领域企业设立地区

总部的,母公司资产总额应不低于 3 亿美元。

(三)母公司已在中国境内投资累计缴付的注册资本总额不低于 1000 万美元,且母公司授权管理的中国境内外企业不少于 3 个;或者母公司授权管理的中国境内外企业不少于 6 个。基本符合前述条件,并为所在地区经济发展做出突出贡献的,可酌情考虑。

(四)注册资本不低于 200 万美元。

本规定对跨国公司地区总部的认定标准进行了分类管理,针对主要从事服务业的跨国公司轻资产的特点,对主要从事服务业的跨国公司申请认定总部的,其母公司的资产总额要求由不低于 4 亿美元调整为不低于 3 亿美元。

问:跨国公司总部型机构的认定条件是什么?

答:根据《上海市鼓励跨国公司设立地区总部的规定》(沪府发〔2017〕9号)规定,申请认定总部型机构,应当符合下列条件:

(一)须为具有独立法人资格的外商独资企业或其分支机构。

(二)母公司的资产总额不低于 2 亿美元,并在中国境内已投资设立不少于 2 家外商投资企业,其中至少 1 家注册在上海。

(三)注册资本不低于 200 万美元,如以分支机构形式设立的,总公司拨付的运营资金应不低于 200 万美元。

问:外资研发中心的认定条件是什么?

答:根据《上海市鼓励跨国公司设立地区总部的规定》(沪府发〔2017〕9号)规定,跨国公司总部型机构涵盖外资研发中心。因此,外资研心中心认定条件可以参照跨国公司总部型机构认定条件。

问:贸易型总部的认定条件是什么?

答:根据《上海市鼓励企业设立服务全国面向世界的贸易型总部若干意见》(沪商综〔2015〕48 号)规定,贸易型总部应注册在上海,具有独立的法人资格,除上海市外,拥有 2 个或 2 个以上分支机构,并有一定比例的业务覆盖,实行统一管理,且符合以下条件之一:

（一）以国内批发零售为主营业务,该业务收入占总营业收入的比例占50%以上,且上年度营业收入(销售收入)超过100亿元人民币。

（二）以国际货物贸易为主营业务,该业务收入占总营业收入的比例占50%以上,且上年度营业收入(销售收入)超过60亿元人民币。

（三）以物流仓储或国际服务贸易为主营业务,该业务收入占总营业收入的比例占50%以上,且上年度营业收入(销售收入)超过40亿元人民币。

（四）以平台交易为主营业务,注册会员或入驻商家超过5000家且有超过30%的比例为非本市企业。其中,面向消费者的平台企业年交易额超过50亿元人民币;面向企业(提供企业间交易)的平台企业年交易额超过150亿元人民币。

问:跨国公司地区总部和总部型机构可享受的鼓励政策有哪些?

答:《上海市鼓励跨国公司设立地区总部的规定》(沪府发〔2017〕9号)在原有政策上做加法,吸收自贸试验区制度创新和科创中心政策成果,优化了鼓励政策内容。主要是:跨国公司地区总部可按本规定享受资助与奖励的财政支持政策;跨国公司地区总部和总部型机构可按本规定享受资金管理、简化出入境手续、人才引进、通关便利等鼓励政策。本规定还首次加入"区政府支持"条款,鼓励各区政府因地制宜营造不断完善适合总部经济发展的营商环境。

问:外资研发中心可享受的鼓励政策有哪些?

答:《关于进一步支持外资研发中心参与上海具有全球影响力的科技创新中心建设的若干意见》(沪府发〔2017〕79号)提出了进一步支持外资研发中心参与科创中心建设的16条措施。

一、着眼于增强在沪外资研发中心的竞争力和全球资源配置能力,提出了五方面的政策举措

（一）支持高能级研发中心在沪发展,特别是在跨国公司内部处于最高层级、具有全球配置研发资源功能的全球研发中心。

（二）鼓励研发新模式，支持跨国公司设立开放式创新平台，激发本地创新资源，带动本地企业的研发和创新。

（三）提升研发样品跨境流动的便利性，通过优先报检、提升信用分类管理等级等方式，简化研发样本样品、试剂的进口手续，提升研发效率。

（四）鼓励外资研发中心参与重大项目研发，支持外资设立国家级技术中心，参与战略性新兴产业领域重大研发项目。

（五）鼓励外资研发中心的研发成果在本地转移转化，引导社会各类资本支持外资研发中心研发成果在本市进行产业化。

二、聚焦进一步优化知识产权环境，提出了三方面的政策举措

（一）促进知识产权落地，为了更好保护外资研发中心的创新成果，加大了对外资研发中心知识产权落地的支持力度。

（二）通过多种途径加大知识产权保护力度，如：开展集专利审查、快速确权、快速维权于一体的一站式综合服务；完善行政执法和司法保护两条途径优势互补、有机衔接的知识产权保护模式；健全知识产权信用管理等。

（三）提升知识产权服务能级，加大国际高端知识产权服务机构的引进力度，为企业提供高效、便捷、安全的知识产权服务；加强知识产权公共服务平台建设，进一步完善全球知识产权检索功能等。

三、提出了三方面的人才政策举措

（一）进一步便利外籍人才办理工作许可，简化手续，允许外资研发中心聘雇的外籍研发人员直接申请办理外国人来华工作手续；优化流程，采用"告知＋承诺""容缺受理"等方式，为外籍人才办理工作许可提供便利。

（二）进一步便利外籍人才出入境，放宽外籍人才多次往返签证有效期限，对符合条件的外籍人才，签发长期（5年至10年）多次往返签证。

（三）进一步优化外籍人才生活环境，支持各区开展外籍高层次人才服务"一卡通"试点，建立安居保障、子女入学和医疗保健服务通道。

四、聚焦创造更好的研发环境,在加强政府服务方面提出四方面政策
举措

(一)加强研发公共服务,支持外资研发中心参与本市研发公共服务平
台建设,便利外资研发中心申请使用大科学设施。

(二)支持外资研发中心参与政府计划项目,吸收外资研发中心的科技
人员参加政府计划项目专家库,参与政府计划项目方向的研究。

(三)完善政府服务机制,畅通政府与企业的沟通渠道,建立多渠道、多
形式的外资研发中心服务机制。

(四)发挥各区的积极性,鼓励各区出台支持外资研发中心参与科创中
心的政策措施。

问:贸易型总部可享受的鼓励政策有哪些?

答:根据《上海市鼓励企业设立服务全国面向世界的贸易型总部若干意
见》(沪商综〔2015〕48号)规定,对于符合外贸专项资金、服务贸易发展专项
资金、战略性新兴产业专项资金、服务业引导资金、高新技术成果转化资金
等政策条件的贸易型总部,上海市有关部门在资金申报评定中应予以优先
支持。各区县人民政府结合实际情况积极营造企业发展环境,对新认定的贸
易型总部给予相关政策扶持。

鼓励金融机构与贸易型总部开展战略性合作;鼓励涉及外汇资金运作
且符合相关条件的贸易型总部进行外汇资金集中运营管理等业务;支持优
秀人才引进、出入境便利等贸易便利化发展。

问:专项资金支持对象有哪些?

答:《上海市鼓励跨国公司地区总部发展专项资金使用和管理办法》(沪
商外资〔2018〕190号)主要采用无偿资助的方式,对符合相应标准的跨国公
司地区总部和外资研发中心给予支持。

跨国公司地区总部是指在境外注册的母公司在上海市设立,以投资或
授权形式对在一个国家以上区域内的企业履行管理和服务职能的唯一总机

构。跨国公司须以外商独资的投资性公司、管理性公司等具有独立法人资格的企业组织形式在上海市设立地区总部。

外资研发中心是指外国投资者依法设立的、从事自然科学及其相关科技领域的研究开发和实验发展（包括为研发活动服务的中间试验）的机构，研发内容包括基础研究、应用研究、产品开发等方面。

问：专项资金支持对象标准有哪些？

答：《上海市鼓励跨国公司地区总部发展专项资金使用和管理办法》（沪商外资〔2018〕190号）涉及开办资助、租房资助、奖励和高能级资助等支持标准。

问：跨国公司地区总部和总部型机构的管理和服务部门有哪些？

答：根据《上海市鼓励跨国公司设立地区总部的规定》（沪府发〔2017〕9号）规定，上海市商务委员会负责跨国公司地区总部和总部型机构的认定工作，协调有关部门开展对跨国公司地区总部和总部型机构的管理服务。工商、财政、税务、外事、人力资源和社会保障、出入境管理、外汇管理、人民银行、海关、出入境检验检疫等部门在各自职责范围内，做好对跨国公司地区总部和总部型机构的管理服务工作。

问：贸易型总部的管理和服务部门有哪些？

答：根据《上海市鼓励企业设立服务全国面向世界的贸易型总部若干意见》（沪商综〔2015〕48号）规定，上海市商务委负责贸易型总部认定工作，并协调有关部门共同开展促进贸易型总部发展的相关工作。

市发展改革委、市政府合作交流办、市财政局、市工商局、市金融办、上海银监局、中国人民银行上海分行、国家外汇管理局上海分局、市公安局出入境管理局、市人力资源社会保障局、上海海关、上海出入境检验检疫局、市政府外办等部门及各区县人民政府在各自职责范围内，做好对贸易型总部的服务促进工作。

7.2 浦东新区

浦东新区于 1990 年 4 月 18 日经党中央国务院宣布开发开放。浦东新区位于上海市黄浦江东岸，地处中国沿海开放带的中心和长江入海口的交汇处，倚靠蓬勃发展的长三角都市群，面向浩瀚无垠的太平洋。经过近三十年的发展，浦东新区经济持续快速发展，形成了以服务经济为主体的产业结构和创新驱动为主导的发展模式，成为上海经济快速发展的重要增长极；具备了金融、航运、贸易三大核心功能；发展了陆家嘴金融贸易区、金桥经济技术开发区、张江高科技园区、保税区、世博地区、国际旅游度假区、临港地区等重点区域。2013 年 9 月 29 日，中国首个自由贸易试验区在上海浦东诞生，浦东 80% 的金融机构与跨国公司地区总部聚集在自贸试验区。

问：浦东新区出台的总部经济相关政策有哪些？

答：浦东新区先后出台《关于推动浦东新区跨国公司地区总部加快发展的若干意见》（浦府〔2011〕150 号）、《浦东新区促进总部经济发展财政扶持办法》（浦府〔2011〕151 号）、《浦东新区总部机构认定办法》（2011 年 11 月 30 日）、《浦东新区"十三五"期间促进总部经济发展财政扶持办法》（浦府〔2017〕132号）。

《浦东新区"十三五"期间促进总部经济发展财政扶持办法》（浦府〔2017〕132 号）在实施过程中如遇国家或上海市颁布新规定，则按新规定执行；浦东新区已颁布的规定与本办法不一致的，以本办法为准。本办法旨在紧紧围绕创新驱动、转型发展，有效推进上海"四个中心"和具有全球影响力的科创中心核心功能区建设，促进中国（上海）自由贸易试验区发展，鼓励内外资企业和国际组织（机构）在浦东新区设立总部，加强各类总部集聚，促进总部各项功能持续发展。

问：总部经济相关政策的主要内容有哪些？

答：《浦东新区"十三五"期间促进总部经济发展财政扶持办法》（浦府

〔2017〕132 号)包括附则共分十四条。第一条明确了制定本办法的目的;第二条明确了适用对象;第三条明确了跨国公司地区总部的界定及其认定条件;第五条明确了适用执行范围;第六、七条分别明确了企业/个人对浦东新区的贡献程度;第八至十三条分别明确了各类总部企业的落户奖励、贡献奖等;第十四条附则明确了从上从优原则、从新原则、失信惩戒、施行日期和有效期。

问:总部经济相关政策的适用对象有哪些?

答:《浦东新区"十三五"期间促进总部经济发展财政扶持办法》(浦府〔2017〕132 号)适用于新落户总部和现有总部。新落户总部是指 2016 年 1 月 1 日(含)以后在浦东新区设立的跨国公司地区总部、大企业总部、营运总部、区域性总部、高成长性总部和国际组织(机构)地区总部。现有总部是指 2016 年 1 月 1 日以前在浦东新区设立且存续至今的跨国公司地区总部、大企业总部、营运总部、区域性总部。

问:跨国公司地区总部的认定条件有哪些?

答:根据《浦东新区"十三五"期间促进总部经济发展财政扶持办法》(浦府〔2017〕132 号)规定,申请认定地区总部,应当符合下列条件:

(一)须为具有独立法人资格的外商独资企业。

(二)母公司的资产总额不低于 4 亿美元。服务业领域企业设立地区总部的,母公司资产总额不低于 3 亿美元。

(三)母公司已在中国境内投资累计缴付的注册资本总额不低于 1000 万美元,且母公司授权管理的中国境内外企业不少于 3 个;或者母公司授权管理的中国境内外企业不少于 6 个。基本符合前述条件并为所在地区经济发展做出突出贡献的,可酌情考虑认定。

(四)注册资本不低于 2 万美元。大企业总部、营运总部、区域性总部、高成长性总部、国际组织(机构)地区总部由浦东新区认定,具体认定由浦东新区商务委员会和浦东新区财政局牵头,会同相关部门共同认定。

问：大企业总部认定条件有哪些？

答：根据《浦东新区"十三五"期间促进总部经济发展财政扶持办法》（浦府〔2017〕132号）规定，申请大企业总部，须满足下列条件：

（一）母公司总资产不低于28亿元人民币。

（二）申请前一年或申请当年销售额超过10亿元人民币（含10亿元）。

（三）申请前一年或申请当年年度经济贡献超过5000万元人民币（含5000万元）。

（四）在全国范围内投资或者授权管理的企业不少于3家，其中至少有1家是跨省企业。

问：营运总部认定条件有哪些？

答：根据《浦东新区"十三五"期间促进总部经济发展财政扶持办法》（浦府〔2017〕132号）规定，申请营运总部（含内外资），须满足下列条件：

（一）申请前一年或申请当年销售额超过5亿元人民币（含5亿元）。

（二）申请前一年或申请当年年度经济贡献超过4000万元人民币（含4000万元）。

（三）具有以下业务中的一种或多种：商品采购、分拨、销售和结算，生产研发和产品销售，服务及服务贸易，资金管理等。

（四）获得总部授权，在浦东新区承担总部在中国区、亚太区或更大区域范围内上述业务的整合及运营职能。

问：区域性总部认定条件有哪些？

答：根据《浦东新区"十三五"期间促进总部经济发展财政扶持办法》（浦府〔2017〕132号）规定，申请区域性总部（含内外资），须满足下列条件：

（一）申请前一年或申请当年销售额超过5亿元人民币（含5亿元），投资类企业或研发类企业除外。

（二）申请前一年或申请当年年度经济贡献超过3000万元人民币（含3000万元）。

（三）具有全国性或区域性营运、结算、管理、研发等一项或多项职能。

（四）在管理一区域内投资或者授权管理的企业不少于3家，其中至少有1家是跨省或跨区企业。

问：高成长性总部认定条件有哪些？

答：根据《浦东新区"十三五"期间促进总部经济发展财政扶持办法》（浦府〔2017〕132号）规定，申请高成长性总部（含内外资），须满足下列条件：

（一）申请前一年或申请当年年度经济贡献超过800万元人民币（含800万元）。

（二）在所从事业务领域拥有核心技术知识产权（企业自主研发或授权均可），申请前一年用于企业研发经费不低于当年营业收入的5%；或具有全新的商业模式，有良好的业绩表现，具有可持续发展能力，已至少获得PE①公司C轮投资；或提供审计、会计、人力资源、检验检测、认证等专业社会服务，有利于推进浦东新区法治化、国际化、便利化营商环境建设，在国际国内有较高知名度。

（三）企业管理层和主要管理营运团队常驻浦东新区。

（四）投资或者授权管理的企业或分支机构不少于3家，其中至少有1家跨省或跨区。

（五）符合浦东新区产业发展导向。

（六）企业属于行业龙头企业（行业排名前50强），或投资方属于财富全球500强、中国企业500强、中国民营企业500强，在认定时可获得优先考虑。

问：国际组织（机构）地区总部认定条件有哪些？

答：根据《浦东新区"十三五"期间促进总部经济发展财政扶持办法》（浦府〔2017〕132号）规定，国际组织（机构）地区总部，是指知名国际组织（机构）在浦东新区设立的外国非企业经济组织代表机构，以授权形式在一个国家及以上的区域内履行管理和服务职能的唯一总机构。须满足下列条件：

---

① PE：private equity 的缩写，意为私募股权投资。

（一）依法设立的外国非企业经济组织代表机构。

（二）受其所属的国际组织（机构）总部授权，在中国或更大区域开展活动，履行管理和服务职能。

（三）首席代表常驻浦东新区。

问：总部企业可享受哪些鼓励政策？

答：根据《浦东新区"十三五"期间促进总部经济发展财政扶持办法》（浦府〔2017〕132号）规定，依据企业或个人对浦东新区贡献程度可享受相应的贡献奖励。

企业对浦东新区的贡献程度是指综合考虑企业发展的实际需求、经济贡献、科技创新、促进就业、节能减排、社会诚信和安全生产等因素，并经企业贡献度评价指标体系综合考核评定。

个人对浦东新区的贡献程度是指综合考虑总部人才引进和培育的实际需求、经济贡献、科技创新、社会服务、职业操守和遵纪守法等因素，并经人才贡献度评价指标体系综合考核评定。

问：总部企业的管理和服务部门有哪些？

答：根据《浦东新区"十三五"期间促进总部经济发展财政扶持办法》（浦府〔2017〕132号）规定，浦东新区商务委员会、浦东新区财政局牵头，会同相关部门共同管理和服务总部企业。

7.3黄浦区

黄浦区，地处黄浦江和苏州河合流处的西南端。北起苏州河，东、南濒黄浦江，西至成都北路、延安中路、陕西南路、肇嘉浜路、瑞金南路。黄浦区是海派文化的发源地、民族工业的发祥地、中国共产党的诞生地，也是上海的经济、行政和文化中心所在地，在上海市发展大局中具有重要地位。区级财政收入位居上海市中心城区首位。2018年总部企业区级税收占比26.6%，涉外经济区级税收占比46.7%。

问：黄浦区出台的总部经济相关政策有哪些？

答：黄浦区出台《黄浦区试点开展区级贸易型总部认定实施意见》（黄商务委〔2017〕013号），旨在贯彻落实《市商务委 市发展改革委 市财政局 市政府合作交流办关于印发〈上海市鼓励企业设立服务全国面向世界的贸易型总部若干意见〉的通知》（沪商综〔2015〕48号）的要求，鼓励具有国际国内资源配置能力的企业在沪设立贸易型总部，进一步推进上海国际贸易中心建设。

《黄浦区鼓励跨国公司设立地区总部的实施意见》（黄商务委〔2018〕019号），旨在贯彻落实《上海市人民政府关于进一步扩大开放加快构建开放型经济新体制的若干意见》（沪府发〔2017〕26号）以及《上海市鼓励跨国公司设立地区总部的规定》（沪府发〔2017〕9号），进一步吸引外商在黄浦区设立跨国公司地区总部、总部型机构以及区级跨国公司地区总部。

问：黄浦区总部经济相关政策的适用对象有哪些？

答：《黄浦区试点开展区级贸易型总部认定实施意见》（黄商务委〔2017〕013号）适用于贸易型总部，即境内外企业在黄浦区注册设立并依法开展经营活动，具有采购、分拨、营销、结算、物流等单一或综合贸易功能的总部机构。贸易型总部既包含传统贸易企业，也包含基于互联网等信息技术，从事撮合交易或提供配套服务的平台型贸易企业。

《黄浦区鼓励跨国公司设立地区总部的实施意见》（黄商务委〔2018〕019号）适用于以下两种情况：

（一）本区新引入和已在本区设立的，并在2017年2月1日（沪府发〔2017〕9号文执行之日）后经上海市商务委认定的跨国公司地区总部和总部型机构。

（二）本区新引入和已在本区设立的，并在2017年2月1（沪府发〔2017〕9号文执行之日）后经黄浦区商务委认定的区级跨国公司地区总部。

问：跨国公司地区总部的认定条件是什么？

答：根据《黄浦区鼓励跨国公司设立地区总部的实施意见》（黄商务委

〔2018〕019 号)规定,跨国公司地区总部定义及其认定条件如下面规定:

(一)市级跨国公司地区总部和总部型机构的定义、认定办法、申请材料和审核依照《上海市鼓励跨国公司设立地区总部的规定》(沪府发〔2017〕9号)中的相关规定执行。

(二)区级跨国公司地区总部定义:区级跨国公司地区总部是指在境外注册的母公司在本区设立,符合黄浦区鼓励的产业导向的,以投资或授权形式对在一个国家以上区域内的企业履行管理和服务职能的唯一总机构。

(三)区级跨国公司地区总部认定条件(符合下列两点其中之一即可)

1.须为具有独立法人资格的外商独资企业或其分支机构;母公司的资产总额不低于 2 亿美元,除拟被认定的地区总部外,母公司在中国境内已投资设立不少于 2 家外商投资企业,其中至少 1 家注册在上海市(对区域经济有特殊贡献的企业可酌情考虑);注册资本不低于 200 万美元,如以分支机构形式设立的,其总公司应注册在外省市,且总公司拨付的运营资金应不低于200 万美元。

2.须为具有独立法人资格的外商独资企业;母公司的资产总额不低于 2亿美元;注册资本不低于 200 万美元;下设分支机构不少于 20 家。

问:贸易型总部企业的认定条件是什么?

答:根据《黄浦区试点开展区级贸易型总部认定实施意见》(黄商务委〔2017〕013 号)规定,贸易型总部企业包括综合型总部企业、职能型总部企业两类。

(一)综合型总部是指企业综合竞争能力强,具有决策管理、行政管理、资产管理、资金结算管理、研发管理、采购管理等总部综合职能的大型企业。

(二)职能型总部是指企业发展相对成熟,发展空间较大,具有部分总部职能的较大型企业。主要包括以下四种类型:

1.国际货物贸易总部。对推动黄浦区贸易增长和产业发展,加快形成以技术、标准、品牌、质量、服务为核心的外贸新优势做出重要贡献的国际货物贸易企业。

2.高端服务业总部。属于"十三五"期间黄浦区高端服务业创新发展明确的重点领域,即属于新金融、新消费、创意 2.0、互联网、大健康五大领域的企业。

3.商贸流通业总部。对提高黄浦区贸易流通质量和效率,发展流通新模式、新领域、新功能有重要贡献的商贸流通企业。

4.平台交易型总部。对推进黄浦区"商贸流通 + 互联网",整合产业资源,促进现代商贸业转型发展有重要贡献的平台型企业。

问:跨国公司地区总部可享受哪些鼓励政策?

答:根据《黄浦区鼓励跨国公司设立地区总部的实施意见》(黄商务委〔2018〕019 号)规定,跨国公司地区总部可享受租房和开办费资助、突出贡献奖励,还可按照上海市相关规定享受相应的绿色通道服务。

问:贸易型总部企业可享受哪些鼓励政策?

答:根据《黄浦区试点开展区级贸易型总部认定实施意见》(黄商务委〔2017〕013 号)规定,黄浦区为体现对贸易型总部企业的支持,根据《上海市鼓励企业设立服务全国面向世界的贸易型总部若干意见》等精神,黄浦区商务委对经申报审核认可的贸易型总部企业予以配套的政策支持,设立黄浦区贸易型总部专项资金,鼓励和支持贸易公司在本区设立总部,鼓励贸易型总部拓展功能,提升能级,主要包括:一次性补贴、特别贡献奖励、贸易便利化、产业发展政策等。

问:跨国公司地区总部的管理和服务部门有哪些?

答:根据《黄浦区鼓励跨国公司设立地区总部的实施意见》(黄商务委〔2018〕019 号)规定,黄浦区商务委负责区级跨国公司地区总部的认定工作,协调有关部门开展对跨国公司地区总部的管理服务。区财政局、区金融办、区人社局等部门在各自职责范围内,做好对跨国公司地区总部的管理服务工作。

问:贸易型总部企业的管理和服务部门有哪些?

答:根据《黄浦区试点开展区级贸易型总部认定实施意见》(黄商务委

〔2017〕013 号)规定,黄浦区商务委负责管理、协调相关服务。

7.4 静安区

静安区,地处上海市中心,历史文脉悠久、城市环境优美、商业商务发达、创新活力迸发、信息交通便捷,是上海对外交流的重要窗口。静安区因区内古刹静安寺而得名。现在的静安区由原闸北、静安两区"撤二建一"组成。"十三五"时期,静安区力争总部经济集聚度达到国内领先、国际较高水平,与国际接轨的投资营商环境更加成熟,全球资源配置能力不断提高,在上海现代化国际大都市建设中的核心地位逐步显现。创新要素高度集聚,创新创业活力不断提高,高新技术企业累计达到 280 家,创新发展环境显著改善。全面深化改革不断取得重大突破,智慧城区建设走在上海市前列。

问:静安区出台的总部经济相关政策有哪些?

答:静安区出台《关于促进总部经济发展的实施办法》(静商规〔2019〕1号)以及《静安区关于促进总部经济发展的实施办法》的政策解读(2019 年 1月 18 日公布),旨在贯彻落实《上海市鼓励跨国公司设立地区总部的规定》(沪府发〔2017〕9 号)和《上海市人民政府关于进一步扩大开放加快构建开放型经济新体制的若干意见》(沪府发〔2017〕26 号),进一步吸引跨国公司在静安区设立地区总部、总部型机构以及研发中心,促进静安区总部经济和涉外经济的发展。

《关于促进总部经济发展区级部分专项资金申报指南》(2019 年 1 月 18日公布)旨在明确静安《关于促进总部经济发展的实施办法》中专项资金的申报方式及拨付流程。

问:总部经济相关政策的主要内容有哪些?

答:《关于促进总部经济发展的实施办法》(静商规〔2019〕1 号)除开篇阐明出台本办法的目的之外, 共分四个部分。第一部分明确了专项资金的设立、管理和使用;第二部分明确了三类扶持对象;第三部分明确了针对跨国公司地区总部、跨国公司总部型机构、外资研发中心等的扶持措施；第四部分明确了从优、从本办法、遵照执行、解释权、施行日期和有效期。

《关于促进总部经济发展区级部分专项资金申报指南》（2019 年 1 月 18 日公布）共分四个部分，分别明确了本指南的目的依据、资金来源、扶持对象、申报和拨付流程。

问：静安区总部经济相关政策的适用对象有哪些？

答：静安区《关于促进总部经济发展的实施办法》（静商规〔2019〕1 号）、《静安区关于促进总部经济发展的实施办法》的政策解读（2019 年 1 月 18 日公布）和《关于促进总部经济发展区级部分专项资金申报指南》（2019 年 1 月 18 日公布）适用于 2017 年 1 月 1 日以后注册、迁入或升级的注册登记、税收属地关系在静安区并符合静安重点产业发展导向的，具有独立法人资格的跨国公司地区总部、总部型机构、外资研发中心及其高层管理人员和专业人才。

跨国公司地区总部是指在境外注册的母公司在上海市设立，以投资或者授权形式对在一个国家以上区域内的企业履行管理和服务职能的唯一总机构。

跨国公司总部型机构是指虽未达到跨国公司地区总部标准，但实际承担境外注册的母公司在一个国家以上区域内的管理决策、资金管理、采购、销售、物流、结算、研发、培训等支持服务中多项职能的外商独资企业（含分支机构）。

研发中心是指从事自然科学及其相关科技领域的研究开发和实验发展（包括为研发活动服务的中间试验）的机构，研发内容可以是基础研究、产品应用研究、高科技研究和社会公益性研究，研发科目不包括《外商投资产业指导目录》禁止类项目，也不得从事非本研发技术成果的其他技术贸易和除中间试验外的生产活动。研发中心可以转让自己的研发成果，可以采取委托或联合开发的形式与国内科研院所开展合作研发。研发中心不包括培训中心。外商投资研发中心的形式可以是外国投资者（包括外商投资设立的投资性公司)依法设立的中外合资、合作、外资企业,也可以是设在外商投资企业内部的独立部门或分公司。

问:跨国公司地区总部的认定条件是什么?

答:根据《静安区关于促进总部经济发展的实施办法》的政策解读(2019年1月18日公布)规定,申请认定地区总部,应当符合下列条件:

(一)须为具有独立法人资格的外商独资企业。

(二)母公司的资产总额应不低于4亿美元;服务业领域企业设立地区总部的,母公司资产总额应不低于3亿美元。

(三)母公司已在中国境内投资累计缴付的注册资本总额不低于1000万美元,且母公司授权管理的中国境内外企业不少于3个;或者母公司授权管理的中国境内外企业不少于6个。基本符合前述条件并为所在地区经济发展做出突出贡献的,可酌情考虑。

(四)注册资本不低于200万美元。

跨国公司地区总部的认定部门为上海市商务委。

问:跨国公司总部型机构的认定条件是什么?

答:根据《静安区关于促进总部经济发展的实施办法》的政策解读(2019年1月18日公布)规定,申请认定总部型机构,应当符合下列条件:

(一)须为具有独立法人资格的外商独资企业或其分支机构。

(二)母公司的资产总额不低于2亿美元,并在中国境内已投资设立不少于2家外商投资企业,其中至少1家注册在上海。

(三)注册资本不低于200万美元,如以分支机构形式设立的,总公司拨付的运营资金应不低于200万美元。

跨国公司总部型机构的认定部门为上海市商务委。

问:外资研发中心的认定条件是什么?

答:根据《静安区关于促进总部经济发展的实施办法》的政策解读(2019年1月18日公布)规定,申请认定外资研发中心,应当符合下列条件:

(一)有明确的研究开发领域和具体的研发项目,固定的场所、科研必需的仪器设备和其它必需的科研条件,研发中心用于研发的投资应不低于200万美元。

(二)研发中心应配备专职管理和研发人员,其中具有相当本科以上学历的直接从事研发活动人员占研发中心总人数的比例应不低于80%。

外资研发中心的认定部门为上海市商务委。

问:跨国公司地区总部可享受的鼓励政策有哪些?

答:根据静安区《关于促进总部经济发展的实施办法》(静商规〔2019〕1号)规定,跨国公司地区总部可享受装修资助、人才公寓、升级资助等鼓励政策。

问:跨国公司总部型机构可享受的鼓励政策有哪些?

答:根据静安区《关于促进总部经济发展的实施办法》(静商规〔2019〕1号)规定,跨国公司总部型机构可享受租房资助、经营奖励、装修资助、人才公寓等鼓励政策。

问:外资研发中心可享受的鼓励政策有哪些?

答:根据静安区《关于促进总部经济发展的实施办法》(静商规〔2019〕1号)规定,外资研发中心可享受税收优惠、租房资助、人才公寓、国际发明专利资助等鼓励政策。

问:跨国公司地区总部、跨国公司总部型机构、外资研发中心的管理和服务部门有哪些?

答:根据《静安区关于促进总部经济发展的实施办法》(静商规〔2019〕1号)、《静安区关于促进总部经济发展的实施办法》的政策解读(2019年1月18日公布)规定,跨国公司地区总部、跨国公司总部型机构、外资研发中心由静安区商务委员会负责管理,并协同静安区财政局等部门服务,落实相关政策。

7.5虹口区

虹口区,位于上海市中心城区东北部。虹口区正在以北外滩为核心建立航运服务总部集聚区。北外滩是上海航运业的发源地,从历史上就集聚了很多船运企业,古老的外白渡桥、浦江饭店,以及具有传奇色彩的上海大厦和提篮桥监狱都坐落于此。自2013年中国上海自由贸易(试验)区建立之后,北外滩迎来新一轮大发展,目前已经发展成为中国大陆航运服务企业最为集中、航运要素最为集聚的区域之一;也是中国第一个"航运服务总部基地",获批"中国邮轮游发展实验区",是上海港国际客运中心所在地,是国内邮轮停靠母港之一。截至2018年7月,北外滩已经集聚了35家航运功能性机构,4000多家航运企业。①

问:虹口区出台的总部经济相关政策有哪些?

答:虹口区出台《虹口区加快发展总部经济的实施意见(试行)》(虹发改〔2018〕8号),旨在进一步优化营商环境,吸引跨国公司总部和本土企业总部落户虹口区,促进各类总部要素集聚,带动相关产业集群成链发展,加快产业创新转型,推动虹口实现高水平高质量发展。

问:总部经济相关政策的主要内容有哪些?

答:《虹口区加快发展总部经济的实施意见(试行)》(虹发改〔2018〕8号)共五部分十七条。第一部分包括第一、二条,分别明确了出台本意见的目的和依据、适用范围;第二部分包括第三至九条,分别明确了各类总部企业、高层次人才的界定和认定条件;第三部分包括第十至十二条,分别明确了各类总部企业、人才的资助和奖励;第四部分包括第十三至十五条,明确了服务保障、管理等相关事宜;第五部分包括第十六、十七条,明确了参考适用、施行日期和有效期。

问:总部经济相关政策的适用对象有哪些?

答:《虹口区加快发展总部经济的实施意见(试行)》(虹发改〔2018〕8号)适用于符合虹口区产业导向的下列总部及相关人员。

① 《上海虹口:专家为北外滩航运服务总部建设"把脉"》,http://www.shhk.gov.cn/shhk/xwzx/20131025/002003_6faddcc4-e47e-43cd-b073-4da271f5764c.htm;《虹口区区长谈未来发展:四川北路升级、北外滩发展》,http://sh.sina.com.cn/news/zw/2018-07-06/detail-ihexfcvk4568696-p6.shtml。

（一）经认定的地区总部、总部型机构、外资研发中心、高成长型总部、总部型特征企业以及国际组织（机构）总部。

（二）上述各类总部的中高层管理人员和专业人员。

（三）经区政府研究同意的加快发展总部经济的其他事项。

问：跨国公司地区总部或其他地区总部的认定条件有哪些？

答：根据《虹口区加快发展总部经济的实施意见（试行）》（虹发改〔2018〕8号）规定，地区总部指在境内外注册的母公司在虹口区设立，以投资或授权形式对多个区域内的企业履行管理和服务职能的唯   总机构。包括跨国公司地区总部和经认定的其他地区总部。

（一）跨国公司地区总部，应当同时符合下列条件：

1.税务登记在虹口区，并具有独立法人资格。

2.取得上海市商务委员会根据《上海市鼓励跨国公司设立地区总部的规定》（沪府发〔2017〕9号）的认定批复。

（二）申请认定其他地区总部，应当同时符合下列条件：

1.税务登记在虹口区，并具有独立法人资格。

2.年度实缴注册资本或母公司拨付运营资金不低于3000万元。

3. 年度销售额或营业收入不低于2亿元，且年度区域经济贡献不低于1000万元。

问：跨国公司总部型机构及经认定的其他总部型机构的认定条件有哪些？

答：根据《虹口区加快发展总部经济的实施意见（试行）》（虹发改〔2018〕8号）规定，总部型机构指虽未达到地区总部标准，但实际承担母公司在多个区域内的管理决策、资金管理、采购、销售、物流、结算、研发、培训等支持服务职能的总部机构。包括跨国公司总部型机构和经认定的其他总部型机构。

（一）跨国公司总部型机构，应当同时符合下列条件：

1.税务登记在虹口区，并具有独立法人资格。

2.取得上海市商务委员会根据《上海市鼓励跨国公司设立地区总部的规定》（沪府发〔2017〕9号）的认定批复。

（二）申请认定其他总部型机构，应当同时符合下列条件：

1.税务登记在虹口区，并具有独立法人资格。

2.年度实缴注册资本或母公司拨付运营资金不低于1500万元。

3.年度销售额或营业收入不低于1亿元，且年度区域经济贡献不低于500万元。

问：外资研发中心的认定条件有哪些？

答：根据《虹口区加快发展总部经济的实施意见（试行）》（虹发改〔2018〕8号）规定，外资研发中心是指外国投资者在本区依法设立的具有独立法人资格，从事自然科学及其相关科技领域的研究开发和实验发展（包括为研发活动服务的中间试验）的机构，研发内容包括基础研究、应用研究、产品开发等方面。外资研发中心须取得上海市商务委员会的认定批复。

问：高成长型总部的认定条件有哪些？

答：根据《虹口区加快发展总部经济的实施意见（试行）》（虹发改〔2018〕8号）规定，高成长型总部是指以投资或授权形式对中国境内多个区域内的企业履行管理和服务职能、具备较强成长性的总部机构。申请认定高成长型总部，应当同时符合下列条件：

（一）税务登记在虹口区，并具有独立法人资格。

（二）在所从事业务领域具有全新的商业模式和可持续发展能力或拥有核心技术知识产权（企业自主研发或授权均可），且投资或者授权管理的企业不少于3家。

（三）销售额或营业收入连续两年同比增长均超过30%或年度销售额或营业收入增长超过50%，且年度区域经济贡献不低于500万元。

问：总部型特征企业的认定条件有哪些？

答：根据《虹口区加快发展总部经济的实施意见（试行）》（虹发改〔2018〕8号）规定，总部型特征企业是指以投资或授权形式对多个区域履行管理和服务职能、具有总部性质的企业。申请认定总部型特征企业，应当同时符合下列条件：

（一）税务登记在虹口区，并具有独立法人资格。

（二）投资或者授权管理的分支机构不少于3家，实行合并报表；或者为上市公司。

（三）年度区域经济贡献不低于300万元。

问：国际组织（机构）总部的认定条件有哪些？

答：根据《虹口区加快发展总部经济的实施意见（试行）》（虹发改〔2018〕8号）规定，国际组织（机构）总部是指知名国际组织（机构）依法在本区设立的外国非企业经济组织代表机构，以授权形式在多个区域内履行管理和服务职能的总部机构。申请认定国际组织（机构）总部应当同时符合下列条件：

（一）税务登记在虹口区，并具有独立法人资格。

（二）受其所属的国际组织（机构）总部授权，在中国或更大区域开展活动，履行管理和服务职能。

（三）首席代表常驻虹口区工作，且须由国际组织（机构）全球总部委派。

问：总部中高层管理人员和专业人员的认定条件有哪些？

答：根据《虹口区加快发展总部经济的实施意见（试行）》（虹发改〔2018〕8号）规定，总部高层管理人员是指在地区总部、总部型机构、外资研发中心、高成长型总部、总部型特征企业中担任董事长、总经理、监事长和副总经理级别以上职务的高级管理人员，以及国际组织（机构）总部中由全球总部委派的首席代表。中层管理人员是指在总部担任高层管理职务以下、部门副职及以上的人员。专业人员是指除上述中高层管理人员外，拥有3年及以上行业从业经验的总部在职正式员工。

问：总部机构可享受的鼓励政策有哪些？

答：根据《虹口区加快发展总部经济的实施意见（试行）》（虹发改〔2018〕8号）规定，资助和奖励各类总部机构，支持在虹口区设立总部机构，促进现有总部机构持续发展。新引进总部是指2018年1月1日及以后在虹口区设立的地区总部、总部型机构、外资研发中心、高成长型总部、总部型特征企业以及国际组织（机构）总部。现有总部机构是指2018年1月1日以前在虹口区设立的各类总部机构。

资助和奖励包括开办补助、购建办公用房补助、租用办公用房补助、装修资助、经营奖励以及能级提升奖励和资助等。

问：总部人才可享受的鼓励政策有哪些？

答：根据《虹口区加快发展总部经济的实施意见（试行）》（虹发改〔2018〕8号）规定，加大对总部机构中高层管理人员和专业人员的扶持和服务力度，主要包括安家费补助、住房补助、租房补助、贡献奖励、软性服务。支持总部机构各类人才集聚虹口区，促进总部经济健康稳定发展。

问：总部企业的管理和服务部门有哪些？

答：虹口区投促办牵头负责各类总部的认定管理，会同区财政局、发改委、商务委、金融局和科委等部门建立健全制度，整合各方面资源，加强与上海市区各部门的沟通协作，落实认定管理工作，创新总部机构服务理念和方式，提高服务水平和能力，及时发现和解决新需求新问题。

虹口区投促办牵头负责本意见的落实，按年度编制和执行资金预算，按年度发布申报通知和受理申报材料，并会同区财政局、发改委等部门完善政策绩效评审，会同财政审计部门加强扶持资金日常监督管理和定期审计评价，严格规范财政资金使用管理。

7.6 杨浦区

杨浦区，位于上海市中心区的东北部，地处黄浦江下游西北岸，与浦东新区隔江相望，西临虹口区，北与宝山区接壤。杨浦滨江是东部战略区的核心，也是上海唯一的一个集国家创新型城区、上海科创中心重要承载区、上海中央活动区、国家双创示范基地"四区叠加"的黄金发展带。杨浦区拥有百年工业、百年大学、百年市政；吸引外商独资企业1200余家，集聚了包括西门子、大陆、耐克、汉高、欧尚、李尔、硅谷银行等一批跨国公司地区总部、研发中心；吸引科技企业6700余家，海外人才创业企业560余家，形成了大企业顶天立地、小企业铺天盖地的良好产业集群和企业生态。

问：杨浦区出台的总部经济相关政策有哪些？

答：杨浦区出台《杨浦区关于促进总部经济发展的若干政策规定》（杨府规〔2017〕2号）及其解读（2017年11月20日公布），旨在贯彻落实《中共中央国务院关于构建开放型经济新体制的若干意见》《上海市人民政府关于进一步扩大开放加快构建开放型经济新体制的若干意见》《上海市鼓励跨国公司设立地区总部的规定》《上海市鼓励外资研发中心发展的若干意见》，扩大对外开放，进一步加快建设具有全球影响力的科技创新中心重要承载区和高水平的全国双创示范基地，发挥总部经济在提升区域经济发展能级，促进产业结构优化升级中的核心作用。

问：总部经济相关政策的主要内容有哪些？

答：《杨浦区关于促进总部经济发展的若干政策规定》（杨府规〔2017〕2号）按照规范文件分总则、分则和附则共五章二十一条。第一章包括第一至三条，分别明确了本规定的目的、定义及适用范围、认定条件；第二章包括第四至十条，分别明确了开办费补贴、办公用房补贴、经营性奖励、高级管理人员奖励、能级提升奖励、专项资金支持、投资及科技研发成果转化奖励；第三章包括第十一至十三条，分别明确了住房支持政策、"绿色通道"服务、先进评选等；第四章包括第十四至十九条，明确了各类政府服务；第五章包括第二十、二十一条，明确了从高原则、施行日期和有效期。

问：总部经济相关政策的适用对象有哪些？

答：《杨浦区关于促进总部经济发展的若干政策规定》（杨府规〔2017〕2号）适用于总部企业。总部企业是指国际性、全国性和大区域性的企业，在杨浦区设立的运营总部或独立核算的分公司，以及营销中心、研发中心、结算中心、贸易中心、采购中心和管理中心等具有总部性质的企业。总部企业分为地区总部企业、总部型机构和研发中心。

地区总部企业是指央企或国家国资委管理的企业（集团），国内500强，国内民企500强企业，非银行金融机构，经国家商务部、市商务委认定的跨国公司地区总部,以及符合本规定相关认定条件并经区政府认定的国际性、全国性和大区域性的其他内资企业。

总部型机构是指虽未达到地区总部企业标准,但实际承担母公司在一个国家以上区域内的管理决策、资金管理、采购、销售、结算、培训等支持服务中多项职能的外商独资企业(含分支机构)以及符合本规定相关认定条件并经区政府认定的国际性、全国性和大区域性的其他内资企业。

研发中心是指经市商务委认定的外资研发中心及依法设立的、从事自然科学及其相关科技领域的研究开发和实验发展(包括为研发活动服务的中间试验)的符合本规定相关认定条件并经区政府认定的内资研发机构。

问:跨国公司地区总部的认定条件有哪些?

答:根据《杨浦区关于促进总部经济发展的若干政策规定》(杨府规〔2017〕2号)规定,新引进或在本区新设立,符合本区产业发展导向,注册登记在本区并经国家商务部、上海市商务委认定的跨国公司地区总部,或符合以下条件并经区促进总部经济发展联席会议认定的企业可以认定为地区总部企业:

(一)新引进或在本区新设立,注册登记在杨浦区。

(二)符合本区产业发展导向,注册资金或总公司拨付营运资金不低于3000万元人民币,年销售额或营业收入不低于2亿元人民币。

(三)在中国境内投资或授权管理和服务的企业原则上不少于3个。

问:总部型机构的认定条件有哪些?

答:根据《杨浦区关于促进总部经济发展的若干政策规定》(杨府规〔2017〕2号)规定,新引进或在本区新设立,符合本区产业发展导向,注册登记在本区并经国家商务部、上海市商务委认定的跨国公司的总部型机构,或符合以下条件并经区促进总部经济发展联席会议认定的企业可以认定为总部型机构企业:

(一)新引进或在本区新设立,注册登记在杨浦区。

(二)符合本区产业发展导向,注册资金或总公司拨付营运资金不低于1500万元人民币,年销售额或营业收入不低于1亿元人民币。

(三)在中国境内投资或授权管理和服务的企业原则上不少于 3 个。

问：外资研发中心的认定条件有哪些？

答：根据《杨浦区关于促进总部经济发展的若干政策规定》(杨府规〔2017〕2 号)规定，新引进或在本区新设立，注册登记在本区的并经上海市商务委认定的外资研发中心，或符合以下条件并经区促进总部经济发展联席会议认定的企业可以认定为研发中心：

(一)新引进或在本区新设立，注册登记在杨浦区。

(二)符合本区产业发展导向，具有一定科技研发能力，配备专职管理和研发人员，其中具有相当本科以上学历的直接从事研发活动人员占研发中心总人数比例不低于 80%。

(三)注册资金或总公司拨付的运营资金不低于 1000 万元人民币，年销售额或营业收入不低于 6000 万元人民币。

问：总部企业可享受的鼓励政策有哪些？

答：《杨浦区关于促进总部经济发展的若干政策规定》(杨府规〔2017〕2 号)针对不同类型的总部制定差别化的支持政策，包括开办费、办公用房、经营性奖励、人才奖励、能级提升奖励、专项资金支持、投资及科技研发成果转化奖励以及人才政策支持等。

问：总部企业的管理和服务部门有哪些？

答：根据《杨浦区关于促进总部经济发展的若干政策规定》(杨府规〔2017〕2 号)规定，总部企业管理和服务部门是区促进总部经济发展联席会议。联席会议由区政府分管领导任组长，区有关职能部门为成员单位，负责审议认定总部企业。联席会议下设办公室，办公室设在区商务委，负责牵头制定实施意见，会同区有关部门协调处理总部企业引进和发展过程中的各类问题，并建立专人联络制度，为总部企业提供优质的服务。

7.7闵行区

闵行区,位于上海市地域腹部,形似一把"钥匙",东与徐汇区、浦东新区相接;南靠黄浦江与奉贤区相望;西与松江区、青浦区接壤;北与长宁区、嘉定区毗邻;虹桥国际机场位于区境边沿。2018年末,全区跨国公司地区总部累计达40家,独立的外资研发机构25家,外资公司内部研发中心18家。2018年,新增上海市科技小巨人(培育)企业26家(其中科技小巨人企业15家、科技小巨人培育企业11家),新增区级科技小巨人培育企业26家,新增科技创业新锐企业20家,新增高新技术企业151家,新增市级工程技术中心3家,新增区级研发机构20家。

问:闵行区出台的总部经济相关政策有哪些?

答:闵行区出台《闵行区关于加快推进现代服务业发展的政策意见》(闵府规发〔2017〕7号)、《闵行区关于加快推进现代服务业发展的政策意见的操作细则》(闵经委发〔2017〕101号)、《闵行区关于推进科技创新创业和成果转化的政策意见》(闵府规发〔2019〕1号)。

《闵行区关于加快推进现代服务业发展的政策意见》(闵府规发〔2017〕7号)旨在贯彻落实市委、市政府"创新驱动发展、经济转型升级"战略部署,围绕建设生态宜居现代化主城区的总体目标,聚焦研发科技、高端商务、财富金融、现代商贸、文化创意和教育健康六大重点产业领域,加快推进闵行区现代服务业现代化、国际化、多元化发展。其中明确提出将"推动总部经济发展"和"鼓励研发科技服务产业发展"作为未来闵行区重点产业领域发展。

《闵行区关于推进科技创新创业和成果转化的政策意见》(闵府规发〔2019〕1号),旨在贯彻落实市委、市政府创新驱动发展战略,推进上海南部科技创新中心核心区建设。其中明确提出"鼓励发展研发机构"。

问:总部经济相关政策的主要内容有哪些?

答:《闵行区关于加快推进现代服务业发展的政策意见》(闵府规发

〔2017〕7号）除去开篇阐明本意见的目标之外，还包括五部分。第一部分包括（一）至（三）条，分别明确了加快重点商务区建设、鼓励创建现代服务业示范区、大力提升楼宇（园区）功能品质；第二部分包括（四）至（十）条，分别明确了加快六大重点领域产业发展、推动总部经济发展、鼓励研发科技服务产业发展、促进财富金融产业有序发展、支持现代商贸产业创新发展、引导文化创意产业多元化高端化发展、推进教育健康产业集团化发展；第三部分包括（十一）（十二）条，分别明确了鼓励模式创新、鼓励转型升级；第四部分包括（十三）至（十六）条，分别明确举办各类重大活动、加强品牌能力建设、完善人才服务保障、加强政府公共服务；第五部分附则，明确了"就高不重复"原则、重点项目"一事一议"原则、监管机制、施行日期和有效期。

《闵行区关于加快推进现代服务业发展的政策意见的操作细则》（闵经委发〔2017〕101号）除去开篇阐明本细则的目的之外，共分十七条，分别明确了加快重点商务区建设、鼓励创建现代服务业示范区、大力提升楼宇（园区）功能品质、加快六大重点领域产业发展、推动总部经济发展、鼓励研发科技服务产业发展、促进财富金融产业有序发展、支持现代商贸产业发展、引导文化创意产业多元化高端化发展、推进教育健康产业集团化发展、鼓励模式创新、鼓励转型升级、鼓励举办各类重大活动、加强企业品牌能力建设、完善人才服务保障、加强政府公共服务、附则（适用范围、适用原则、解释权）。

《闵行区关于推进科技创新创业和成果转化的政策意见》的通知》（闵府规发〔2019〕1号）除去开篇阐明本意见的目的之外，共包括五部分。第一部分包括1到3条，分别明确了支持建设成果转化功能型平台、加强公共技术服务平台建设、支持创新创业孵化平台建设；第二部分包括4至6条，分别明确了支持鼓励参加创新创业大赛、鼓励成果完成人在本区创业、深化科技创业公益基金扶持；第三部分包括7至12条，分别明确了支持优质科创企业发展、积极培育科技小巨人企业、支持企业开展技术创新、鼓励发展研发机构、鼓励企业开展产学研协同创新、鼓励实施成果转移转化；第四部分包括13至16条，分别明确了引进培育技术转移服务机构、优化知识产权服务、加强科技金融服务、鼓励开展创新创业主题活动;第五部分附则,阐明了执行原则、监管、有效期、解释权。

问:总部经济相关政策的适用对象有哪些?

答:《闵行区关于加快推进现代服务业发展的政策意见》(闵府规发〔2017〕7号)、《闵行区关于加快推进现代服务业发展的政策意见的操作细则》(闵经委发〔2017〕101号)适用于跨国公司地区总部和销售中心、结算中心、投资中心、管理中心等总部型机构,内资企业集团、地区总部、主板上市公司和具有资源配置、价值高端、功能示范等能力的总部型机构,大型商贸集团,有影响力的国内外贸易组织、贸易促进机构和行业组织等贸易机构,国内外技术总集成、工程总承包、业务总代理等。

《闵行区关于推进科技创新创业和成果转化的政策意见》(闵府规发〔2019〕1号)适用于注册纳税在本区的企事业单位(区级财政全额拨款事业单位除外),本区内高校、科研院所等单位,在本区登记的民非组织,户籍、居住证在本区的个人,科技成果在本区交易服务平台上交易的区内外企业、高校院所等单位。

问:跨国公司地区总部的认定条件有哪些?

答:跨国公司地区总部认定条件同《上海市鼓励跨国公司设立地区总部的规定》(沪府发〔2017〕9号)相关规定。

问:跨国公司地区总部可享受的鼓励政策有哪些?

答:根据《闵行区关于加快推进现代服务业发展的政策意见》(闵府规发〔2017〕7号)规定,跨国公司地区总部等总部型企业可享受鼓励政策。

(一)鼓励跨国公司地区总部和销售中心、结算中心、投资中心、管理中心等总部型机构落户,支持现有总部机构升级为地区性、全球性、综合性总部。经国家或上海市主管部门认定的跨国公司地区总部及总部型机构,按《上海市鼓励跨国公司设立地区总部的规定》(沪府发〔2017〕9号)给予相应扶持。

(二)集聚国内企业总部,包括内资企业集团、地区总部、主板上市公司和具有资源配置、价值高端、功能示范等能力的总部型机构。经认定的国内企业总部或总部型机构，给予不高于跨国公司地区总部区级扶持标准的配套支持。

（三）鼓励大型商贸集团落户，推动具有国际国内资源配置能力的企业成为贸易型总部，对市级职能部门认定的贸易型总部，经综合评定后，给予100万元的一次性奖励。

（四）积极发展平台经济，打造平台型商品交易中心、产权交易中心和技术交易中心，吸引有影响力的国内外贸易组织、贸易促进机构和行业组织等贸易机构落户。对经认定的优质平台型项目，按其项目建设费用的30%采用后拨付方式进行补贴，最高不超过100万元；鼓励具有国际影响力的机构、组织、协会和商会等各类平台机构落户闵行区，经认定，给予最高不超过100万元的购建租房补贴。

（五）做大做强总集成、总承包、总代理产业。发展国内外技术总集成、工程总承包、业务总代理，推动大型制造业企业实现服务化产业链延伸，鼓励制造业企业向成套设备供应商和服务商转型，引导企业申报上海市生产性服务业发展专项资金（总集成总承包）项目。对获得市级认定扶持的项目，按照市级扶持资金的25%给予配套补贴，最高不超过100万元。

问：跨国公司（地区）总部和销售中心、结算中心、投资中心、管理中心等总部型机构享受政策鼓励的申请条件与扶持标准有哪些？

答：根据《闵行区关于加快推进现代服务业发展的政策意见的操作细则》（闵经委发〔2017〕101号）规定，按照《上海市鼓励跨国公司地区总部发展专项资金使用和管理办法》（沪商外资〔2013〕283号）要求，执行区级配套部分，给予一定的开办资助、购建租房资助、运营奖励和提升能级资助。如遇国家、上海市相关政策调整，按新政策执行。

问：集聚内资企业集团、地区总部、主板上市公司和功能性总部机构享受政策鼓励的申请条件与扶持标准有哪些？

答：根据《闵行区关于加快推进现代服务业发展的政策意见的操作细

则》(闵经委发〔2017〕101号)规定,具有全国性或区域性销售、结算、投资运营和研发等职能,在管理区域内投资或授权管理企业不少于3个,年纳税总额达到5000万元及以上,经闵行区招商引资和企业服务联席会议认定的内资企业总部或总部类机构,给予以下扶持:

(1)开办资助。以投资性公司形式设立国内总部,且员工数10人及以上,给予300万元开办资助,自注册或迁入本区的下一年度起,分3年按40%、30%、30%比例发放。

(2)购建租房资助。经认定的内资企业总部或总部类机构,员工数10人以上,企业租赁自用办公用房的,以不超过1000平方米办公面积、每平方米每天不超过8元的标准,按租金的30%给予3年资助;购建自用办公用房的,按租房资助的同等标准,给予一次性资金资助。

(3)运营奖励。经认定为内资企业总部或总部类机构,且自认定年度起年营业额首次超过10亿元,给予300万元一次性运营奖励,分3年按40%、30%、30%比例发放。

问:平台经济享受政策鼓励的申请条件与扶持标准有哪些?

答:根据《闵行区关于加快推进现代服务业发展的政策意见的操作细则》(闵经委发〔2017〕101号)规定,鼓励发展平台经济,交易中心和平台类机构具有不同申请条件和扶持标准。

(1)交易中心。实缴资本100万元以上,注册会员企业不少于50家,年交易额1亿元以上,具有一定资源配置能力、商品集散能力、渠道整合能力、价格发现能力和区域影响力的商品交易中心、产权交易中心、技术交易中心,给予?100?万元的开办资助,分3年按40%、30%、30%的比例发放,资助金额原则上不超过企业当年度区本级地方贡献。

(2)平台类机构。成员单位不少于50家,主管部门或指导部门为国家、市级政府职能部门或授权机构,存续5年以上,对闵行区产业投资发展具有促进作用的枢纽型、集成型机构、组织、协会、商会等,给予累计不超过10万元的购建租房资助,分3年按40%、30%、30%的比例发放,资助金额原则上不超过企业当年度区本级地方贡献。

问：生产性服务业享受政策鼓励的申请条件与扶持标准有哪些？

答：根据《闵行区关于加快推进现代服务业发展的政策意见的操作细则》（闵经委发〔2017〕101号）规定，做大做强生产性服务业。

对于获得当年度上海市生产性服务业发展专项资金（总集成总承包项目），按照市级扶持资金的25%给予配套补贴，最高不超过100万元。

问：研发机构享受政策鼓励的申请条件与扶持标准有哪些？

答：根据《闵行区关于推进科技创新创业和成果转化的政策意见》的通知

（闵府规发〔2019〕1号）规定，鼓励发展研发机构。根据企业上年度研发投入情况，对新认定的研发机构给予一次性资助。国家级、市级、区级研发机构分别给予最高500万元、300万元、50万元资助；经市级以上主管部门认定的外资研发机构（含内设研发机构），给予最高500万元资助。

问：总部企业的管理和服务部门有哪些？

答：《闵行区关于加快推进现代服务业发展的政策意见》（闵府规发〔2017〕7号）和《闵行区关于加快推进现代服务业发展的政策意见的操作细则》（闵经委发〔2017〕101号）规定，区经委负责牵头协调、管理和服务等相关工作。

根据《闵行区关于推进科技创新创业和成果转化的政策意见》的通知（闵府规发〔2019〕1号）规定，区科委负责牵头协调、管理和服务相关工作。

7.8 嘉定区

嘉定区，位于上海西北部，东与宝山、普陀两区接壤；西与江苏省昆山市毗连；南襟吴淞江，与闵行、长宁、青浦三区相望；北依浏河，与江苏省太仓市为邻。嘉定区是建设中的上海国际汽车城所在地，汽车城内涵盖汽车研发、汽车制造、汽车贸易三大支柱产业，集聚了包括大众汽车公司（德国）、德尔福汽车系统公司（英国）、米其林轮胎公司（法国）、舍弗勒集团（德国）、保时捷汽车公司(德国)等国际著名跨国公司的地区总部,汽车行业集聚效应明显。2018年,汽车制造业实现投资59.3亿元,占全区工业投资额的66.3%。

问:嘉定区出台的总部经济相关政策有哪些?

答:嘉定区出台《嘉定区促进总部经济发展若干意见》(嘉府办发〔2009〕65号)、《嘉定区内资企业地区总部认定及扶持申报办法》(嘉府办发〔2010〕46号)。

《嘉定区促进总部经济发展若干意见》(嘉府办发〔2009〕65号)旨在推动嘉定现代服务业发展,提升产业能级,完善产业结构,加快城市化进程,加快推进总部经济发展,吸引跨国公司在本区设立地区总部。

《嘉定区内资企业地区总部认定及扶持申报办法》(嘉府办发〔2010〕46号)旨在进一步促进内资企业在嘉定区设立地区总部,推动本区产业结构优化和能级提升,加强区域产业综合竞争力。

问:总部经济相关政策的主要内容有哪些?

答:《嘉定区促进总部经济发展若干意见》(嘉府办发〔2009〕65号)除去开篇阐明本意见的目的之外,共分为七部分,分别明确了适用范围、扶持对象、财政扶持、开办资助、购房和租房资助、其它(人才政策)、附则(资金来源、监管、扶持原则、考核依据、执行日期、解释权、审定机构)。

《嘉定区内资企业地区总部认定及扶持申报办法》(嘉府办发〔2010〕46号)除去开篇阐明本办法的目的之外,共分为七个部分,分别明确了适用对象、认定程序、认定申报材料、扶持内容、扶持申报程序、扶持申报程序、附则(认定程序、监管、解释权、执行日期)。

问:总部经济相关政策的适用对象有哪些?

答:《嘉定区促进总部经济发展若干意见》(嘉府办发〔2009〕65号)适用于注册在嘉定区,税收征管属地,经国家、市、区有关职能部门认定的跨国公司地区总部、投资性公司和管理性公司。跨国公司地区总部是指在境外注册的母公司在上海市设立的以投资或者授权形式,对在一个国家以上的区域内的企业履行管理和服务职能的唯一总机构。跨国公司可以以独资的投资性公司、管理性公司等具有独立法人资格的企业组织形式,设立地区总部。投资性公司是指跨国公司按照商务部发布的《关于外商投资举办投资性公司的规定》设立的从事直接投资的公司。管理性公司是指跨国公司为整合管理、研发、资金管理、销售、物流及支持服务等营运职能而设立的公司。

《嘉定区内资企业地区总部认定及扶持申报办法》(嘉府办发〔2010〕46号)适用于注册在嘉定区,税收征管属地的内资企业地区总部。

问:国家级、市级外资企业地区总部的认定条件有哪些?

答:《嘉定区促进总部经济发展若干意见》(嘉府办发〔2009〕65号)规定,国家级、市级外资企业地区总部须满足相应条件,即2008年7月7日以后在嘉定区内新设立或新迁入的,经商务部、市商务委员会认定的国家级地区总部、市级地区总部。

问:区级认定的外资总部型机构的认定条件有哪些?

答:《嘉定区促进总部经济发展若干意见》(嘉府办发〔2009〕65号)规定,区级认定的外资总部型机构须满足以下条件:

(一)2008年7月7日以后注册在嘉定区的,具有跨国性或区域性行政管理、研发、营销、结算、投资决策等职能的唯一总机构。

(二)母公司的资产总额不低于2亿美元,母公司投资或授权管理的企业不少于3家,其中至少有1家是跨区域企业。

(三)具有独立法人资格,注册资本不低于200万美元。

问:内资企业地区总部的认定条件有哪些?

答:根据《嘉定区内资企业地区总部认定及扶持申报办法》(嘉府办发〔2010〕46号)规定,符合下列条件者,可以认定为内资企业地区总部:

一、市级内资企业地区总部

市工商局准予名称中使用"总部""地区总部"字样的内资企业,可认定为市级内资企业地区总部(以市级部门认定为准)。

另外,注册在本区的上市公司本部可视作市级内资企业地区总部:

二、区级内资企业地区总部

企业同时符合以下条件,可认定为区级内资企业地区总部:

(一)2010年1月1日以后税收征管地在本区。

(二)具有独立法人资格,注册资本不低于1亿元人民币,母公司资产总额不低于10亿元人民币。

(三)具有区域性行政管理、研发、营销、结算、投资决策等职能的唯一总机构。

(四)在管理区域内投资或者授权管理的企业不少于3家,其中至少有1家是跨区域企业。

另外,注册在本区的基金管理公司、股权投资(管理)公司可视作区级内资企业地区总部。

问:外资企业地区总部可享受的鼓励政策有哪些?

答:根据《嘉定区促进总部经济发展若干意见》(嘉府办发〔2009〕65号)规定,国家级、市级认定的外资企业地区总部以及区级认定的外资总部型机构分别享受相应的财政扶持,开办资助,购房、租房资助、优秀人才奖励。

问:内资企业地区总部可享受的鼓励政策有哪些?

答:根据《嘉定区内资企业地区总部认定及扶持申报办法》(嘉府办发〔2010〕46号)规定,经认定的内资企业地区总部扶持政策参照《嘉定区促进总部经济发展若干意见》(嘉府办发〔2009〕65号)执行。

问:外资企业地区总部、总部型机构的管理和服务部门有哪些?

答:根据《嘉定区促进总部经济发展若干意见》(嘉府办发〔2009〕65号)规定,外资企业地区总部、总部型机构的管理和服务部门为区现代服务业发展联席会议。

问:内资企业地区总部的管理和服务部门有哪些?

答:根据《嘉定区内资企业地区总部认定及扶持申报办法》(嘉府办发〔2010〕46号)规定,内资企业地区总部的管理和服务部门为区现代服务业发展联席会议。

7.9松江区

松江区,位于上海市的西南部、黄浦江上游,是江南著名的鱼米之乡,是上海最先成陆之处,先民繁衍之地,行政建制之始,历史文化之源。松江区也是上海唯一拥有自然山林的地方,上海郊区着力建设的现代化新城、长三角重要节点城市,历史悠久,文化兴盛,人才荟萃,交通便捷,生态优关,产业基础雄厚。松江区是上海重要的先进制造业基地之一,形成了电子信息、现代装备、生物医药等优势产业。在3D打印、机器人、智能制造等重点领域均实现了重大突破;生产性服务业发展迅速,基本形成以软件和信息服务业、现代物流业、专业服务业、研发设计、创意时尚产业、总部经济和服务外包业为主的七大生产性服务业布局;食品加工、家电、服装等传统优势产业也成为区经济的新增长点。

问:松江区出台的总部经济相关政策有哪些?

答:松江区出台《松江区总部经济企业发展专项支持实施细则》(沪松经〔2019〕59号),旨在进一步落实G60科创走廊规划,推进松江区经济结构转型发展,鼓励内外资企业在松江区设立总部,引导松江区总部企业集聚发展。

问:总部经济相关政策的主要内容有哪些?

答:《松江区总部经济企业发展专项支持实施细则》(沪松经〔2019〕59号)共分二十一条,分别明确了目的依据、定义、使用原则、管理部门、支持对象、支持范围、支持方式、支持标准、申报通知、项目申报、项目评审、项目公示、资金拨付、项目管理、项目变更、财务监管、责任追究、信息公开、监督考核和绩效评价、应用解释、实施日期。

问:总部经济相关政策的适用对象有哪些?

答:《松江区总部经济企业发展专项支持实施细则》(沪松经〔2019〕59号)适用于新引进总部、存量企业总部。新引进总部是指2016年1月1日以后在松江区设立的跨国公司地区总部、大企业总部、区域性总部、高成长性总部。

存量企业总部是指 2016 年 1 月 1 日以前在松江区设立且存续至今的跨国公司地区总部、大企业总部、区域性总部、高成长性总部。

问：总部企业享有支持资金的条件有哪些？

答：根据《松江区总部经济企业发展专项支持实施细则》（沪松经〔2019〕59 号）规定，支持资金主要支持以下四类：

一、跨国公司地区总部

符合《上海市鼓励跨国公司设立地区总部的规定》（沪府发〔2017〕9 号）关于跨国公司地区总部的认定条件。

二、大企业总部

（一）申请前一年度母公司净资产不低于 10 亿元人民币。

（二）申请前一年或申请当年营业额超过 5 亿元人民币。

（三）申请前一年或申请当年本区纳税总额超过 3000 万元人民币。

（四）在全国范围内投资或者授权管理的企业不少于 3 家，其中至少有 1 家是跨省企业。

三、区域性总部

（一）申请前一年或申请当年营业额超过 3 亿元人民币。

（二）申请前一年或申请当年本区纳税总额超过 2000 万元人民币。

（三）具有全国性或区域性营运、结算、管理、研发等一项或多项职能。

（四）在管理区域内投资或者授权管理的企业不少于 3 家，其中至少有 1 家是跨省企业。

四、高成长性总部

(一)申请前一年或申请当年营业额超过 1 亿元人民币。

(二)申请前一年或申请当年本区纳税总额超过 1000 万元人民币。

(三)符合松江区 G60 科创走廊产业导向。

(四)企业具有高成长性和可持续性。

(五)投资或者授权管理的企业或分支机构不少于 3 家,其中至少有 1 家跨省企业。

(六)企业或其投资方为行业龙头企业(行业排名前 50 强),或已获得 B 轮以上投资的企业,或科创型企业在认定时优先考虑。

问:总部企业的管理和服务部门有哪些?

答:根据《松江区总部经济企业发展专项支持实施细则》(沪松经〔2019〕59 号)规定,松江区经济委员会(以下简称区经委)根据相关政策规定编制专项支持资金预算,发布年度项目申报通知,组织相关部门开展项目初审,并做好日常管理和评估。

松江区服务业发展改革工作领导小组办公室(以下简称区服务业办)对通过初审的项目进行审核。对经区服务业办审核同意的项目,由区经委会同区财政局确定资金支持计划并报区政府。

问:总部企业可享受哪些鼓励政策?

答:根据《松江区总部经济企业发展专项支持实施细则》(沪松经〔2019〕59 号)规定,总部企业可享受开办资助、房租或购建房补贴、提升能级补贴、贡献奖励等。

对经认定新引进的跨国公司地区总部、国内大企业总部、区域型总部、高成长性总部分别给予最高 1000 万元、1000 万元、700 万元、400 万元的开办费资助。

在本区租赁研发办公用房的,认定后 3 年内,每年按照其研发办公用房租金实际发生额给予补贴,总额不超过 500 万元。

认定后购建自用研发办公用房的,按不高于购建价的 10%且不超过申请前两年所缴纳税收形成的地方实得部分,参照开办费的标准分别给予一次性补贴。租赁和构建补贴与开办费补贴可按就高原则享受。

支持符合条件的总部企业总部类型升格,升格后另行补足资助差额。新引进总部企业依据本细则每年享受的支持金额不超过其上一年所缴纳税收形成的地方实得部分。新引进高成长性总部享受相关政策还须上一年营业额或纳税额同比增长30%以上。

对存量企业升级为总部的,其对松江区增量贡献部分,可比照新引进总部的相应政策给予支持。

7.10青浦区

青浦区,地处上海市西南部,太湖下游,黄浦江上游。东与虹桥综合交通枢纽毗邻,西连江苏省吴江、昆山两市,南与松江区、金山区及浙江省嘉善县接壤,北与嘉定区相接,为长江三角洲经济圈中心地带。

2019年9月,青浦区启动"一城两翼"建设。"一城"是指淀山湖新城,与嘉定新城和南桥新城一起被确定为上海郊区新一轮重点发展的三个新城。"两翼"即东翼和西翼。东翼的大虹桥区域及西翼的淀山湖区域,将分别依托虹桥枢纽港和湖区资源,加快推进产业结构调整,成为青浦经济发展方式转变的两大增长极。接受大虹桥辐射,东翼将重点发展与之配套适应的大型现代服务产业集聚区,包括生产性服务行业、总部经济、设计、信息服务、创业园区、特色展示等。青浦西翼主要包括含淀山湖在内的21个天然淡水湖泊,利用上海国际大都市独一无二的自然水资源优势,将大手笔、大踏步发展湖区经济。重点开发度假休闲旅游、会务会展、创意研发和生态居住,力争把这一地区打造成世界著名的湖区之一。

问:青浦区出台的总部经济相关政策有哪些?

答:青浦区出台《青浦区促进总部经济及其他重大项目发展实施细则》(青府办发〔2016〕121号),旨在促进青浦区总部经济发展,助推重大项目招商,鼓励专业机构招商。

问：总部经济相关政策的主要内容有哪些？

答：《青浦区促进总部经济及其他重大项目发展实施细则》（青府办发〔2016〕121号）除去开篇阐明本细则的目的之外，共分为五部分，分别明确了扶持总部经济发展、促进重大项目发展、鼓励专业机构招商、认定程序、执行原则。

问：总部经济相关政策的适用对象有哪些？

答：《青浦区促进总部经济及其他重大项目发展实施细则》（青府办发〔2016〕121号）适用于市级及以上总部、国内企业（地区）总部、专业机构类总部。市级及以上总部是指国家或上海市主管部门认定的公司地区总部，包括但不限于跨国公司地区总部、跨国公司总部型机构、贸易型总部等。

国内企业（地区）总部是指区级认定的公司总部，承担全国性或区域性销售、结算、管理、投资、研发、物流及支持服务等职能，包括上市公司或其销售结算中心等。

专业机构类总部是指贸易机构和组织，贸易类或现代服务业类国际组织、国家或省市级行业协会等贸易机构。

问：总部型企业的认定条件有哪些？

答：根据《青浦区促进总部经济及其他重大项目发展实施细则》（青府办发〔2016〕121号）规定，不同级别的总部型企业具有不同的认定条件。

（一）市级及以上总部有关认定条件参照上级文件执行。

（二）区级认定的国内企业（地区）总部须同时具备以下条件：（1）具有独立法人资格，公司注册、税务登记于本区；（2）在管理区域内投资或授权管理的企业不少于3家，至少有1家为跨省市企业；（3）实缴注册资本不低于1亿元且承诺申请认定下一年度起连续两年年销售额在5亿元以上。

（三）专业机构类总部：有关贸易机构或组织，国家或省市级行业协会等须经主管部门登记。

问：总部企业可享受哪些鼓励政策？

答：根据《青浦区促进总部经济及其他重大项目发展实施细则》（青府办

发〔2016〕121号）规定，总部企业可享受开办资助、购（租）房资助、运营奖励、人才奖励、提升能级资助、整合股权资助资金等。对企业同一事项涉及多项扶持的，原则上按"就高不就低"原则执行，与市级及以上扶持不重复享受。

问：总部企业的管理和服务部门有哪些？

答：根据《青浦区促进总部经济及其他重大项目发展实施细则》（青府办发〔2016〕121号）规定，区产业发展协调推进办公室负责支持资金拨付审定，区经委、区发改委、科委、财政局、税务局、市场监管局、规土局、旅游局、统计局、文广局、行政服务中心等单位联合会审。

8. 江苏省

8.1江苏省

江苏省,简称"苏",位于中国东部沿海,地理上跨越南北,气候、植被也同时具有南方和北方的特征。江苏省东临黄海,与上海市、浙江省、安徽省、山东省接壤;与上海市、浙江省共同构成的长江三角洲城市群已经成为六大世界级城市群之一。截至 2019 年 10 月 21 日,江苏省累计认定跨国企业地区总部与功能性机构 258 家,包括地区总部 153 家、功能性机构 105 家,其中 46 家由世界 500 强企业投资。据统计,2018 年经省级认定的跨国公司地区总部和功能性机构户均营业收入 27 亿元、户均纳税总额 1.4 亿元,均高于江苏省外商投资企业平均水平。[①]

在未来,江苏省发展外资总部经济工作将强化政策创新、加强规划引导,适当调整认定标准;依托现有开发区、产业园区、现代服务业集聚区和城市中央商务区等载体,发挥自贸试验区改革创新优势,打造一批外资总部企业集聚区;实行更积极的人才政策,并进一步完善外资总部人才的服务保障措施;持续优化营商环境,全面落实外资准入前国民待遇加负面清单制度。

问:江苏省出台的总部经济相关政策有哪些?

答:江苏省出台《关于鼓励跨国公司在我省设立地区总部和功能性机构

---

① 江苏省人民政府:《我省新认定 58 家外资总部和功能性机构》,http://www.jiangsu.gov.cn/art/2019/10/22/art_60095_8740068.html。

的意见》(苏政办发〔2018〕86号),旨在贯彻落实《国务院关于促进外资增长若干措施的通知》(国发〔2017〕39号)、《国务院关于积极有效利用外资推动经济高质量发展若干措施的通知》(国发〔2018〕19号)、《省政府关于促进外资提质增效的若干意见》(苏政发〔2018〕67号)要求,鼓励跨国公司在江苏省设立地区总部和功能性机构,进一步提高利用外资的质量和水平,推动江苏省新一轮高水平对外开放。

问:总部经济相关政策的主要内容有哪些?

答:《关于鼓励跨国公司在我省设立地区总部和功能性机构的意见》(苏政办发〔2018〕86号)除去开篇阐明本意见的目的之外,共分五个部分,分别明确了申报标准、资金补助、便利化措施、管理职责、其他(参照执行、评估监管、区县任务、施行日期和有效期)。

问:总部经济相关政策的适用对象有哪些?

答:《关于鼓励跨国公司在我省设立地区总部和功能性机构的意见》(苏政办发〔2018〕86号)适用于跨国公司地区总部和跨国公司功能性机构。

跨国公司地区总部是指注册地在境外的跨国公司在江苏省设立的,以投资或授权管理形式履行跨省以上区域范围投资、管理和服务职能的总部类型的外商投资企业(境外母公司占股需超过50%)。

跨国公司功能性机构是指注册地在境外的跨国公司在江苏省设立的,履行跨省以上区域范围的研发、资金管理、采购、销售、物流、结算、支持服务等营运职能的外商投资企业(境外母公司占股需超过50%)。

问:跨国公司地区总部的认定条件有哪些?

答:根据《关于鼓励跨国公司在我省设立地区总部和功能性机构的意见》(苏政办发〔2018〕86号)规定,跨国公司地区总部须符合下列条件:

(一)符合本意见关于跨国公司地区总部的定义。

(二)申报企业具有独立法人资格,且注册地及主要工作场所在江苏境内,申报企业实际缴付的注册资本不低于1000万美元。

(三)母公司资产总额不低于3亿美元。服务业领域企业设立地区总部的,母公司资产总额不低于 2 亿美元。

(四)申报企业被授权管理的境内外独立法人企业不少于 4 家(其中至少有 1 家注册地在江苏省以外地区);或母公司已在中国境内累计缴付的注册资本不低于 1500 万美元,且申报企业被授权管理的境内外独立法人企业不少于 2 家(其中至少有 1 家注册地在江苏省以外地区);或母公司已在中国境内累计缴付的注册资本不低于 1500 万美元,且申报企业设立的境内分支机构不少于 6 家(其中至少有 1 家注册地在江苏省以外地区),所有分支机构均有持续业务贡献。

问:跨国公司功能性机构的认定条件有哪些?

答:根据《关于鼓励跨国公司在我省设立地区总部和功能性机构的意见》(苏政办发〔2018〕86 号)规定,跨国公司功能性机构须符合下列条件:

(一)符合本意见关于跨国公司功能性机构的定义。

(二)申报企业具有独立法人资格,且注册地及主要工作场所在江苏境内,申报企业实际缴付的注册资本不低于 200 万美元。

(三)母公司资产总额不低于 2 亿美元,且母公司已在中国境内累计缴付的注册资本不低于 800 万美元。

(四)申报企业被授权管理的境内外独立法人企业数不少于 3 家(其中至少有 1 家注册地在江苏省以外地区);或制造业领域申报企业被授权管理的境内分支机构不少于 4 家 (其中至少有 1 家注册地在江苏省以外地区),且所有分支机构均存在真实制造业务。

(五)已在江苏省设立地区总部和功能性机构的跨国公司可以在江苏省设立符合功能性机构标准的其他功能性机构。

问:跨国公司地区总部可享受哪些鼓励政策?

答:根据《关于鼓励跨国公司在我省设立地区总部和功能性机构的意见》(苏政办发〔2018〕86 号)规定,跨国公司地区总部和功能性机构可享受资金补助、便利化措施等鼓励政策。资金补助涵盖开办补助、增资扩能奖励等;便利化措施涵盖简化出入境手续、工作许可、海外高层次人员政策、贸易便利化等。

问：总部企业的管理和服务部门有哪些？

答：根据《关于鼓励跨国公司在我省设立地区总部和功能性机构的意见》(苏政办发〔2018〕86号)规定,建立江苏省跨国公司地区总部和功能性机构联席会议工作机制。办公室设在省商务厅,成员由省商务厅、省财政厅、省人力资源社会保障厅、省公安厅、省教育厅、省科技厅、省税务局、省委台办、省外办(港澳办)、人民银行南京分行、外管局江苏省分局、江苏银保监局筹备组、南京海关等有关部门职能处室负责人组成。

8.2 南京市

南京市,简称宁,江苏省省会,位于江苏省西南部、长江下游,北连辽阔的江淮平原,东接富饶的长江三角洲,西傍长江天堑,长江从西南滚滚奔腾而来,向东北滔滔而去。南京市是中国东部地区重要的中心城市、全国重要的科研教育基地和综合交通枢纽,是长江三角洲唯一的特大城市和长三角辐射带动中西部地区发展重要门户城市、首批国家历史文化名城和全国重点风景旅游城市。"十三五"期间,南京市继续进一步优化利用外资结构,走在全省利用外资转型升级的前列,新增跨国公司地区总部、投资性公司、研发中心、营运中心、结算中心等外资功能性机构90家。

问：南京市出台的总部经济相关政策有哪些？

答：南京市出台《市政府关于印发2019—2020年新增100家总部企业行动计划的通知》(宁政发〔2019〕66号),旨在进一步提升南京中心城市首位度,大力吸引高端要素集聚,加快培育壮大总部企业集群,推动南京市产业结构优化和经济高质量发展。南京市将重点打造江北总部经济集聚区、河西总部经济集聚区、南部新城总部经济集聚区,以及玄武铁北总部经济重点园区、鼓楼滨江总部经济重点园区、栖霞燕子矶总部经济重点园区、江宁百家湖九龙湖总部经济重点园区、雨花软件谷南园总部经济重点园区。

问:总部经济相关政策的主要内容有哪些?

答:《市政府关于印发 2019—2020 年新增 100 家总部企业行动计划的通知》(宁政发〔2019〕66 号)除去开篇阐明本计划的目的之外,共分五个部分,分别明确了发展目标、认定标准、工作任务、扶持政策、组织领导。

问:总部经济相关政策的适用对象有哪些?

答:《市政府关于印发 2019—2020 年新增 100 家总部企业行动计划的通知》(宁政发〔2019〕66 号)适用于总部企业。总部企业是指 2019 年 1 月 1 日后两年内在南京市注册具有独立法人资格的综合型、区域型和功能型总部企业。综合型总部是指对多个国家或地区的全部下属企业行使管理和服务职能的全球唯一总机构;区域型总部是指综合竞争能力较强,履行跨省以上区域范围综合管理和服务职能的企业;功能型总部是指由母公司授权,承担研发、物流、采购、销售、核算、财务、信息处理或其他服务职能的企业。

问:总部企业的认定条件有哪些?

答:根据《市政府关于印发 2019—2020 年新增 100 家总部企业行动计划的通知》(宁政发〔2019〕66 号)规定,总部企业包括五种类型,认定条件如下:

美国《财富》杂志评选公布的上一年度世界 500 强企业;制造业企业、服务业企业分别不低于 3 亿美元、2 亿美元资产总额的大型跨国公司;国家和中央部门管理的大企业(集团);中国企业联合会、企业家协会公布的上一年度中国 500 强企业;行业内排名前十且资产总额不低于 10 亿元的行业领军企业。

总部能级提升,在宁实际履行总部职能的分公司升级为法人机构,区域型总部升级为全国及全球总部,一般子公司升级为功能型总部,可以视同为新增总部企业。

问:总部企业可享受哪些鼓励政策?

答:根据《市政府关于印发 2019—2020 年新增 100 家总部企业行动计划的通知》(宁政发〔2019〕66 号)规定,总部企业可享受落地奖励、提质增效奖励、人才激励、其他支持等鼓励政策。

一、落地奖励

（一）对新认定的综合型总部企业，按其在宁实收资本的一定比例给予落户奖励，最高不超过 1 亿元；对新认定的区域型总部企业，按其在宁实收资本的 4% 给予最高不超过 1000 万元落户奖励；对新认定的功能型总部企业，按其在宁实收资本的 2% 给予最高不超过 500 万元落户奖励。

（二）对新认定的总部企业在南京市新购、自建自用办公用房（不包括附属和配套用房）的，按约定人数和标准（人均 10 平方米以内、每平方米补助 1000 元）给予最高 500 万元的办公购、建房补助（分五年等额兑现）；租赁自用办公用房的，在 3 年内按逐年实缴房租的 30%、20%、20% 比例给予办公租房补贴，补贴总额累计不超过 200 万元。

（三）对在总部企业来宁注册落户、开办运营和实现预期经济贡献等关键节点发挥重要作用的有功人员，按节点分别给予 100 万元、200 万元、200 万元奖励。

二、提质增效奖励

（四）新认定的总部企业当其年度内对南京市形成的地方经济贡献达到 3000 万元时，自次年始给予连续 5 年的新增贡献奖励，奖励金额按其上年度对南京市地方经济贡献相对前一年度的增量部分的 50% 核定。

（五）对既有企业达到行动计划中所述总部企业认定标准的，以其上一年度对南京市经济贡献为基数，当其增量贡献超过 3000 万元且市外资源贡献超过 50% 的，可享受第四条提质增效奖励。

三、人才激励

（六）对总部企业招引的年薪资收入 50 万元以上（含）在宁高中级技术、管理、服务人才，根据其对南京市的经济贡献，每年给予一定的奖励。

（七）总部企业人才纳入南京市人才安居保障范围，可按照人才安居办法、人才购房服务办法等规定,申请租、购人才安居住房或申领购房补贴、租赁补贴。进一步加大对总部企业员工承租租赁住房、购买商品住房的支持,利用市场化途径切实解决他们在南京市的居住问题。

(八)符合国家、省、市相关人才鼓励政策条件的总部企业高管,可按照有关规定享受户籍、参保、医疗保健、子女入学、居留与出入境等方面的优惠政策和便利服务。对总部企业需在本市永久居留的外籍高管及其配偶、未成年子女,优先推荐申办《外国人永久居留证》、参评"荣誉公(市)民"和国家及省、市"友谊奖"。

四、其他支持

(九)经认定的总部楼宇,根据其对南京市的经济贡献情况,给予最高不超过 1000 万元的一次性奖励。

(十)总部企业上市融资可享受市最新出台的优惠政策。总部企业并购重组国内外上市公司并将其迁回南京市的,一次性给予 500 万元奖励。在同等条件下,优先推荐总部企业申报国家和省支持产业及实体经济发展专项资金项目扶持,并在不重复享受同类型优惠支持政策的前提下,优先给予市创新名城建设的相关政策支持。

问:总部企业的管理和服务部门有哪些?

答:根据《市政府关于印发 2019—2020 年新增 100 家总部企业行动计划的通知》(宁政发〔2019〕66 号)规定,建立由市分管领导挂帅,市相关部门、江北新区和各区(相关园区)负责人参加的市促进总部经济发展联席会议制度,负责全市总部经济发展的统筹、协调和推进工作,确保"上传下达、市区联动、资源整合、政策落实、资金共担"等重点工作顺利推进。

8.3 无锡市

无锡市,别名梁溪,简称锡,长江三角洲江湖间走廊部分,位于江苏省东南部。东邻苏州,南濒太湖,与浙江省交界,西接常州,北临长江,与泰州市所辖靖江市隔江相望;无锡市是江南文明发源地之一,有文字记载的历史可追溯到 3000 多年前的商朝末年。无锡市是内地最宜居城市、中国旅游休闲示范城市、国家生态文明建设示范市、全国文明城市群。2017 年,无锡市实现地区生产总值 10511.80 亿元,跻身"万亿俱乐部"。全年批准外资项目 408 个,协议注册外资及港澳台资 63.00 亿美元,增长 0.5%。到位注册外资及港澳台资 36.75 亿美元,增长 7.7%。制造业利用外资及港澳台资占到位注册外资比重达到 65.6%。

问:无锡市出台的总部经济相关政策有哪些?

答:无锡市出台《中共无锡市委无锡市人民政府关于深化现代产业发展政策的意见》(锡委发〔2017〕39 号)、《无锡市总部企业认定和管理办法》(锡政办发〔2017〕199 号),旨在规范总部企业认定和管理工作。

问:总部经济相关政策的主要内容有哪些?

答:《无锡市总部企业认定和管理办法》(锡政办发〔2017〕199 号)按照规范文件分为总则、分则和附则共五章十七条。第一章包括第一至三条,分别明确了制定本办法的目的、总部企业界定、领导机构;第二章包括第四条,明确了总部企业认定标准;第三章包括第五至九条,明确了相关认定程序;第四章包括第十至十五条,明确了管理与评估相关事宜;第五章包括第十六、十七条,分别明确了实施日期和有效期限、参照执行。

问:总部经济相关政策的适用对象有哪些?

答:《无锡市总部企业认定和管理办法》(锡政办发〔2017〕199 号)适用于总部企业。总部企业是指境内外大中型企业在本市市区投资设立,对较大区域内的控股企业、分支机构或关联企业行使经营、管理和服务职能的独立法人机构。在本市市区设立的总部企业在其行使经营、管理和服务职能的特定区域内应具有唯一性。

问:总部企业的认定条件有哪些?

答:根据《无锡市总部企业认定和管理办法》(锡政办发〔2017〕199 号)规

定,总部企业须符合以下基本条件:

(一)在本市市区范围内注册,具有独立法人资格,实行统一核算并在本市市区范围内汇总纳税。

(二)符合本市产业发展导向,本市市区外全资(含控股)或授权管理的分支机构不少于3个。

(三)注册资本(或净资产)不低于1000万元人民币,上年度入库税收(不含海关税)1000万元以上。

对一些特定的总部类型企业、新兴业态企业,或者不具有独立法人资格,但实际履行地区总部职能、实行统一核算、作为纳税主体,且对本地经济增长贡献大的分公司(机构),在认定条件上可以一事一议。

问:跨国公司地区总部可享受哪些鼓励政策?

答:《中共无锡市委无锡市人民政府关于深化现代产业发展政策的意见》(锡委发〔2017〕39号)支持发展总部经济。鼓励各地区加大对总部企业的引进和培育,对经市级认定的总部企业,按其上年度对市级经济贡献大小,市对区通过一般转移支付予以综合奖补。

对新设总部企业,根据新设总部企业上年度对市级经济贡献大小,按单个企业最高不超过500万元的标准计算,市对区予以一次性综合奖补。

对存量总部企业按其上年度对市级经济贡献增量大小,按最高不超过增量部分30%且单个企业不超过500万元的标准计算,市对区予以综合奖补,奖励期限不超过3年。

已享受过总部企业政策奖励的企业,不重复列入市对区转移支付支持范围。综合奖补资金由各地区统筹用于支持总部企业发展。

问:总部企业的管理和服务部门有哪些?

答:根据《无锡市总部企业认定和管理办法》(锡政办发〔2017〕199号)规定,总部企业的管理和服务部门为无锡市发展总部经济领导小组(简称市领导小组)。市领导小组根据本办法统一认定并符合有关政策的总部企业,其所在区可申请市总部经济奖补资金,用于鼓励支持总部企业发展。

8.4宿迁市

宿迁市,位于江苏省北部,是江苏省最年轻的地级市,属淮海经济带、沿海经济带、沿江经济带的交叉辐射区,北望齐鲁、南接江淮居两水(即黄河、长江)中道、扼二京(即北京、南京)"咽喉"。宿迁市是世界生物进化中心之一,也是人类起源中心之一,被誉为地球上的"生命圣地"。宿迁市农业生产条件得天独厚,农作物、林木、水产、畜禽种类繁多;矿产资源丰富,非金属矿藏储量较大;也是江苏乃至长三角地区经济发展速度最快、综合实力提升最明显的地级市之一。

问:宿迁市出台的总部经济相关政策有哪些?

答:宿迁市出台《关于促进宿迁市骆马湖总部经济集聚区发展的意见》(宿政发〔2013〕56号)、《宿迁市骆马湖总部经济集聚区总部经济企业认定的办法》,旨在加快市区总部经济集聚发展,促进产业结构优化升级,提升中心城市现代化水平和综合竞争力, 集中力量建设宿迁市骆马湖总部经济集聚区。

问:总部经济相关政策的主要内容有哪些?

答:《关于促进宿迁市骆马湖总部经济集聚区发展的意见》(宿政发〔2013〕56号)除去开篇阐明本意见的目的之外,共分七个部分,分别明确了总体要求、发展重点、企业认定、促进政策、推进措施、细则编制、施行日期。

《宿迁市骆马湖总部经济集聚区总部经济企业认定的办法》分为十六条,分别明确了本办法的目的、适用对象、鼓励范围、认定部门、综合型总部企业的认定条件、功能型企业的认定条件、总部大厦认定条件、经营型总部大厦认定条件、新兴业态总部企业认定条件、认定材料、认定程序、政策文件依据、重大调整的确认、复核部门、监督问责、施行日期。

问:总部经济相关政策的适用对象有哪些?

答:《关于促进宿迁市骆马湖总部经济集聚区发展的意见》(宿政发

〔2013〕56号)适用于总部经济企业。总部经济企业是指在宿迁市总部经济集聚区办理工商登记,具有独立法人资格,实行统一核算,在宿迁市纳税,投资建设总部大厦或购买、租赁总部大厦进行依法经营的具有总部经济特征的企业。

重点培育、发展综合型地区总部和功能性机构总部。综合型地区总部是指国际性、全国性和大区域性的企业设立的运营总部或分公司,能够履行跨地区范围管理和服务职能的企业总部;功能性机构总部是指国内外大企业设立的能够履行跨地区范围的研发、资金管理、采购、销售、物流、支持服务等运营职能的企业总部。

引进境外公司华东地区总部、引进内资企业江苏总部、引导本土优势企业入驻。

问:综合型地区总部企业的认定条件有哪些?

答:根据《宿迁市骆马湖总部经济集聚区总部经济企业认定的办法》规定,申请认定综合型地区总部企业,应当符合以下条件:注册资本在3000万元以上、年度入库税收600万元以上;宿迁市外全资或者控股的分支机构不少于2个。

问:功能型总部企业的认定条件有哪些?

答:根据《宿迁市骆马湖总部经济集聚区总部经济企业认定的办法》规定,申请认定功能型总部企业,应当符合以下条件:

(一)投资总部。注册资金不低于3000万元,年度入库税收不低于300万元,以资本运作为主,企业的日常运营及长期发展主要以"投资收益"为基础的投资性企业。

(二)营销总部、物流总部。注册资金不低于2000万元,年度入库税收不低于200万元,向较大区域内的客户销售产品的营销企业和履行物流链管理、需求预测和结算等职能的物流企业。

(三)研发总部。注册资金不低于500万元,年度入库税收不低于100万元,为相关企业提供研发管理和服务的独立法人机构。

问：特定类型总部企业的认定条件有哪些？

答：根据《宿迁市骆马湖总部经济集聚区总部经济企业认定的办法》规定，对特定类型的总部企业或者新兴业态的总部企业，在认定条件上可实行一事一议。

问：总部经济企业可享受哪些鼓励政策？

答：根据《关于促进宿迁市骆马湖总部经济集聚区发展的意见》（宿政发〔2013〕56 号）规定，总部经济企业可享受简化工商登记、优先土地供应、投入奖励、规费减免、税收奖励、个人激励、人才引进等鼓励政策。

问：总部经济企业的管理和服务部门有哪些？

答：根据《关于促进宿迁市骆马湖总部经济集聚区发展的意见》（宿政发〔2013〕56 号）规定，总部经济企业由宿迁市发展改革委会同各相关部门管理和服务。

9. 浙江省

9.1 浙江省

浙江省,位于中国长江三角洲的南端,面临浩瀚的东海。浙江省历史悠久,文化灿烂,是中国古代文明的发祥地之一。悠久的历史和灿烂的文化,使浙江省赢得了"丝绸之府""鱼米之乡"和"文化之邦"的美誉。浙江省区域特色经济发达。全省的区域性块状经济已经涉及制造、加工、建筑、运输、养殖、纺织、工贸、服务等十几个领域,100 多个工业行业和 30 多个农副产品加工业。2016 年 8 月,党中央、国务院决定设立中国(浙江)自由贸易试验区;2017年 3 月 15 日,国务院印发中国(浙江)自由贸易试验区总体方案,战略定位是以制度创新为核心,以可复制可推广为基本要求,将自贸试验区建设成为东部地区重要海上开放门户示范区、国际大宗商品贸易自由化先导区和具有国际影响力的资源配置基地。

问:浙江省出台的总部经济相关政策有哪些?

答:浙江省出台《省人民政府办公厅关于引导浙商总部回归和资本回归的实施意见》(浙政办发〔2015〕21 号),旨在认真贯彻落实省委、省政府关于支持浙商创业创新、促进浙江发展的决策部署,进一步拓展浙商回归领域,不断提升回归项目质量,充分发挥省外浙商支持浙江经济转型升级的作用。

问:总部经济相关政策的主要内容有哪些?

答:《省人民政府办公厅关于引导浙商总部回归和资本回归的实施意

见》(浙政办发〔2015〕21号)除去开篇阐明本意见的目的之外,包括三个部分。第一部分明确了本意见的总体要求;第二部分包括四条,分别明确了浙商总部回归企业的认定标准、引导浙商总部回归的运作方式、浙商资本回归认定形式、引导浙商资本回归的主要路径;第三部分明确了加强组织领导的机制。

问:总部经济相关政策的适用对象有哪些?

答:《省人民政府办公厅关于引导浙商总部回归和资本回归的实施意见》(浙政办发〔2015〕21号)适用于浙商总部、浙商资本。浙商总部回归是指引导省外浙商在浙江省境内新设立综合性总部、地区总部和功能性机构。浙商资本回归是指引导省外浙商将自我积累或联系集聚的资金,以股权、债权形式直接投资,或通过各类金融、投资机构参与省内实体企业、金融机构的新设或增资扩股、基础设施项目融资等。

问:浙商总部回归企业的认定条件有哪些?

答:浙商总部回归企业是指2012年以来省外浙商在浙江省境内新工商登记注册,具有独立法人资格,实行统一核算,并在浙江省境内汇总缴纳企业所得税的综合性总部、地区总部和功能性机构。根据《省人民政府办公厅关于引导浙商总部回归和资本回归的实施意见》(浙政办发〔2015〕21号)规定,浙商总部回归企业需要满足以下标准:

一、浙商综合性总部回归标准

(一)承担在全球、全国布局的所有下属公司、分支机构的管理营运、财务结算、支持服务等综合性职能,投资、管理和服务的企业不少于3家,其中省外企业不少于1家。

(二)营业收入中来自省外下属企业、分支机构的比例不低于20%。

(三)一档市(杭州市、宁波市、温州市,下同)按照实际到位注册资本金、年度入库税收分别不低于5000万元、1000万元认定;二档市(湖州市、嘉兴市、绍兴市、金华市、台州市,下同)按照实际到位注册资本金、年度入库税收分别不低于 4000 万元、800 万元认定；三档市（衢州市、舟山市、丽水市，下同）按照实际到位注册资本金、年度入库税收分别不低于 3000 万元、600 万元认定。

二、浙商地区总部回归标准

（一）母公司是注册地在省外的浙商企业，授权履行浙江省设区市域以上范围的投资、管理、服务职能，下属企业不少于 2 家。

（二）一档市按照实际到位注册资本金、年度入库税收分别不低丁 1000 万元、300 万元认定；二档市按照实际到位注册资本金、年度入库税收分别不低于 800 万元、200 万元认定；三档市按照实际到位注册资本金、年度入库税收分别不低于 500 万元、100 万元认定。

三、浙商功能性机构回归标准

（一）母公司是注册地在省外的浙商企业，授权承担浙江省县域以上范围的研发、资金管理、采购、销售、物流、支持服务等营运职能。

（二）一档市按照实际到位注册资本金、年度入库税收分别不低于 200 万元、100 万元；二档市按照实际到位注册资本金、年度入库税收分别不低于 150 万元、80 万元认定；三档市按照实际到位注册资本金、年度入库税收分别不低于 100 万元、50 万元认定。

（三）对承担研发职能的功能性机构不作年度入库税收要求。

省外浙商回归设立并开展浙商资本回归业务的金融机构，优先认定为浙商总部回归企业。具有行业领先优势、属于战略性新兴产业或对财政贡献大、行业带动强的浙商回归总部企业，经省支持浙商创业创新促进浙江发展工作领导小组办公室特别批准，可适当放宽条件。

问：浙商资本回归运作形态有哪些？

答：根据《省人民政府办公厅关于引导浙商总部回归和资本回归的实施意见》（浙政办发〔2015〕21 号）规定，浙商资本回归主要表现为以下资本运作形态：

（一）以股权形式直接参与实体企业、金融机构的新设或增资扩股。

（二）以债权形式直接购买省内企业发行的各类债券。

（三）通过认购公募、私募投资基金份额及其他金融产品间接进行省内投资。

（四）以股权、债权或股债结合方式参与省内基础设施建设、民生事业等。

问：浙商总部回归和资本回归的管理和服务部门有哪些？

答：根据《省人民政府办公厅关于引导浙商总部回归和资本回归的实施意见》（浙政办发〔2015〕21号）规定，浙商总部回归和资本回归的管理和服务部门由省支持浙商创业创新促进浙江发展工作领导小组办公室牵头，省发改委、省经信委、省财政厅、省国土资源厅、省建设厅、省交通运输厅、省国资委、省地税局、省工商局、省金融办、省经合办等单位积极配合，具体开展浙商总部回归、资本回归的组织认定、指导服务、项目支持等工作。各市县政府作为浙商总部回归和资本回归的实施主体。

问：浙商总部回归和资本回归可享受哪些鼓励政策？

答：根据《省人民政府办公厅关于引导浙商总部回归和资本回归的实施意见》（浙政办发〔2015〕21号）规定，浙商总部回归和资本回归可享受绩效奖励。浙江省财政设立专项奖励资金，每年对各市县引进浙商总部回归企业等情况进行绩效评价，并按有关规定给予奖励。

9.2温州市

温州市，位于浙江省东南部，东濒东海，南毗福建，西及西北部与丽水市相连，北及东北部与台州市接壤；温州市土壤肥沃，河流湖泊众多，海洋资源丰富，是江南"鱼米之乡"。2018年，温州市坚持稳中求进工作总基调，紧扣"'八八战略'再深化，改革开放再出发"这条主线，以"温州擂台·六比竞赛"

为主抓手,深化改革开放,优化发展环境,促进民营经济发展,提升经济运行质量。全市经济运行总体平稳、稳中有进,供需结构持续优化,动能转换步伐加快,人民生活持续改善,高质量发展取得成效。至 2018 年末,已拥有 70 个由国家工商总局认定的中国驰名商标, 获得 46 个国家级生产基地称号,拥有 24 个省级专业商标品牌基地,6 个市级专业商标品牌基地。

问:温州市出台的总部经济相关政策有哪些?

答:温州市出台《关于进一步促进市区楼宇经济和总部经济发展的若干意见》(温政发〔2013〕89 号),旨在进一步促进市区楼宇经济和总部经济发展,加快城区"优二兴三"和经济转型升级,提升城市功能和综合竞争能力,为温商回归创造有利条件。

问:总部经济相关政策的主要内容有哪些?

答:《关于进一步促进市区楼宇经济和总部经济发展的若干意见》(温政发〔2013〕89 号)分为七个部分,分别明确了规划布局导向、认定条件、财政扶持政策、税收优惠政策、申报认定程序、工作要求、其他(执行原则、纳税额计算范围、资金分担方式、从新原则、解释权)。

问:总部经济相关政策的适用对象有哪些?

答:《关于进一步促进市区楼宇经济和总部经济发展的若干意见》(温政发〔2013〕89 号)适用于总部企业,包括新引进市外总部企业和本地现有总部企业。

问:总部企业的认定条件有哪些?

答:根据《关于进一步促进市区楼宇经济和总部经济发展的若干意见》(温政发〔2013〕89 号)规定,申请总部企业认定的企业,应具备以下基本条件:

(一)在市区注册并依法开展经营活动,具有独立法人资格,并对其下属企业行使管理和服务职能。

(二)符合国家和省市产业发展政策。

(三)在市以外的下属企业或关联企业不少于 3 家。下属企业是指总部企业的控股子公司或分公司, 关联企业是指与总部企业有共同的实际控制人的企业。

(四)营业收入中来自市外下属企业或关联企业的比例不低于30%。来自市外下属企业的营业收入包括：总部对下属企业或关联企业的各项交易收入、非独立法人分公司的营业收入。

同时，还应分别符合以下条件：

(一)新引进市外总部企业。新引进市外总部企业是指在申请认定之前的两年内引进并注册登记的企业。

制造业和综合业态：注册资本2000万元(含本数，下同)以上，上年度纳税额500万元及以上。

现代服务业(包含营销总部、结算总部、管理总部、投资总部等)：注册资本1000万元以上，上年度纳税额300万元以上。

网络经济(电子商务)：注册资本500万元以上，上年度纳税额200万元以上。

建筑业(包含建筑工程、市政道路等企业)：注册资本3000万元以上，上年度纳税额500万元以上。

(二)本地现有总部企业。

制造业：注册资本3000万元以上，上年度纳税额1000万元以上。

现代服务业(包含营销总部、结算总部、管理总部、投资总部等)：注册资本2000万元以上，上年度纳税额500万元以上。

网络经济(电子商务)企业注册资本500万元以上，上年度纳税额200万元以上。

建筑业(包含建筑工程、市政道路施工等)：注册资金5000万元以上，上年度纳税额1000万元以上。

问：总部企业可享受哪些鼓励政策？

答：根据《关于进一步促进市区楼宇经济和总部经济发展的若干意见》(温政发〔2013〕89号)规定，总部企业可享受财政扶持政策、税收优惠政策、要素支持、"绿色通道"等公共服务。

问：总部企业的管理和服务部门有哪些?

答：根据《关于进一步促进市区楼宇经济和总部经济发展的若干意见》(温政发〔2013〕89号)规定,市加快市区楼宇经济和总部经济发展领导小组负责决定楼宇经济和总部经济布局规划、政策制定、资格认定等重大问题。领导小组办公室负责做好日常工作,协调解决楼宇经济和总部经济发展中遇到的具体困难和问题。各区政府及市有关部门要进一步转变思想观念,树立"不求所有、但求所在"的发展理念,明确抓总部经济就是抓结构调整,就是抓经济发展;要进一步加大工作力度,制定具体的工作措施予以全力推进。

9.3 绍兴市

绍兴市,位于浙江省中北部、杭州湾南岸。东连宁波市,南临台州市和金华市,西接杭州市,北隔钱塘江与嘉兴市相望。2018年,新认定国家高新技术企业323家、省高成长企业155家、省科技型中小企业1360家。新认定省重点实验室1家、省级企业研究院13家、省级高新技术企业研发中心33家,实施省级新产品计划1718项、13项成果获省科学技术奖。新增省级产业创新综合体4家。全年新批外资项目230个,合同利用外资21.29亿美元,实到外资13.51亿美元,增长5.0%;新批境外投资企业31家,企业增资13家,总投资额71286万美元,中方投资额62450万美元,境外工程营业额18021万美元。

问：绍兴市出台的总部经济相关政策有哪些?

答：绍兴市出台《关于成立绍兴市发展总部经济领导小组的通知》(绍政办发〔2008〕95号)、《关于促进市区总部经济发展的意见》(绍市委发〔2008〕47号)、《绍兴市总部企业认定办法(试行)》(绍政办发〔2009〕3号)、《关于促进市区总部经济发展意见的实施细则(试行)》(绍政办发〔2009〕12号)。

问：总部经济相关政策的主要内容有哪些？

答：《绍兴市总部企业认定办法（试行）》（绍政办发〔2009〕3号）按照规范性文件体例分总则、分则和附则共五章十四条。第一章包括第一至三条，分别明确了制定本办法的目的、总部企业界定、认定原则；第二章包括第四、五条，明确了总部企业认定条件；第三章包括第六至八条，明确了总部企业认定程序；第四章包括第九至十二条，明确了针对总部企业的管理与调整相关事宜；第五章包括第十三、十四条，分别明确了解释权、施行日期。

《关于促进市区总部经济发展意见的实施细则（试行）》（绍政办发〔2009〕12号）共分七章三十一条。第一章包括第一至四条，分别明确了制定本细则的目的、总部企业界定、可享受优惠政策、组织机构；第二章包括第五至七条，明确了资金筹集及使用对象相关事宜；第三章包括第八至十一条，明确了总部企业可享受的财政扶持政策；第四章包括第十二至二十条，明确了总部企业可享受的税费优惠政策；第五章包括第二十一至二十四条，明确了服务保障机制；第六章包括第二十五至二十八条，明确了管理与调整相关事宜；第七章包括第二十九、三十条，明确了解释权、试行日期。

问：总部经济相关政策的适用对象有哪些？

答：《关于促进市区总部经济发展的意见》（绍市委发〔2008〕47号）、《绍兴市总部企业认定办法（试行）》（绍政办发〔2009〕3号）、《关于促进市区总部经济发展意见的实施细则（试行）》（绍政办发〔2009〕12号）适用于总部企业。总部企业是指在绍兴市区注册并依法开展经营活动，对一定区域内的控股企业或分支机构（以下称下属企业）行使管理和服务职能的企业法人机构。总部企业的投资主体、经济性质不限。

问：总部企业的认定条件有哪些？

答：根据《绍兴市总部企业认定办法（试行）》（绍政办发〔2009〕3号）规定，总部企业认定需要满足以下条件：

第四条　申请总部企业认定的企业至少应具备下列一项资格：

（一）属于国家和中央部委的大企业（集团）。

（二）上一年度入选美国《财富》杂志评选的世界 500 强企业。

（三）上一年度入选中国企业联合会和中国企业家协会联合评选的中国 500 强企业。

（四）上一年度入选中国民营企业联合会、中国统计学会和中国管理科学研究院企业发展中心联合评选的中国民营企业 500 强企业。

（五）注册资金不低于 5000 万元人民币、上年年底总资产不低于 1 亿元人民币、上年销售额不低于 3 亿元人民币（其中房地产企业注册资金在 3 亿元以上）的企业。

（六）符合绍兴市产业发展导向，经认定的"回归"越商等其他企业。

第五条　具有上述资格之一的总部企业同时符合以下三项条件，可提出总部企业认定申请：

（一）在市区设立具有独立法人资格企业，纳税登记在市区。

（二）在市区汇总缴纳企业所得税，上年度在本市纳税的地方分成部分达 1000 万元以上。

（三）在中国境内投资或授权管理和服务的非法人资格的分支机构不少于 3 个，其中在绍兴市外的不少于 2 个。

问：总部企业可享受哪些鼓励政策？

答：根据《关于促进市区总部经济发展意见的实施细则（试行）》（绍政办发〔2009〕12 号）规定，在已设立的产业发展专项资金中统筹安排总部经济发展专项资金。总部经济发展专项资金主要用于：奖励市内外企业在绍兴市区设立总部；扶持发展楼宇经济的总部企业；促进总部企业健康发展，开展总部企业认定的有关工作经费。

总部企业可享受财政扶持、税费优惠、人才政策等。财政扶持涉及贡献奖励、上市公司注册奖励、楼宇建设奖、总部引入奖、招商引企奖、企业迁入奖。税费优惠涉及减免房产税、城镇土地使用税和水利建设专项资金，农、林、牧、渔业以及国家重点扶持的公共基础设施等项目减免企业所得税，研究开发费用和国家鼓励安排人员的费用实行加计扣除，固定资产折旧采用加速折旧或缩短折旧年限，按一定比例实行企业所得税额抵免购置规定的专用设备投资额，在计算企业所得税前扣除引进高层次人才而支付相关费用。人才政策涉及人才公寓、居住证、子女入学照顾等。

问：总部企业的管理和服务部门有哪些？

答：根据《绍兴市总部企业认定办法（试行）》（绍政办发〔2009〕3号）规定，市发展总部经济领导小组办公室负责总部企业管理和服务。

9.4 台州市

台州市，地处浙江省沿海中部，东濒东海，南邻温州，西连丽水、金华，北接绍兴、宁波。台州市正在建设"现代化港湾都市区"，其战略支撑为建设"国际智造名城""海上丝路港城""山海宜居美城"，简称"一都三城"。台州市拥有台州湾循环经济产业集聚区，是浙江省"十二五"期间重点建设的15个产业集聚区之一，也是浙江省海洋经济重点规划建设的九区之一；台州经济开发区，区内台州金融集聚区集聚了157家金融机构，为省级现代服务业集聚示范区；台州港临海头门港区，由临海医化产业园区、临港产业集聚区、港口物流区三个区块组成，已经形成医药化工、汽车制造两大支柱产业。2018年，台州市规模以上工业增加值总量排在前五位的是汽车制造业、通用设备制造业、电力热力生产供应业、医药制造业、橡胶和塑料制品业。

问：台州市出台的总部经济相关政策有哪些？

答：台州市出台《台州经济开发区发展总部经济的若干政策》，旨在深入贯彻市委市政府提出的"创业富民、创新强市"战略，大力发展总部经济，促进台州经济开发区又好又快发展。

问：总部经济相关政策的主要内容有哪些？

答：《台州经济开发区发展总部经济的若干政策》除去开篇阐明制定本政策的目的之外，共计九条，第一条明确了本政策适用对象；第二至八条明确了相关鼓励政策；第九条明确了施行日期和解释权。

问：总部经济相关政策的适用对象有哪些？

答：《台州经济开发区发展总部经济的若干政策》适用于台州市外企业。

问：总部企业的认定条件有哪些？

答：根据《台州经济开发区发展总部经济的若干政策》规定，总部企业需要符合台州经济开发区产业发展导向，注册资本金在 2500 万元、总资产 5000 万元、年销售额 1 亿元、入库税金 150 万元以上的企业总部、跨国公司及子公司和国内知名或较大规模的公司，在台州经济开发区设立、纳税登记的地区经营总部、投资(研发)总部、销售中心、采购中心、结算中心等。

问：总部企业可享受哪些鼓励政策？

答：根据《台州经济开发区发展总部经济的若干政策》规定，贡献奖励、高新技术企业税收优惠、人才政策、企业"一窗式"绿色通道、创业投资企业所缴纳的税收实行单列分成结算、企业风险研发和技术创新活动的税收优惠政策等。

问：总部企业的管理和服务部门有哪些？

答：台州经济开发区管委会负责管理和协调其它相关政府部门，共同为台州市外企业服务。

9.5金华市

金华市，位于浙江省中部，为省辖地级市，以境内金华山得名；东邻台州，南毗丽水，西连衢州，北接绍兴、杭州；市区位于东阳江、武义江和金华江交汇处。目前，金华市拥有 1 个经国务院批准的金义综合保税区、2 个国家级经济技术开发区、1 个国家级影视产业实验区、2 个省级产业集聚区和 8 个省级开发区。这些投资平台所处区域交通条件优越、产业集聚已成规模、配套设施完善、资源要素可以充分保障，是金华市承载大产业、大项目、大公司的有效载体，是推进金华市产业转型升级的主阵地，也是广大投资者投资兴业的大舞台。2017 年，全市新增备案企业 2950 家，全年有进出口实绩企业

7275家,比2016年净增402家;全市新批外商投资企业793家。

问:金华市出台的总部经济相关政策有哪些?

答:金华市出台《关于加快培育现代产业体系打造先进制造业基地的通知》(金政发〔2016〕40号);《金华市区总部企业实施办法》(金经信经合〔2016〕246号);《金华市区高水平研发机构招引实施办法》(金政办发〔2019〕20号)和《金华市区高水平研发机构招引实施办法政策解读》。

《关于加快培育现代产业体系打造先进制造业基地的通知》(金政发〔2016〕40号),强调培育发展总部经济,旨在加强总部中心建设与集聚,加快承接浙(婺)商回归总部经济项目。

《金华市区总部企业实施办法》(金经信经合〔2016〕246号),旨在培育和发展总部经济,规范总部企业认定和管理。

《金华市区高水平研发机构招引实施办法》(金政办发〔2019〕20号)和《金华市区高水平研发机构招引实施办法政策解读》,旨在加快引进高水平研发机构,集聚优质科技创新资源,大力推进国家创新型城市和金义科创廊道建设。

问:总部经济相关政策的主要内容有哪些?

答:《关于加快培育现代产业体系打造先进制造业基地的通知》(金政发〔2016〕40号)除去开篇阐明制定本通知的目的之外,共分三个部分,分别明确了总体要求、基本原则、政策措施。

《金华市区总部企业实施办法》(金经信经合〔2016〕246号)按照规范文件体例分总则、分则、附则共六章十三条。第一章包括第一至三条,分别明确了制定本办法的目的、总部企业的界定、认定评审制和管理部门;第二章包括第四至六条,分别明确了新引进总部企业的基本条件、市区重点培育总部企业必须同时满足的基本条件、申请材料;第三章包括第七条,明确了总部企业认定程序;第四章包括第八、九条,明确了总部企业奖励标准及资金申报;第五章包括第十至十二条,明确了管理相关事宜;第六章包括第十三条,明确了适用对象、解释权。

《金华市区高水平研发机构招引实施办法》(金政办发〔2019〕20号)除去开篇阐明制定本办法的目的和高水平研发机构的界定、篇尾实施日期和参照执行之外,共分三个部分,分别明确了职责分工、招引条件、招引流程、招引流程、监督管理。

问:总部经济相关政策的适用对象有哪些?

答:《关于加快培育现代产业体系打造先进制造业基地的通知》(金政发〔2016〕40号)适用于总部型企业。

《金华市区总部企业实施办法》(金经信经合〔2016〕246号)适用于总部企业。总部企业是指在金华市区注册并依法开展经营活动,对其在市外控股企业或分支机构行使管理和服务职能的企业法人机构。

《金华市区高水平研发机构招引实施办法》(金政办发〔2019〕20号)、《金华市区高水平研发机构招引实施办法政策解读》适用于高水平研发机构(以下简称"研发机构")。研发机构是指从金华市外引进国内外科研机构、高等院校、龙头企业或科学家在金设立,具有独立法人资格,拥有核心技术并配置核心研发团队的研究院(所)、分院(所)、中心等机构。重点支持从金华市外引进国家级科研院所,国家"985工程""211工程"、"双一流"大学,世界500强企业、中国百强企业,以及著名科学家在金设立的研发机构。

问:总部企业的认定条件有哪些?

答:根据《金华市区总部企业实施办法》(金经信经合〔2016〕246号)规定,新引进总部企业是指市域外公司整体引入金华市区或在金华市区注册子公司,将主要生产经营活动或金融结算、采购与销售、研发等业务部分业务迁入金华市区的企业。新引进总部企业需要满足以下基本条件:

(一)在金华市区依法注册,具有独立法人资格。

(二)金华市外母公司或企业集团整体引入金华市区的,上年度纳税额应不低于500万元或销售额工业不低于1亿元,现代服务业不低于0.5亿元,建筑、房地产业不低于5亿元;在金华市区注册成立研发中心、财务中心、采购中心、销售中心、物流中心的,年纳税额不低于100万元(低于100万元不

享受优惠政策)或销售额不低于 1000 万元;

(三)企业具有较好的发展前景。

问:市区重点培育总部企业的认定条件有哪些?

答:根据《金华市区总部企业实施办法》(金经信经合〔2016〕246 号)规定,市区重点培育的总部企业是指企业在金华市区有重要生产经营活动,其市区外分公司或子公司的金融结算或销售等行为统一在金华市区或汇总纳税的企业。市区重点培育总部企业必须同时满足以下基本条件:

(一)注册地在金华市区,具有独立法人资格。

(二)符合产业政策,具有较好的成长性。

(三)企业上年度纳税额不低于 800 万元。

(四)销售额工业不低于 2 亿元,现代服务业不低于 1 亿元,建筑、房地产业不低于 10 亿元。

(五)金华市区外分公司或子公司不少于 2 家。

问:高水平研发机构的招引条件有哪些?

答:根据《金华市区高水平研发机构招引实施办法》(金政办发〔2019〕20 号)、《金华市区高水平研发机构招引实施办法政策解读》规定,研发机构招引的需求导向、机构人员、场所设备、投入机制、成果转化、登记注册六项基本条件,以及申请市财政配套资助还须符合的对市区产业发展助力、经费投入起点条件、人员规模起点条件、成果转化目标四项附加要求。

一、基本条件

(一)具备较强研发能力,拥有核心技术,围绕金华市"3+3+2"新兴产业体系和传统制造业改造提升需求,开展应用技术研究、工程化开发研究、行业共性技术研究、社会公益性科学研究,提供成果转移转化、科技企业孵化、高端人才引育、科技发展决策咨询等服务。

(二)具有稳定的研发团队,重点研发方向应有实力较强的核心人员,重点吸纳国家、省"千人计划""万人计划"等海内外高层次人才,机构负责人和科研带头人一般应由研发机构依托单位派出。

（三）拥有固定的研发和办公场所、相应的研发仪器设备及其他必需的研发条件。

（四）有持续稳定的经费投入机制，用于保障科研设备投入、项目研发、人才引进和成果转化等。

（五）完成筹备正式运营后，每年有一定数量的科研成果在金华市转化和产业化，或与金华市企业开展产学研合作、提供技术服务等。

（六）应按有关规定办理登记注册。

二、市财政配套资助的附加要求

申请市财政配套资助的研发机构，除须符合以上六项基本条件外，还须符合以下要求：

（一）从事的研究和提供的服务须对金华市区重点发展的新兴产业和传统制造业改造提升有较大的助力作用。

（二）建设期内平均每年建设经费不少于 500 万元，包括研发机构硬件建设、项目研发、人才引进、成果转化、技术服务以及运营管理等经费投入。

（三）建设期满时，应拥有不少于 20 名研发和管理人员，其中具有硕士以上学历或副高以上职称的人员占研发机构总人数比例不低于 50%。

（四）完成筹备正式运营一年后，每年应有不少于 5 项科技成果在金华市转化、孵化或与金华市企业开展产学研合作、提供技术服务等。

问：总部企业可享受哪些鼓励政策？

答：根据《关于加快培育现代产业体系打造先进制造业基地的通知》（金政发〔2016〕40 号）规定，总部企业可享受地方财政贡献奖。

新引进总部企业，按其外来地方财政贡献额（含代扣代缴个人所得税地方留成）的 60% 予以奖励；次年至第五年按地方财政贡献额的 50% 予以奖励。

市区重点培育的总部企业，年地方财政贡献额（含代扣代缴个人所得税地方留成）在 500 万元以上（含）的，比上年增长 8% 以上部分按 60% 奖励给企业;500万元以下的,比上年增长12%以上部分按50%奖励给企业。

问:研发机构可享受哪些鼓励政策?

答:根据《金华市区高水平研发机构招引实施办法》(金政办发〔2019〕20号)、《金华市区高水平研发机构招引实施办法政策解读》规定,研发机构可享受的鼓励政策包括六方面:①明确引进研发机构财政资助的方式;②提出各类基金要对研发机构及孵化项目给予重点支持;③提出市有关部门和各招引主体要对研发机构做好落户保障,提供好各项配套服务;④优先将研发机构对科技型中小微企业提供的相关科技创新服务纳入科技创新券使用范围;⑤对研发机构的财政资助年限提出了要求;⑥对涉及市财政配套资助的研发机构资金资助流程作出了具体规定。

问:总部企业的管理和服务部门有哪些?

答:根据《金华市区总部企业实施办法》(金经信经合〔2016〕246号)规定,金华市经信委负责总部企业日常管理工作;总部企业认定采用评审制,并由总部企业论证小组负责评审。

问:研发机构的管理和服务部门有哪些?

答:根据《金华市区高水平研发机构招引实施办法》(金政办发〔2019〕20号)规定,金华市科技局负责牵头财政局、属地政府(管委会)等相关部门管理和服务。

9.6嘉兴市

嘉兴市,位于浙江省东北部、长江三角洲杭嘉湖平原腹心地带,是长江三角洲重要城市之一。东临大海,南倚钱塘江,北负太湖,西接天目之水,大运河纵贯境内。市城处于江、海、湖、河交会之位,扼太湖南走廊之咽喉,与沪、杭、苏、湖等城市相距均不到百千米,区位优势明显,尤以在人间天堂苏杭之间著称。2018年,嘉兴市围绕"八八战略"再深化、改革开放再出发,全年全市新批外商投资项目350个;引进招大引强项目60个,其中世界500强项目 9 个,行业龙头项目 10 个,总投资(增资)超亿美元项目 44 个(含世界500 强项目 3 个)。

问:嘉兴市出台的总部经济相关政策有哪些?

答:嘉兴市出台《嘉兴市做好世界 500 强公司和跨国公司地区总部及功能性机构引进工作的若干意见》(嘉政发〔2013〕41 号),旨在更好地发挥世界500 强公司、跨国公司地区总部及功能性机构在整合资金、技术、人才、管理等要素资源方面的优势,推进全市经济转型升级。

问:总部经济相关政策的主要内容有哪些?

答:《嘉兴市做好世界 500 强公司和跨国公司地区总部及功能性机构引进工作的若干意见》(嘉政发〔2013〕41 号)除去开篇阐明本意见的目的之外,共分七个部分,分别明确了加强战略研究、做好招商策划;强化选商工作、引进优质项目;明确认定标准、统一申报条件;实施政策倾斜、加大扶持力度;完善政府服务、营造优良环境;加强组织领导、健全工作机制;附则。

问:总部经济相关政策的适用对象有哪些?

答:《嘉兴市做好世界 500 强公司和跨国公司地区总部及功能性机构引进工作的若干意见》(嘉政发〔2013〕41 号)适用于世界 500 强公司、跨国公司地区总部、跨国公司功能性机构。

世界 500 强公司,以上年度美国《财富》杂志公布的全球 500 强为依据,其投资项目是指由其母公司直接或由其控股公司出资设立的项目。

跨国公司地区总部是指注册地在境外的跨国公司设立的履行跨市以上区域范围管理和服务职能的总部型外商投资企业,从公司形式上可分为投资性公司和非投资性公司两类。

跨国公司功能性机构是指注册地在境外的跨国公司设立的履行跨市以上区域范围的研发、资金管理、采购、销售、物流、支持服务等营运职能的外商投资企业。

问:世界 500 强公司的认定条件有哪些?

答:根据《嘉兴市做好世界 500 强公司和跨国公司地区总部及功能性机

构引进工作的若干意见》(嘉政发〔2013〕41号)规定,世界500强公司以上年度美国《财富》杂志公布的全球500强为依据。

问:跨国公司地区总部的认定条件有哪些?

答:根据《嘉兴市做好世界500强公司和跨国公司地区总部及功能性机构引进工作的若干意见》(嘉政发〔2013〕41号)规定,跨国公司地区总部须符合下列两个条件之一:

(一)经政府有关部门批准在嘉兴境内设立的外商投资性公司。

(二)经政府有关部门批准设立并具备以下条件的外商投资企业。

1.符合本意见中跨国公司地区总部的定义。

2.企业具有独立法人资格,且注册地及主要工作场所在嘉兴境内,实际缴付注册资本出资额超过2000万美元。

3.母公司资产总额不低于2亿美元,且已在中国境内设立外商投资企业。

4.母公司授权其管理的跨市以上境内外企业数不少于3家。

问:跨国公司功能性机构认定条件有哪些?

答:根据《嘉兴市做好世界500强公司和跨国公司地区总部及功能性机构引进工作的若干意见》(嘉政发〔2013〕41号)规定,跨国公司功能性机构须符合下列条件:

(一)经政府有关部门批准或确认设立。

(二)符合本意见中跨国公司功能性机构的定义。

(三)企业注册地及主要工作场所在嘉兴境内,实际缴付注册资本出资额超过1000万美元。

(四)母公司资产总额不低于2亿美元。

问:世界500强公司和跨国公司地区总部及功能性机构可享受哪些鼓励政策?

答:根据《嘉兴市做好世界500强公司和跨国公司地区总部及功能性机构引进工作的若干意见》(嘉政发〔2013〕41号)规定,世界500强公司和跨国公司地区总部及功能性机构可享受强化财政扶持、整合政策资源、统筹要素保障、优化审批服务、加强口岸服务、简化出入境手续、营造亲商环境、加强知识产权保护等鼓励政策。

问：世界 500 强公司和跨国公司地区总部及功能性机构的管理和服务部门有哪些?

答：根据《嘉兴市做好世界 500 强公司和跨国公司地区总部及功能性机构引进工作的若干意见》(嘉政发〔2013〕41 号)规定,嘉兴市商务局牵头市发展改革委、市经信委、市科技局、市财政局等有关部门负责管理和服务。

9.7 丽水市

丽水市,地处浙江省西南部,古名处州,素有"中国生态第一市"的美誉;也是一座自然风光秀美、人文底蕴深厚、朝气蓬勃的城市。2018 年地区生产总值(GDP)1394.67 亿元,比 2017 年增长 8.2%;新设外商直接投资项目 29个,比 2017 年增加 4 个;合同外资 2.96 亿美元,实际利用外资 1.07 亿美元,分别下降 19.4%和 50.7%。

问：丽水市出台的总部经济相关政策有哪些?

答：丽水市出台《丽水市人民政府关于促进市区总部经济发展的若干意见》(丽办抄〔2018〕32 号)和《丽水经济技术开发区总部经济招商的若干意见(试行)》(丽经开〔2019〕44 号)。但是前者未找到原文。

《丽水经济技术开发区总部经济招商的若干意见(试行)》(丽经开〔2019〕44 号)旨在深入践行"绿水青山就是金山银山"的理念,贯彻落实"两山"发展大会精神,坚持培育和引进相结合,着力构建有利于总部经济发展的要素生态和供给体系,促进总部经济集聚发展,进一步增强开发区经济综合实力,实现生态经济高质量发展。

问：总部经济相关政策的主要内容有哪些?

答：《丽水经济技术开发区总部经济招商的若干意见(试行)》(丽经开〔2019〕44 号)除去开篇阐明制定本意见的目的之外,共分三个部分,分别明确了总部型企业认定条件、鼓励总部经济发展的优惠政策、其他规定。

问：总部经济相关政策的适用对象有哪些？

答：《丽水经济技术开发区总部经济招商的若干意见（试行）》（丽经开〔2019〕44 号）适用于总部企业。总部企业分为综合型总部企业、职能型总部企业两种类型。

问：综合型总部企业的认定条件有哪些？

答：根据《丽水经济技术开发区总部经济招商的若干意见（试行）》（丽经开〔2019〕44 号）规定，综合型总部企业应符合国家、省、市产业政策和开发区产业发展方向，在开发区登记注册和纳税，具有独立法人资格，并在丽水市外由总部企业控股企业或总部企业分支机构不少于 1 家，并分别符合以下条件：

（一）新引进的市外制造业总部企业：上年度纳税额 500 万元（含本数，下同）以上。

（二）新引进的市外服务业总部企业：上年度纳税额 250 万元以上。

（三）新引进的市外建筑业总部企业：上年度纳税额 1000 万元以上。

（四）本地现有制造业总部企业：上年度纳税额 500 万元以上。

（五）本地现有现代服务业总部企业：上年度纳税额 250 万元以上。

问：职能型总部企业的认定条件有哪些？

答：根据《丽水经济技术开发区总部经济招商的若干意见（试行）》（丽经开〔2019〕44 号）规定，市外新引进的在开发区设立具有独立法人资格，经总公司（母公司）授权，承担总公司（母公司）在包含开发区在内的一定区域内的销售、运营、研发等部分总部职能的企业（不包括房地产企业和项目），且年纳税额 500 万元以上的企业，可认定为职能型总部企业。

新引进的建筑业企业职能总部年纳税额须在 1000 万元以上。

问：综合型总部企业可享受哪些鼓励政策？

答：根据《丽水经济技术开发区总部经济招商的若干意见（试行）》（丽经开〔2019〕44 号）规定，综合型总部企业可享受地方综合贡献奖励、研发费用补助、用地支持、企业兼并重组、产业基金支持。

问：职能型总部企业可享受哪些鼓励政策？

答：根据《丽水经济技术开发区总部经济招商的若干意见(试行)》(丽经开〔2019〕44号)规定，职能型总部企业可享受地方综合贡献奖励、办公场所支持。

问：总部企业的管理和服务部门有哪些？

答：根据《丽水经济技术开发区总部经济招商的若干意见(试行)》(丽经开〔2019〕44号)规定，开发区招商委负责统筹、管理和服务等相关工作。

9.8 舟山市

舟山市，位于浙江省舟山群岛。地处我国东南沿海，长江口南侧，杭州湾外缘的东海洋面上。舟山背靠上海、杭州、宁波等大中城市和长江三角洲等辽阔腹地，面向太平洋，具有较强的地缘优势，踞我国南北沿海航线与长江水道交汇枢纽，是长江流域和长江三角洲对外开放的海上门户和通道，与亚太新兴港口城市呈扇形辐射之势。

舟山群岛新区海洋产业集聚区是浙江省委省政府重点打造的15个省级产业集聚区之一，规划定位建设成为我国海洋综合开发示范区、长三角主要的海洋产业集聚发展区和浙江海洋经济发展引领区，也是中国(浙江)自由贸易试验区的重要区域。集聚区总规划面积约98平方千米，规划形成"一城诸岛"总体战略布局架构。"一城"指中国(舟山)海洋科学城，"诸岛"指金塘岛、六横岛、衢山岛、舟山岛西北部、岱山岛西部、泗礁岛、朱家尖岛、洋山岛、长涂岛、虾峙岛等区块。规划打造海洋清洁能源、港口物流与港航服务、船舶与临港装备、临港石化、海洋旅游、现代渔业、水产品精深加工与海洋生物和大宗物资加工八大产业集群。集聚区核心区由舟山高新技术产业园区和舟山港综合保税区组成，是舟山群岛新区经济发展的重要板块。

问：舟山市出台的总部经济相关政策有哪些？

答：舟山市出台《中国（浙江）自由贸易试验区关于加快发展总部经济暂行办法》（浙自贸委〔2017〕7 号），旨在加快中国（浙江）自由贸易试验区（以下简称"浙江自贸试验区"）建设，引导浙江自贸试验区总部经济向高端化、集约化和规模化发展，发挥企业总部集聚效应，带动产业转型升级，提升城市服务能级，增强浙江自贸试验区综合竞争力。

问：总部经济相关政策的主要内容有哪些？

答：《中国（浙江）自由贸易试验区关于加快发展总部经济暂行办法》（浙自贸委〔2017〕7 号）按照规范文件体例分总则、分则、附则共五个部分。第一部分明确了本办法的目的；第二章明确了本办法的适用范围；第三章明确了总部企业的认定标准；第四章明确了自本暂行办法发布之日及以后年度在浙江自贸试验区新设立或新迁入的总部企业可享受的扶持政策；第五章附则。

问：总部经济相关政策的适用对象有哪些？

答：《中国（浙江）自由贸易试验区关于加快发展总部经济暂行办法》（浙自贸委〔2017〕7 号）适用于境内外大中型企业在浙江自贸试验区范围内注册设立并为较大区域内的控股企业、分支机构行使投资、管理和服务职能的法人组织，不包括舟山本地以迁移方式入驻的企业。

问：总部企业的认定条件有哪些？

答：根据《中国（浙江）自由贸易试验区关于加快发展总部经济暂行办法》（浙自贸委〔2017〕7 号）规定，浙江自贸试验区总部企业应满足以下条件：

（一）在浙江自贸试验区范围内注册，具有独立法人资格，实行统一核算，依法诚信经营。

（二）符合浙江自贸试验区产业发展导向（不包含房地产业）。

（三）在舟山市外设立的控股企业、分支机构原则上不少于 3 个，且对其负有管理和服务职能，统一开票或汇总（部分）缴纳税收。

（四）实际到位注册资本金不低于 5000 万元（人民币或等值外币，下同),净资产不低于 1 亿元人民币。

(五)上年度营业收入不低于 2 亿元人民币,且营业收入中来自控股企业、分支机构的比例不低于 20%。

(六)上年度缴纳企业所得税、增值税地方留成部分不低于 1000 万元人民币。

对未达到上述标准的科技、文化等总部企业,若对浙江自贸试验区产业发展具有较大带动作用的,经浙江自贸试验区管委会批准可适当放宽条件。

问:总部企业可享受哪些鼓励政策?

答:根据《中国(浙江)自由贸易试验区关于加快发展总部经济暂行办法》(浙自贸委〔2017〕7 号)规定,在浙江自贸试验区新设立或新迁入的总部企业,可享受开办补助、办公用房补助、经营贡献奖励、行政事业性收费、人才激励、"一事一议"等扶持政策。

一、开办补助政策

对于新引进总部企业给予一次性开办费补助。实到注册资本在 5000 万(含)人民币至 1 亿元人民币的、1 亿元(含)人民币至 10 亿元人民币、10 亿元人民币以上的,在资金到位后,分别给予 100 万人民币、200 万人民币和 500 万人民币的一次性开办费补助。

二、办公用房补助政策

(一)购买自用办公用房的,按每平方米 1000 元人民币的标准给予一次性补助,最高不超过 100 万元人民币。

(二)购地自建办公用房且建筑面积自用率达到 60%以上的,可申请享受建房补助。具体补助金额采取"一事一议"的办法研究确定,最高不超过 500 万元人民币,分 5 年支付,每年支付 20%。

(三)租用自用办公用房的,自设立起 3 年内按房屋租赁合同所明确的租金给予 100%补贴。

享受以上补助政策的总部型企业，应承诺办公用房投入使用后 5 年内不改变房屋用途、不转让或转租。如因特殊原因必须改变房屋用途、转让或转租，其已领取的补助应予退还。

三、经营贡献奖励政策

新引进的总部企业，自认定当年起，根据企业地方贡献，在 5 年内按其在浙江自贸试验区缴纳的增值税、企业所得税地方留成部分给予相应比例的奖励。

四、行政事业性收费政策

自认定当年起，根据企业地方贡献，在 5 年内按其应缴已缴行政事业性收费属于市政府审批权限范围内的部分给予相应比例的奖励。

五、人才激励政策

对就职于浙江自贸试验区总部企业的高端人才和紧缺人才，按照《关于实施人才发展新政策打造海洋经济人才新高地的意见》(浙舟新党发〔2016〕11 号)文件政策给予扶持。

六、"一事一议"政策

对重点引进的世界 500 强企业、中国 500 强企业、跨国公司、大型央企等企业总部、地区性总部的开办补助，参照《中国(浙江)自由贸易试验区重点产业培育和扶持暂行办法》鼓励 500 强企业落户扶持政策执行。对地方贡献特别重大的企业，可在以上政策基础上，给予"一事一议"专项政策。

问：总部企业的管理和服务部门有哪些？

答：根据《中国(浙江)自由贸易试验区关于加快发展总部经济暂行办法》(浙自贸委〔2017〕7 号)规定，浙江自贸试验区招商部门负责统筹、管理与服务等相关工作。

9.9衢州市

衢州市,位于浙江省西部、钱塘江源头、浙闽赣皖四省边际;南接福建南平,西连江西上饶、景德镇,北邻安徽黄山,东与省内金华、丽水、杭州三市相交,历来是浙闽赣皖四省边际交通枢纽和物资集散地,素有"四省通衢、五路总头"之称。衢州市坚持借势借力、开放开发,着力打开有形、无形两个大通道,全面融入杭州都市圈、创新生态圈,加速杭衢同城化、一体化。2018 年 10 月 25 日,衢州市正式加入杭州都市圈。衢州市大力发展美丽经济幸福产业、数字经济智慧产业,阿里、中兴、网易、安恒、智网科技、深兰科技等互联网领军企业纷至沓来,与浙江大学共建浙大工程师学院衢州分院、浙大衢州研究院,产业创新探出新路,创新驱动生态体系日益健全。

问:衢州市出台的总部经济相关政策有哪些?

答:衢州市出台《关于加快总部经济发展的实施意见》(衢政发〔2012〕42号),旨在鼓励和促进衢州市总部经济发展。

问:总部经济相关政策的主要内容有哪些?

答:《关于加快总部经济发展的实施意见》(衢政发〔2012〕42 号)除去开篇阐明本意见的目的之外, 共分六个部分, 分别明确了指导思想和基本原则,总体目标、发展重点和产业导向,总部企业的认定条件,鼓励总部经济发展的扶持政策,优化总部经济发展环境,其他事项。

问:总部经济相关政策的适用对象有哪些?

答:《关于加快总部经济发展的实施意见》(衢政发〔2012〕42 号)适用于总部企业。发展重点是培育发展传统优势民营本土总部、引进发展国内外企业(集团)总部和区域总部、鼓励发展行业总部。

产业导向是以新材料、先进装备制造、新能源、电子信息等战略性新兴产业,以金属制品、特种纸、新型建材、绿色食品等传统优势产业为重点的先进制造业;以物流、商贸、旅游、金融、科技研发、文化创意、电子商务等为重点的现代服务业;以绿色食品、花卉苗木等为重点的现代农业等。

问:总部企业的认定条件有哪些?

答:根据《关于加快总部经济发展的实施意见》(衢政发〔2012〕42号)规定,总部企业须满足以下认定条件:

(六)申请总部企业认定的企业,应具备以下基本条件:

1.在衢州市办理工商登记注册(上市公司住所地为衢州市)和税务登记,具有独立法人资格,实现统一核算,并在衢州市汇总缴纳企业所得税。

2.符合国家、省和市产业政策导向,且诚信经营、依法纳税、资信状况良好,无欠税、逾期贷款等不良记录。

3.设有下属分支机构不少于3家,且被认定的行业收入占总营业收入的比例不低于50%。其中,市外机构不少于2家,且营业收入占总营业收入的比例不少于30%。

4.承诺5年内注册地址不从衢州市迁出,不改变在衢州市的纳税义务。

(七)同时应具备以下必要条件:

1.制造业总部。指从事先进制造业的企业,注册资金不低于5000万元,且上年度纳税额(本地入库税金,下同)不低于1000万元。

2.服务业总部。指从事现代物流、休闲旅游、商贸零售、商务会展、科技研发、创意设计、服务外包、电子商务、股权投资等企业,注册资金不低于1000万元,且上年度纳税额不低于500万元。

3.现代农业总部。指从事现代农业的企业,注册资金不低于1000万元,且上年度纳税额不低于500万元。

4.建筑业总部。指从事建筑业的企业,注册资金不低于3000万元,且上年度纳税额不低于1000万元。

(八)对世界500强企业、国内500强企业、国内外上市企业、国家和中央部委的大企业(集团)、国家级高新技术企业、浙商回归的重大项目在衢州市设立具有独立法人及核算资格的区域性总部或研发中心、营销中心等分支机构,实行"一事一议""一企一策"。

问：总部企业可享受哪些鼓励政策？

答：根据《关于加快总部经济发展的实施意见》（衢政发〔2012〕42 号）规定，总部企业可享受落户奖励，经营贡献奖励，办公用房补助，新产品、新技术、新工艺发生的研发奖励，高级管理人员补助，"一事一议""一企一策"等鼓励政策；还可以享受"绿色通道"服务、优先保障用地需求、优化商务环境等服务保障。

问：总部企业的管理和服务部门有哪些？

答：根据《关于加快总部经济发展的实施意见》（衢政发〔2012〕42 号）规定，成立由市领导挂帅，市相关部门、单位参加的市总部经济发展领导小组，负责制定总部经济发展规划和相关政策，认定总部企业资格，审核有关资助和奖励事项，协调处理总部经济发展的重大问题。领导小组办公室设在市发改委，具体负责日常工作。

10. 安徽省

10.1安徽省

安徽省,位于中国中东部,建省于清朝康熙六年(公元 1667 年),省名取当时安庆、徽州两府首字合成,因境内有皖山、春秋时期有古皖国而简称皖。安徽省历史悠久,人文荟萃,山川秀美,区位优越,地理地貌融合中国南北差异,是美丽中国的缩影。徽商、徽雕、徽剧、徽菜、徽派建筑、新安艺术等徽派文化璀璨夺目。安徽省也是最具活力的长江三角洲组成部分。2018 年,安徽全省亿元以上在建省外投资项目 5499 个;全年新备案外商投资项目 379 个,增长 12.1%;实际利用外商直接投资 170 亿美元,增长 7%。截至 2018 年末,来皖投资的境外世界 500 强企业增加到 84 家,其中当年新引进 4 家。

问:安徽省出台的总部经济相关政策有哪些?

答:安徽省出台《关于促进外资增长的实施意见》(皖政办〔2017〕82 号),强调鼓励跨国公司在皖投资设立地区总部等功能性机构。旨在支持各地依法依规出台包括资金支持在内的吸引跨国公司地区总部的政策措施,吸引境外世界 500 强及跨国公司来皖设立总部、区域总部及研发中心、技术中心、采购中心、结算中心等功能性机构。

出台《安徽省人民政府关于加快发展现代服务业若干政策》(皖政〔2018〕85 号),强调支持发展总部经济,对新引进的国际性、全国性、区域性服务业企业总部,以及世界 500 强、国内 100 强、"独角兽"企业研发中心、销售中心、采购中心、结算中心等功能性总部,由所在地政府根据实际按有关政策规定给予支持。

问:总部经济相关政策的主要内容有哪些?

答:《关于促进外资增长的实施意见》(皖政办〔2017〕82 号)除去开篇阐明本意见的目的之外,共分五个部分,每个部分均进行了明确分工,且分别明确了进一步减少外资准入限制、落实财税支持政策、完善省内国家级开发区综合投资环境、便利人才出入境、优化营商环境。其中落实财税支持政策部分第(六)条,特别强调鼓励跨国公司在皖投资设立地区总部等功能性机构。

《安徽省人民政府关于加快发展现代服务业若干政策》(皖政〔2018〕85号)除去开篇阐明本政策的目的之外,共分十个部分,每个部分均进行了明确分工,且分别明确了推进集聚发展、加快主辅分离、壮大市场主体、实施重大项目、扩大全面开放、深化重点改革、创新投融资服务、强化人才支撑、提升配置效率、加强组织实施十个问题。

10.2 合肥市

合肥市,安徽省会,地处江淮之间,环抱全国五大淡水湖之一巢湖,通过南淝河、巢湖和裕溪河,可以通江达海,江淮分水岭自西向东横贯全境;境内自然环境优美,名胜古迹众多,具有鲜明的园林生态环境,四度获得"中国人居环境范例奖",城中有园,园中有城,是国家首批命名的 3 个全国园林城市之一,也是全国优秀生态旅游城市。合肥市的重点产业是新型平板显示、人工智能、5G 通信、大数据、云计算、VR/AR、软件、智能硬件、智能制造、装备制造、通用航空、智能网联汽车、新能源汽车电池、光伏、新材料、生物医药、医疗器械、节能环保等产业;拥有合肥高新区、经开区、新站高新区、巢湖经济开发区等投资平台。未来,合肥市将全面融入国家"三大战略",构建全方位、宽领域、多层次的开放体系,营造法治化、国际化、便利化开放环境,打造开明开放、接轨国际的内陆开放新高地。

问:**合肥市出台的总部经济相关政策有哪些?**

答:合肥市出台《2019 年合肥经济技术开发区促进总部经济发展政策》(2019 年 5 月 9 日发布),旨在鼓励境内外企业及其他组织机构在合肥经济技术开发区(简称"开发区")设立总部,促进开发区总部经济发展,加快开发区创新转型升级。

《2019 年合肥经济技术开发区促进总部经济发展政策实施细则》旨在认真落实《关于印发 2019 年合肥经济技术开发区产业扶持政策的通知》(合经区管〔2019〕61 号)精神,规范总部经济发展专项资金使用管理。

问:**总部经济相关政策的主要内容有哪些?**

答:合肥市出台《2019 年合肥经济技术开发区促进总部经济发展政策》(2019 年 5 月 9 日发布)除去开篇阐明本政策的目的之外,共分三个部分,分别明确了资金安排和支持范围、扶持政策、附则等相关内容。

《2019 年合肥经济技术开发区促进总部经济发展政策实施细则》除去开篇阐明本细则的目的之外,共分六个部分,分别明确了申报主体、申报时间、申报和审核程序、总部企业认定、申报条件和申报材料、附则等相关内容。

问:**总部经济相关政策的适用对象有哪些?**

答:《2019 年合肥经济技术开发区促进总部经济发展政策》(2019 年 5 月 9 日发布)适用于境内外企业总部。总部是指经认定的在开发区注册并依法开展经营活动,对其控股企业或分支机构行使管理和服务职能的企业法人机构,分为区域性总部和功能性总部。

问:**总部企业的认定条件有哪些?**

答:根据《2019 年合肥经济技术开发区促进总部经济发展政策实施细则》规定,总部企业认定,须满足下列申报条件:

(一)工商注册、税务征管及统计关系在开发区。

(二)有健全的财务制度、具备独立的法人资格、实行独立核算。

(三)区域性总部是指综合竞争能力强,能够履行跨市以上范围综合管理和服务职能的总部企业。包括集团最高总部及其授权的区域总部。须满足如下条件：

1.全资或绝对控股公司、分公司不少于 3 家,且本企业营业收入的 20% 以上来自前述全资或控股企业。

2.制造业企业营业收入不低于 8 亿元,且缴纳税收不低于 3000 万元;非制造业企业营业收入不低于 1 亿元,且缴纳税收不低于 1000 万元(不含房地产业)。

3.鼓励主辅分离。开发区现有制造业企业在本区投资设立的独立法人销售及研发总部,其全资或绝对控股公司、分公司不少于 3 家,年营业收入 2 亿元以上,且年度缴纳税收不低于 1500 万元,视同为区域性总部。

4.上市公司直接认定为区域性总部。

(四)功能性总部是指经母公司(集团)授权,主要承担为母公司(集团)关联企业提供研发、采购、销售、结算等其他营运职能的企业总部。须满足下列条件:

1.与本企业隶属于同一母公司(集团),并由本企业提供专属管理或服务的关联企业、机构实体不少于 3 个,且本企业功能性营业收入的 50%以上来自前述关联企业、机构实体(不含房地产业)。

2.上年度功能性营业收入不低于 1 亿元,且缴纳税收不低于 1000 万元。

问:总部企业可享受哪些鼓励政策?

答:根据《2019 年合肥经济技术开发区促进总部经济发展政策》(2019 年 5 月 9 日发布),总部企业可享受项目落户奖、经营贡献奖、高管人才奖励、办公用房补贴、企业上市奖励、支持总部企业做大做强、鼓励兼并重组、重点项目扶持等支持性政策。

问:总部企业的管理和服务部门有哪些?

答:根据《2019 年合肥经济技术开发区促进总部经济发展政策》(2019 年 5 月 9 日发布),区经贸发展局牵头负责管理和服务工作。

10.3淮北市

淮北市,地处苏豫皖三省交界,是安徽省北大门,中原经济区重要成员,淮海经济区核心城市;全国重要的资源型城市,也是一座新兴的现代化工业城市,1960年建市,因煤而建,伴煤发展。截至2018年底,煤炭保有储量47.67亿吨,是全国十三大煤炭生产基地之一,年产原煤2106.27万吨,发电装机容量5350兆瓦,形成煤电、机械制造、纺织服装、新型建材、绿色食品等优势传统产业,陶铝新材料、新型煤化工、电子信息、高端装备制造和生物医药等战略性新兴产业加速发展,工业总量居全省第一方阵。信息咨询、法律服务、电子商务、现代物流、文化旅游、健康养老等现代服务业呈现良好发展势头。在新的发展起点上,淮北市围绕发展转轨、产业转型、城市转向、动力转换,走创新引领的绿色、低碳、循环发展之路,以陶铝新材料等战略新兴性新兴产业为龙头,整体构建绿金经济引擎、绿金支柱产业,实现高碳资源低碳利用、黑金城市绿金发展,着力建设政治生态、经济生态、自然生态"三位一体"的绿金样板城市,全面建成惠及全市人民更高水平的小康社会。

问:淮北市出台的总部经济相关政策有哪些?

答:淮北市出台《淮北市加快发展现代服务业若干政策》(淮政〔2018〕54号),旨在贯彻落实《安徽省人民政府关于印发加快发展现代服务业若干政策的通知》(皖政〔2018〕85号),着力补齐现代服务业短板,加快培育发展新动能,助推全市经济高质量发展,促进城市转型崛起。其中第三条壮大市场主体部分,明确提出支持发展总部经济。

问:总部经济相关政策的主要内容有哪些?

答:《淮北市加快发展现代服务业若干政策》(淮政〔2018〕54号)除去开篇阐明本政策的目的之外,共分十个部分,分别明确了推进集聚发展、加快主辅分离、壮大市场主体、实施重大项目、扩大全面开放、深化重点改革、创新投融资服务、强化人才支撑、提升配置效率、加强组织实施十个问题。其中壮大市场主体部分明确了支持总部经济的相关政策。

问：总部经济相关政策的适用对象有哪些？

答：《淮北市加快发展现代服务业若干政策》（淮政〔2018〕54号）适用于新引进的国际性、全国性、区域性服务业企业总部及国内100强企业研发中心、销售中心、采购中心、结算中心等功能性总部。

问：总部企业可享受哪些鼓励政策？

答：根据《淮北市加快发展现代服务业若干政策》（淮政〔2018〕54号）规定，从市产业引导资金中给予一定资金奖励，同时在土地、税收等方面，按照"一企一策"原则予以支持。

问：总部企业的管理和服务部门有哪些？

答：根据《淮北市加快发展现代服务业若干政策》（淮政〔2018〕54号）规定，成立由市政府常务副市长任组长、市有关部门负责同志参加的市加快发展现代服务业领导小组，统筹协调指导全市现代服务业发展。各县区相应建立服务业发展协调推进机制。

10.4亳州市

亳州市，位于安徽省西北部，北部与河南省商丘市相接，西部接壤河南省周口市，南部接壤安徽省阜阳市，东部接壤安徽省淮北市、蚌埠市。亳州市现有现代中药、白酒、食品制造及农产品加工、汽车及零部件、文化旅游、煤化工及新能源、电子信息、现代服务业、战略性新兴产业、劳动密集型装备制造十大产业。亳州市是全球最大的中药材集散中心和价格形成中心，中原经济区成员城市，皖北旅游中心城市，国家历史文化名城、全国优秀旅游城市。

问：亳州市出台的总部经济相关政策有哪些？

答：亳州市出台《亳州市现代服务业项目招商引资扶持奖励办法》（2018年5月10日发布），旨在进一步优化投资环境，鼓励和吸引投资者在亳州市新建现代服务业项目。

问：总部经济相关政策的主要内容有哪些？

答：《亳州市现代服务业项目招商引资扶持奖励办法》(2018 年 5 月 10
日发布)除去开篇阐明本办法的目的之外,共分十二个部分,分别明确了现
代仓储物流、专业市场、商业综合体、金融机构、星级酒店、电子商务等产业
园区、总部企业、会展经济、社会办医、社会办学、社会办养老机构、其他现代
服务业项目的扶持奖励政策十二个问题。

问：总部经济相关政策的适用对象有哪些？

答：《亳州市现代服务业项目招商引资扶持奖励办法》(2018 年 5 月 10
日发布)适用于总部企业。总部企业包括企业总部、地区总部或功能性总部
(如采购中心、结算中心、销售中心)等机构。

问：总部企业的认定条件有哪些？

答：根据《亳州市现代服务业项目招商引资扶持奖励办法》(2018 年 5 月
10 日发布)规定,总部企业需要满足注册资本在 3000 万元以上,且在亳州市
外全资或控股的分支机构不少于 2 个(房地产企业除外)的企业,在亳州市
注册成立的具有独立法人资格的企业总部、地区总部或功能性总部(如采购
中心、结算中心、销售中心)等机构。

问：总部企业可享受哪些鼓励政策？

答：根据《亳州市现代服务业项目招商引资扶持奖励办法》(2018 年 5 月
10 日发布)规定,总部企业可享受自建或租用办公用房财政奖励、纳税贡献
奖、高管人员奖励等鼓励政策。

(一)自建房或租赁办公用房奖励。总部企业建成并验收后当年缴纳税
收不低于 5000 万元,建设办公用房,全部自持、不进行分割销售的,按照土
地出让金总额 50%的标准给予财政奖励;租赁自用办公用房的,前 3 年按照
租金总额 100%的标准给予财政奖励,后 2 年按照租金总额 50%的标准给予
财政奖励。

(二)贡献奖励。项目自约定建成运营之日起 5 年内缴纳的增值税、企业
所得税地方留成部分,前 2 年按 50%、后 3 年按 25%的标准给予财政奖励。5

年内企业高管人员年缴纳个人所得税地方留成部分，由受益财政给予等额奖励。高管人员包括董事长、副董事长、总经理、副总经理、监事长、总经济师、总会计师或相当层级职务的人员，每家企业不超过 10 名。

10.5 宿州市

宿州市，地处皖苏鲁豫四省接壤的中原用地，区位优越、交通便捷，是连接南北、沟通东西的通衢要冲，素有"皖北锁钥、徐南形胜"之誉。宿州市拥有宿州经济开发区，区内有中国现代制鞋产业城、生物医药化工产业园、汽车及高端装备制造产业园、新材料及新能源产业、电商物流产业。2018 年，宿州经济开发区生物医药科技园原料药制造项目入选省重大新兴产业工程；绿地科技产业园项目落户宿马园区；鞋城在中国轻工业产业集聚区综合评比中名列前茅。项目建设提速提效，607 个省亿元以上重点项目完成投资 680 亿元。质量品牌提升工程成效明显，新增安徽名牌产品 16 个。现代服务业有效提升，成功创建省级服务业集聚区、集聚示范园区各 1 家；新增国家级服务标准化试点单位 1 家、省级 3 家。

问：宿州市出台的总部经济相关政策有哪些？

答：宿州市出台《宿州市促进招商引资若干政策》（宿政办秘〔2018〕1 号），旨在切实鼓励和吸引各类投资者在宿州市投资兴业，推动经济社会加快发展。其中强调给予总部经济项目以相应扶持。

问：总部经济相关政策的主要内容有哪些？

答：《宿州市促进招商引资若干政策》（宿政办秘〔2018〕1 号）按照规范文件体例分总则、分则、附则共十章二十二条。第一章包括第一至三条，分别明确了本政策的目的、重点扶持产业、适用对象；第二章包括第四、五条，明确了用地（用房）扶持；第三章包括第六、七条，明确了固定资产投资扶持；第四章包括第八、九条，明确了金融扶持；第五章包括第十至十二条，明确了生产经营扶持；第六章包括第十三条，明确了外商投资扶持；第七章包括第十四、十五条,分别明确了总部经济项目扶持、鼓励发展现代服务业和特色农业;第八章包括第十六、十七条,明确了扶持资金申报和审批;第九章包括第十八至二十条,明确了优化营商环境;第十章包括第二十一、二十二条,分别明确了执行机制、解释权和施行日期。

问:总部经济相关政策的适用对象有哪些?

答:《宿州市促进招商引资若干政策》(宿政办秘〔2018〕1号)适用于总部企业或区域性总部、国内外大型企业的各类功能性机构。

问:总部企业的认定条件有哪些?

答:《宿州市促进招商引资若干政策》(宿政办秘〔2018〕1号)适用于总部企业或区域性总部。总部企业或区域性总部是指具有独立法人资格,在宿州市域内注册登记,总部或分支机构设在宿州市的企业。

国内外大型企业设立营销中心、采购中心、物流中心、结算中心、投资中心、信息中心等具有法人资格的分支机构,符合总部财务管理等有关规定及运作方式的企业。

问:总部企业可享受哪些鼓励政策?

答:根据《宿州市促进招商引资若干政策》(宿政办秘〔2018〕1号)规定,总部企业可享受企业初设奖励、自建或租用办公场地补助,同时依据企业综合贡献情况,给予企业和高管人员一定年限和数额的奖励。具体数额比例、高管人员认定和名额由各县区、市管园区自行确定。

《灵璧县鼓励工业投资优惠政策规定的通知》(2018年2月3日)支持发展总部经济,并给予相应鼓励政策。

(一)对企业在灵璧县设立总部以及具有总部经济特征的功能性机构,年实现税收500万元及以上的,8年内每年按企业在灵璧县缴纳税收县级实际留成部分60%给予奖励;企业属于世界500强、中国500强或所设功能性机构具有重要战略意义的,经相关部门认定,对其奖励实行"一事一议"。

(二)经认定的销售中心(房地产业除外)、运营中心、研发中心功能型总部发展升级为综合型总部的,给予一次性100万元奖励。

（三）经认定的总部企业租用、购置、新建办公用房的,按一定比例或标准给予办公用房补贴,综合型总部企业单项最高可补贴 200 万元,功能型总部企业单项最高可补贴 100 万元。

《泗县加快总部经济发展奖励暂行办法》(2017 年 8 月 11 日)规定,企业总部或区域性总部(总部经济)可享受税收奖励、购房或租房补贴、重大贡献"一事一议"奖补、注册登记便利、人才奖励等政策。

问:总部企业的管理和服务部门有哪些?

答:根据《宿州市促进招商引资若干政策》(宿政办秘〔2018〕1 号)规定,市招商引资工作领导小组办公室牵头会同相关部门负责管理和服务工作。

10.6蚌埠市

蚌埠市,简称蚌,别称珠城,是安徽省下辖市。蚌埠市地处安徽省东北部、淮河中游,全国重要的综合交通枢纽,长三角城市群成员城市,宿淮蚌都市圈城市,有皖北中心城市、淮畔明珠之称;是全国文明城市、全国双拥模范城市、国家园林城市、国家生态文明先行示范区、全国百个宜居城市、中部地区老工业基地城市、安徽省重要的加工制造业基地、合芜蚌自主创新综合试验区核心城市。蚌埠市已经形成了以硅基新材料为龙头,生物制造、智能装备制造、高端电子器件为主导的"1+3"创新产业体系。蚌埠硅基新材料产业园被安徽省政府批准为首批战略性新兴产业集聚发展基地。

问:蚌埠市出台的总部经济相关政策有哪些?

答:蚌埠市出台《关于促进总部经济发展的意见(试行)》(蚌政秘〔2019〕5 号),旨在鼓励和促进总部经济发展,进一步提升蚌埠市产业总体竞争力。

问:蚌埠市总部经济相关政策的适用对象有哪些?

答:蚌埠市《关于促进总部经济发展的意见(试行)》(蚌政秘〔2019〕5 号)适用于总部企业。总部企业是指在本市注册并依法开展经营活动,对一定区域内的控股企业或分支机构行使投资控股、运营决策、集中销售、财务结算等管理服务职能的企业法人机构。

问：总部企业的认定条件有哪些？

答：根据《关于促进总部经济发展的意见（试行）》（蚌政秘〔2019〕5号）规定，总部企业的投资主体不限。凡符合条件的企业，均可申请总部企业的认定。申请认定总部企业，须具备以下基本条件：

（一）在蚌埠市工商登记注册，具有独立法人资格，分支机构或授权管理的企业原则上不少于3家（其中至少有1家在蚌埠市外并在蚌埠市纳税），实行统一核算并在蚌埠市汇总缴纳企业所得税，上一年度地方经济发展贡献额不少于500万元。

（二）符合蚌埠市产业发展方向，企业所属产业为先进制造业、金融服务业、现代物流业、高端商贸业、现代农业、电子商务业、科技服务业、软件和信息技术服务业、文化创意产业之一。

（三）先进制造业（包括新材料、电子信息、高端装备等）、金融服务业企业在本市实缴注册资本为5000万元以上，现代物流业、高端商贸业企业在本市实缴注册资本为2000万元以上，现代农业、电子商务业企业在本市实缴注册资本为1000万元以上，科技服务业、软件和信息技术服务业、文化创意产业企业在本市实缴注册资本为500万元以上。

问：总部企业可享受哪些鼓励政策？

答：根据《关于促进总部经济发展的意见（试行）》（蚌政秘〔2019〕5号）规定，总部企业可享受落户补助、经营贡献奖励、办公用房补助、上市奖励、人才激励、其他奖励。

问：总部企业的管理和服务部门有哪些？

答：根据《关于促进总部经济发展的意见（试行）》（蚌政秘〔2019〕5号）规定，市发改委会同各行业主管部门负责总部企业的管理和服务等相关工作。

10.7阜阳市

阜阳市,简称阜,古称汝阴、顺昌、颍州,位于安徽省西北部,华北平原南端。西北部与河南省周口市,西部与河南省新蔡县相邻,西南部与河南省信阳市相接,北部、东北部与亳州市毗邻,东部与淮南市相连,南部与六安市隔淮河相望。阜阳市位居豫皖城市群、大京九经济协作带,是中原经济区规划建设的东部门户城市之一,是东部地区产业转移过渡带。2018 年,阜阳市实现地区生产总值(GDP)1759.5 亿元;截至 2018 年底,阜阳市有高新技术企业224 家, 增长 51.4%; 全年高新技术产业产值增长 27.0%。全年专利申请13065 件,增长 26.4%。其中,发明专利 6244 件,实用新型专利 5780 件,外观设计专利 1041 件。

问:阜阳市出台的总部经济相关政策有哪些?

答:阜阳市出台《阜阳市鼓励外来投资若干规定》(阜政发〔2013〕28 号),旨在进一步鼓励外来投资,增强经济发展后劲,加快对外开放步伐,根据国家有关法律法规和政策规定,对来阜阳市投资总量较大、牵动性较强的重大工业项目、服务业项目和民生类项目,将给予相应政策支持。

问:总部经济相关政策的主要内容有哪些?

答:《阜阳市鼓励外来投资若干规定》(阜政发〔2013〕28 号)除去开篇阐明本规定的目的之外,共分六章二十九条。第一章包括第一至十条,明确了工业项目的扶持政策;第二章包括第十一至十六条,明确了总部经济和服务业项目的扶持政策;第三章包括第十七条,明确了金融支持政策;第四章包括十八、十九条,明确了可以采用"一事一议"办法给予更加优惠政策扶持的重大项目范围;第五章包括第二十至二十四条,明确了投资服务相关事宜;第六章包括第二十五至二十九条,分别明确了参照执行、施行日期等相关事宜。

问：总部经济相关政策的适用对象有哪些？

答：《阜阳市鼓励外来投资若干规定》（阜政发〔2013〕28 号）中有关总部经济的规定适用于总部型非工业企业或区域型运营总部、总部型非工业企业及股份制商业银行的设立分支机构。

问：总部企业的认定条件有哪些？

答：根据《阜阳市鼓励外来投资若干规定》（阜政发〔2013〕28 号）规定，总部型非工业企业或区域型运营总部，包括销售中心、采购中心、结算中心、研发中心入驻阜阳市，在阜阳市依法进行工商注册、税务登记且从阜阳市外归集到阜阳市的纳税额超过企业全部纳税额 50%以上。

问：总部企业可享受哪些鼓励政策？

答：根据《阜阳市鼓励外来投资若干规定》（阜政发〔2013〕28 号）规定，总部型非工业企业或区域型运营总部可享受纳税贡献奖励。

总部型非工业企业及股份制商业银行在阜阳市设立分支机构，可享受用房补贴、规费免缴等。

问：总部企业的管理和服务部门有哪些？

答：根据《阜阳市鼓励外来投资若干规定》（阜政发〔2013〕28 号）规定，市招商局负责牵头负责总部企业相关管理和服务工作。

10.8 铜陵市

铜陵市，位于安徽省中南部、长江下游，北接合肥，南连池州，东邻芜湖，西临安庆，是长江经济带重要节点城市和皖中南中心城市。铜陵市物产丰饶，探明的稀有金属矿种有 30 余种，其中铜、黄金、白银和石灰石储量全省第一，硫铁矿储量华东第一、全国第二；农产品种类齐全，白姜、丹皮是国家地理标志保护产品，枞阳媒鸭、枞阳黑猪获得国家地理标志认证商标，优质淡水鱼、大闸蟹、粮棉油产量丰富，素有"八宝之地""鱼米之乡"的美誉。铜陵市是"中国古铜都，当代铜基地"，新中国第一个铜工业基地，第一炉铜水、第一块铜锭出产地,第一支铜业股票发行地,安徽省首个千亿元企业诞生地。建市 60 年来,始终坚持工业强市战略,逐步形成了以铜、化工为主导,电子信息、装备制造、节能环保等齐头并进的产业发展格局,是全国八大有色金属工业基地之一,也是全国重要的硫磷化工基地、国家级电子材料产业基地、长江流域重要的建材生产基地。现有千亿元以上企业 1 家,百亿元企业 2 家,上市公司 6 家,工业化率达 60.3%。铜陵有色公司是全国第一、世界第二的电解铜生产企业,精达公司是全国第一、世界第三的特种电磁线生产企业。

问:铜陵市出台的总部经济相关政策有哪些?

答:铜陵市出台《铜陵市关于促进总部经济发展若干政策》(铜政办〔2018〕28 号),旨在鼓励境内外企业及其他组织机构在铜陵市设立总部,优化铜陵市产业结构和城市功能,推进经济社会转型。

问:总部经济相关政策的主要内容有哪些?

答:铜陵市出台《铜陵市关于促进总部经济发展若干政策》(铜政办〔2018〕28 号)除去开篇阐明本政策的目的之外,共分三章五条。第一章包括第一、二条,明确了总部企业的认定条件;第二章包括第三条,明确了总部企业可享受的优惠政策;第三章包括第四条,明确了总部企业履约保障;第四章包括第五至七条,明确了政策实施的相关事宜。

问:总部经济相关政策的适用对象有哪些?

答:《铜陵市关于促进总部经济发展若干政策》(铜政办〔2018〕28 号)适用于总部企业。总部企业分为区域性总部和功能性总部。

问:区域性总部的认定条件有哪些?

答:根据《铜陵市关于促进总部经济发展若干政策》(铜政办〔2018〕28 号)规定,总部企业是指经认定的在本市注册并依法开展经营活动,对其控股企业或分支机构行使管理和服务职能的企业法人机构（不含房地产开发项目性公司）,分为区域性总部和功能性总部,且工商注册、税务征管及统计关系在本市,有健全的财务制度,具备独立法人资格且征信良好,并具备以下条件:

(一)区域性总部是指综合竞争能力强,能够履行跨市以上范围综合管理和服务职能的总部企业。包括集团最高总部及其授权的区域总部。应满足如下条件:

1.全资或绝对控股公司、分公司不少于2家(不少于1个为市外企业),且本企业营业收入的20%以上来自前述全资或控股企业。

2.制造业企业年度营业收入不低于5亿元,且缴纳税收不低于1000万元;非制造业企业营业收入不低于1亿元,且缴纳税收不低于500万元(不含房地产业)。

3.本市现有制造业企业在本市投资设立的独立法人区域销售总部,其全资或绝对控股公司、分公司不少于2家(不少于1个为市外企业),年营业收入5亿元以上,且年度缴纳税收不低于1000万元,视同为区域性总部;原则上不允许本市现有制造业企业跨区设立总部,若确实需要跨区发展的,则同步调整收入和财力基数。

4.上市公司直接认定为区域性总部。

(二)功能性总部是指经母公司(集团)授权,主要承担为母公司(集团)关联企业提供研发、物流、采购、销售、财务等其他营运职能的企业总部。应满足下列条件:

1.与本企业隶属于同一母公司(集团),并由本企业提供专属管理或服务的关联企业、机构实体不少于2个,且本企业功能性营业收入的50%以上来自前述关联企业、机构实体(不含房地产业)。

2.当年度功能性总部企业年度营业收入不低于1亿元,且缴纳税收不低于500万元。

问:总部企业可享受哪些鼓励政策?

答:根据《铜陵市关于促进总部经济发展若干政策》(铜政办〔2018〕28号)规定,符合区域性总部和功能性总部的企业,可享受项目落户奖、经营贡献奖、办公用房补贴、高管人才奖励、支持做大做强、鼓励兼并重组和回归、鼓励主辅分离、重点项目扶持等优惠政策。

问:总部企业的管理和服务部门有哪些?

答:根据《铜陵市关于促进总部经济发展若干政策》(铜政办〔2018〕28号)规定,市招商局负责牵头总部企业管理和服务等相关工作。

11. 福建省

11.1 福建省

福建省,简称"闽",位于中国东南沿海,东北与浙江省毗邻,西面、西北与江西省接界,西南与广东省相连,东面隔台湾海峡与台湾省相望。2014 年 12 月 31 日,国务院正式批复设立中国(福建)自由贸易试验区,成为中国大陆境内继上海自贸区之后的第二批自贸试验区,共 118.04 平方千米,包括平潭、厦门、福州省 3 个片区。福建省是中国最具成长性和竞争力的新兴区域。2018 年,新设外商直接投资企业 2419 家,比 2017 年增长 18.5%。实际利用外商直接投资 305.3 亿元(折合 44.5 亿美元),增长 3.0%。

问:福建省出台的总部经济相关政策有哪些?

答:福建省出台《关于印发进一步促进总部经济发展指导意见的通知》(闽财税〔2017〕6 号)和《关于做好 2019 年利用外资专项资金项目申报工作的通知》(2019 年 5 月 24 日),旨在促进各地积极有效利用外资,推进福建省外资高质量发展。

问:福建省总部经济相关政策的适用对象有哪些?

答:《关于印发进一步促进总部经济发展指导意见的通知》(闽财税〔2017〕6 号)适用于跨国公司总部。

问:总部企业的认定条件有哪些?

答:根据福建省财政厅《关于印发进一步促进总部经济发展指导意见的

通知》(闽财税〔2017〕6号)规定,新引进总部企业的认定条件有:①在福建省内进行工商登记注册,具有独立法人资格,实行统一核算,并在省内汇总缴纳企业所得税;②总部企业投资或授权管理和服务的企业在3个以上;③营业收入中来自下属企业和分支机构的比例高于20%;④年度入库税收(不含海关税收)高于1000万元人民币。

问:总部企业可享受哪些鼓励政策?

答:根据福建省商务厅《关于做好2019年利用外资专项资金项目申报工作的通知》(2019年5月24日)规定,对境外世界500强企业、全球行业龙头企业、台湾百大企业来闽设立综合性总部或营运中心、研发中心、销售中心、结算中心等职能总部,实际到资500万美元以上,按3%给予最高1000万元一次性开办奖励。

11.2福州市

福州市,别称榕城,简称"榕",福建省省会,位于福建省东部、闽江下游及沿海地区。建城于公元前202年,历史上长期作为福建的政治中心。福州市是海峡西岸经济区的政治、经济、文化、科研中心以及现代金融服务业中心,国务院批准的首批14个对外开放的沿海港口城市之一,海上丝绸之路门户以及中国(福建)自由贸易(试验)区三片区之一;福州市也是近代中国最早开放的五个通商口岸之一,福州马尾是中国近代海军的摇篮、中国船政文化的发祥地、中国近代航空事业发源地、近代中国新式教育发端地,中法马江海战古战场的历史印记和文化遗存;曾获"综合实力五十强城市""中国优秀旅游城市""国家卫生城市""国家园林城市""全国环保模范城市""全国双拥模范城市""国家历史文化名城""全国文明城市""全国宜居城市""福布斯中国大陆最佳商业城市百强城市"等称号。

问:福州市出台的总部经济相关政策有哪些?

答:福州市出台《关于加快我市总部经济发展的八条措施》(榕委发〔2017〕

5 号)、《福州市人民政府办公厅关于成立总部经济发展工作推进小组的通知》(榕政办〔2019〕28 号)、《福州市总部企业认定和扶持实施细则》(榕发改服外〔2017〕34 号)、《福州市城乡建设委员会福州市财政局关于福州市建筑业总部经济奖励有关事项的通知》(榕建筑〔2017〕12 号)、《福州市鼓励加快总部经济发展实施办法》(榕政综〔2011〕191 号),旨在发展福州市总部经济以及行业性总部经济。

问:总部经济相关政策的主要内容有哪些?

答:《关于加快我市总部经济发展的八条措施》(榕委发〔2017〕5 号)共计八条。第一至三条分别明确了综合型总部企业认定条件及其鼓励政策;第四、五条分明明确了职能总部认定条件及其鼓励政策;第六条明确了经认定的总部企业可享受的人才优惠政策;第七、八条分别明确了建筑业和金融业总部企业的鼓励政策。

《福州市人民政府办公厅关于成立总部经济发展工作推进小组的通知》(榕政办〔2019〕28 号),明确了总部经济发展工作推进小组的构成。

《福州市总部企业认定和扶持实施细则》(榕发改服外〔2017〕34 号)按照规范性文件体例分总则、分则、总则共五章十四条。第一章包括第一、二条,分别明确了本细则的目的、适用对象;第二章包括第三至七条,分别明确了不同类型总部企业的认定条件;第三章包括第八至十条,分别明确了不同鼓励政策;第四章包括第十一条,明确了复核制度;第五章包括第十二至十四条,分别明确了解释权、施行日期和有效期、金融类政策执行。

《福州市城乡建设委员会福州市财政局关于福州市建筑业总部经济奖励有关事项的通知》(榕建筑〔2017〕12 号)除去开篇阐明本奖励的目的之外,共分三条,分别明确了奖励对象及奖励额度、奖励申报程序、扶持奖励资金构成等事宜。

《福州市鼓励加快总部经济发展实施办法》(榕政综〔2011〕191 号)共分四个部分,分别明确了总部企业认定条件和扶持政策、认定审核程序和申报材料、保障机制、施行日期和有效期等事项。

问：总部经济相关政策的适用对象有哪些？

答：《关于加快我市总部经济发展的八条措施》(榕委发〔2017〕5号)、《福州市总部企业认定和扶持实施细则》(榕发改服外〔2017〕34号)、《福州市鼓励加快总部经济发展实施办法》(榕政综〔2011〕191号)适用于总部企业。总部企业的认定条件和扶持政策等按照《福州市人民政府关于印发福州市鼓励加快总部经济发展实施办法的通知》(榕政综〔2011〕191号)等执行，有关总部经济扶持政策与上述政策不一致的，按照"就高不重复"原则执行。

《福州市城乡建设委员会福州市财政局关于福州市建筑业总部经济奖励有关事项的通知》(榕建筑〔2017〕12号)适用于建筑行业总部企业。

问：新设立总部企业的认定条件有哪些？

答：根据《福州市鼓励加快总部经济发展实施办法》(榕政综〔2011〕191号)规定，凡在福州市新注册设立的且同时具备以下条件的企业，可认定为新引进的总部企业：

(一)在福州市境内工商登记注册和税务登记，具有独立法人资格，实行统一核算，并在福州市境内汇总缴纳企业所得税。

(二)总部企业投资或授权管理和服务的企业不少于3个。

(三)营业收入中来自下属企业和分支机构的比例不低于20%。

(四)实际到位注册资本金不低于5000万元人民币；中介服务、研发机构、软件、动漫创意、文化产业等总部企业实际到位注册资金不低于1000万元。

(五)年度入库税收(不含海关税收)在全省纳税不低于1000万元；中介服务、研发机构、软件、动漫创意、文化产业等总部年度入库税收(不含海关税收)在全省纳税不低于500万元。

(六)经特别批准的总部企业，企业未能达到以上认定条件，但企业具有行业领军优势地位或新兴产业、对市财政或经济增长贡献大，经市总部经济发展工作领导小组会议讨论通过，可适当放宽认定条件。

问:现有总部企业的认定条件有哪些?

答:根据《福州市鼓励加快总部经济发展实施办法》(榕政综〔2011〕191号)规定,已经在福州市注册设立的且同时具备以下条件的企业,可认定为现有总部企业。

(一)在福州市境内工商登记注册和税务登记,具有独立法人资格,实行统一核算,并在福州市境内汇总缴纳企业所得税。

(二)总部企业投资或授权管理和服务的企业不少于3个。

(三)营业收入中来自下属企业和分支机构的比例不低于20%。

(四)实际到位注册资金不低于5000万元人民币;对于中介服务、研发机构、软件、动漫创意、文化产业等总部,实际到位注册资金不低于1000万元。

(五)上年度在全省纳税不低于1000万元,在本市纳税额不低于500万元;对于中介服务、研发机构、软件、动漫创意、文化产业等总部上年度在本市纳税额不低于300万元。

(六)企业所有具有独立法人资格的子公司应全部改制为分支机构。

(七)经特别批准的总部企业,未能达到以上认定条件,但企业具有行业领军优势地位或新兴产业、对市财政或经济增长贡献大,经市总部经济发展工作领导小组会议讨论通过,可适当放宽认定条件。

问:省外企业新设立子公司或分支机构改为子公司的认定条件有哪些?

答:根据《福州市鼓励加快总部经济发展实施办法》(榕政综〔2011〕191号)规定,省外企业新设立子公司或分支机构改为子公司的认定需要满足下列条件:

(一)省外企业在福州市新设立独立法人资格的子公司或将福州市分支机构改为子公司。

(二)在福州市境内工商登记注册和税务登记,具有独立法人资格,实行统一核算,并在福州市境内缴纳企业所得税。

问:职能总部的认定条件有哪些?

答:根据《关于加快我市总部经济发展的八条措施》(榕委发〔2017〕5号)、《福州市总部企业认定和扶持实施细则》(榕发改服外〔2017〕34号)规定,在福州市工商登记注册和税务登记,具有独立法人资格,实行统一核算,属于其母公司的全资或绝对控股(股权占比超50%)子公司,且符合以下条件的,可认定为相应的职能型总部:

(一)同时具备以下条件的企业,可认定为销售中心职能总部:

1.年销售额(营业收入)在5亿元以上,且按程序如实上报统计数据。

2.实收资本不低于3000万元(或500万美元)。

3.年纳税额1500万元以上。

(二)同时具备以下条件的企业,可认定为运营中心职能总部:

1.在福州市汇总缴纳企业所得税。

2.上年度在福州市营业额达到3亿元(含)以上。

3.上年度其母公司的资产总额20亿元以上。

4.在中国境内的分支机构不少于2个,其中福州市外不少于1个,且对其负有管理和服务职能。

(三)同时具备以下条件的企业,可认定为研发中心职能总部:

1.实收资本1000万元以上。

2.上年度在福州市纳税额300万元以上。

3.具备完善的研究、开发、实验条件,且用于研究开发的仪器设备(含软件)原值不低于1000万元。

4.具有稳定的研发经费来源,上年度研究开发经费支出总额不低于3000万元。

5.具有稳定的研发队伍,常驻专职研发人员不少于30人。

问:综合型总部企业的认定条件有哪些?

答:根据《福州市总部企业认定和扶持实施细则》(榕发改服外〔2017〕34号)规定,综合型总部企业须具备以下条件:

第三条 申请综合型总部企业认定的企业,应具备以下基本条件:

(一)在福州市工商登记注册和税务登记,具有独立法人资格,实行统一核算,并在福州市汇总缴纳企业所得税。

(二)符合福州市产业发展政策。

(三)投资或授权管理和服务的企业不少于 3 个,其中福州市外不少于 2 个,且对其负有管理和服务职能。

(四)营业收入中来自下属分支机构的比例不低于 20%。

第四条 在符合第三条规定的基础上,属于以下三类的企业可直接认定为综合型总部企业:

(一)世界 500 强(福布斯)、中国企业 500 强(中国企业家协会)、中国服务业企业 500 强(中国企业家协会)等企业在福州市新设立具有独立法人资格的总部或区域总部。

(二)国家和中央部门确定的大企业(集团)在福州市新设立具有独立法人资格的总部或其投资设立的区域总部。

(三)台湾经济主管部门认定的台湾百大企业在福州市新设立具有独立法人资格的总部或其投资设立的区域总部。

第五条 未符合第四条规定的企业,在符合第三条的基础上,可按以下分类申请综合型总部企业的认定:

(一)制造业总部企业,上年度在福州市纳税额 3000 万元(含)以上。

(二)建筑业总部企业,总部或其下属企业资质等级 1 级以上且连续两年在福州市纳税额 3000 万元(含)以上。

(三)商贸服务业、物流业等总部企业,上年度在福州市纳税额 2000 万元(含)以上。

(四)科技、信息、中介服务业等总部企业,上年度在福州市纳税额 1000 万元(含)以上。

(五)动漫、创意设计、文化产业等总部企业,上年度在福州市纳税额 500 万元(含)以上。

(六)旅游业总部企业,上年度在福州市纳税额 300 万元(含)以上。

(七)现代农业总部企业,上年度在福州市纳税额 200 万元(含)以上。

(八)其他总部企业,上年度在福州市纳税额 3000 万元(含)以上。

第六条 未符合第三条第(三)点,但符合第四条(一)至(三)点条件之一的,且上年度在福州市纳税额 3000 万元(含)以上的企业,可直接认定为综合型总部企业。

根据《关于加快我市总部经济发展的八条措施》(榕委发〔2017〕5 号)规定,2015 年(含)以后在福州市新注册且注册后 5 年内认定的总部企业可视为新引进总部企业。

世界 500 强(福布斯)、中国企业 500 强(中国企业家协会)、中国服务业企业 500 强(中国企业家协会)等企业在福州市新设立具有独立法人资格的总部或区域总部,上年度在福州市纳税额 3000 万元(含)以上,可直接认定为综合型总部企业。

问:新设立总部企业可享受哪些鼓励政策?

答:根据《福州市鼓励加快总部经济发展实施办法》(榕政综〔2011〕191号)规定,新设立总部企业可享受开办补助、用地优惠、办公用房补助、经营贡献奖励、规费减免、人才支持等鼓励政策。

问:现有总部企业可享受哪些鼓励政策?

答:根据《福州市鼓励加快总部经济发展实施办法》(榕政综〔2011〕191号)规定,现有总部企业可享受用地优惠、办公用房补助、经营贡献奖励、人才支持等鼓励政策。

问:省外企业新设立子公司或分支机构改为子公司可享受哪些鼓励政策?

答:根据《福州市鼓励加快总部经济发展实施办法》(榕政综〔2011〕191号)规定,省外企业新设立子公司或分支机构改为子公司可享受经营贡献奖励、规费减免等鼓励政策。

问：职能总部可享受哪些鼓励政策？

答：根据《关于加快我市总部经济发展的八条措施》（榕委发〔2017〕5 号）规定，经认定的销售中心职能总部、运营中心职能总部、研发中心职能总部可享受以下政策：

（一）2015 年以后（含）新注册的销售、运营、研发中心职能总部按照实收资本的 1%~3% 给予开办补助，最高可享受 1000 万元。

（二）经认定的销售、运营、研发中心职能总部可享受最高 500 万元的办公用房补助，最高 500 万元的经营贡献奖。

（三）对销售、运营、研发中心职能总部升级为综合型总部的，给予 200 万元的资金奖励。

根据《福州市总部企业认定和扶持实施细则》（榕发改服外〔2017〕34 号）规定，销售中心职能总部可享受开办补助、经营贡献奖励、办公用房补助等鼓励政策。经认定的销售中心职能总部，如符合相关认定要求，可继续享受福州市主辅分离相关政策，原则上按照"就高不就低"享受单项优惠政策。运营中心职能总部可享受开办补助、经营贡献奖励、办公用房补助等鼓励政策。研发中心职能总部可享受开办补助、经营贡献奖励、办公用房补助、科技项目扶持等鼓励政策。职能型总部企业还可以享受成长激励奖励、人才激励政策等。

问：综合型总部企业可享受哪些鼓励政策？

答：根据《关于加快我市总部经济发展的八条措施》（榕委发〔2017〕5 号）规定，综合型总部企业可享受下列鼓励性政策：

（一）经认定的综合型总部企业自 2016 年起，首次被评定为中国服务业企业 500 强的，给予一次性 200 万元奖励；首次被评定为中国企业 500 强的，给予一次性 500 万元奖励；首次被评定为世界企业 500 强的，给予一次性 2000 万元奖励。

（二）经认定的综合型总部企业在市域外增设分支机构的，按照新设分支机构每年汇缴本市税收地方留成部分的 30% 给予奖励。

问：建筑业总部企业可享受哪些鼓励政策？

答：根据《关于加快我市总部经济发展的八条措施》（榕委发〔2017〕5号）、《福州市城乡建设委员会福州市财政局关于福州市建筑业总部经济奖励有关事项的通知》（榕建筑〔2017〕12号）规定，鼓励建筑业总部经济快速发展。

（一）对注册地迁入福州市的市外建筑业企业，按其迁入当年在榕统计的产值达到15亿元且纳税达到1500万元以上的，一次性给予120万元奖励；企业产值每增加10亿元且纳税每增加800万元的，奖励金额增加50万元。

（二）对在福州市设立企业总部或子公司的建筑安装企业（子公司应为独立法人公司，或者授权福州分公司进行工程款决算）在市外建筑服务或福州市企业在市外建筑服务，并在福州市缴纳增值税的，按其汇缴本市税收地方留成部分的30%给予奖励。

（三）晋升特级资质的一次性奖励300万元；晋升总承包一级资质的奖励100万元，晋升专业承包一级资质的奖励50万元。

问：金融机构总部企业可享受哪些鼓励政策？

答：根据《关于加快我市总部经济发展的八条措施》（榕委发〔2017〕5号）规定，鼓励金融机构在福州市设立总部。

（一）在本市新注册成立的银行、证券、保险、期货、信托、金融租赁、消费金融、财务公司、金融控股、资产管理公司等各类法人金融机构总部，注册资本在1亿元至2亿元的，给予200万元的奖励；注册资本超过2亿元的，按每增加1亿元增加100万元奖励，奖励最高限额1000万元。

（二）在本市新设立地区总部（非法人）的境内外银行、证券机构，营运资金在5000万元至1亿元的，奖励50万元；营运资金在1亿元至2亿元的，奖励150万元；营运资金在2亿元以上的，奖励200万元。对在本市新成立地区总部（非法人）的境内外保险机构，给予一次性奖励50万元。

问：总部企业的管理和服务部门有哪些？

答，根据《福州市人民政府办公厅关于成立总部经济发展工作推进小组的通知》(榕政办〔2019〕28 号)规定,决定成立总部经济发展工作推进小组。成员由市直有关单位、各县(市)区政府分管领导组成,工作小组下设办公室。

11.3厦门市

厦门市,别称鹭岛,简称鹭,福建省副省级城市、经济特区,东南沿海重要的中心城市、港口及风景旅游城市。厦门市位于福建省东南端,西界漳州、北邻南安和晋江、东南与大小金门和大担岛隔海相望,是闽南地区的主要城市,与漳州、泉州并称厦漳泉闽南金三角经济区。2018 年,新批外商投资项目1215 个,引进千万美元以上项目 104 个,其中新批项目 70 个,增资项目 34个。截至 2018 年底,累计共有 62 个全球 500 强公司在厦门市投资 112 个项目,实际使用外资 30.27 亿美元。国家高新技术企业 1626 家;国家技术先进型服务企业 37 家;科技小巨人企业 692 家;科技企业孵化器 28 家,其中国家级 5 家。

问:厦门市出台的总部经济相关政策有哪些?

答:厦门市出台《厦门市进一步促进总部经济发展的若干规定》(厦府办〔2018〕72 号),旨在为鼓励和促进厦门市总部经济的发展,增强中心城市的辐射带动功能,提升城市国际化水平。

《厦门市总部企业、成长型企业认定及财税扶持申报指南》(2019 年 1 月2 日发布),旨在贯彻落实《厦门市进一步促进总部经济发展的若干规定》(厦府办〔2018〕72 号),明确总部企业和成长型企业认定管理和财政扶持办理要求。

问:总部经济相关政策的主要内容有哪些?

答:《厦门市进一步促进总部经济发展的若干规定》(厦府办〔2018〕72号)按照规范文件体例分总则、分则、附则共五章十七条。第一章包括第一至三条,分别明确了本规定的目的、总部企业界定、重点吸引对象;第二章包括

第四至六条,分别明确了认定机构、认定原则、认定条件;第三章包括第七至十条,明确了总部企业可享受的鼓励政策;第四章包括第十一至十五条,明确了监督管理相关事宜;第五章包括第十六、十七条,分别明确了解释权、施行日期。

问:总部经济相关政策的适用对象有哪些?

答:《厦门市进一步促进总部经济发展的若干规定》(厦府办〔2018〕72号)适用于总部企业。总部企业是指境内外大中型企业在厦门市注册设立,对较大区域内的控股企业、分支机构或关联企业行使投资、管理和服务职能,并且经本市有关部门认定的法人商事主体和合伙企业。

重点吸引跨国公司、国内大型企业集团及台湾知名企业来厦门市设立总部;培育成长型企业,大力吸引市域外行业领先企业来厦门市发展。

问:总部企业的认定条件有哪些?

答:根据《厦门市进一步促进总部经济发展的若干规定》(厦府办〔2018〕72号)规定,总部企业须满足以下条件:

(一)2017年1月1日以后在本市办理商事登记、实行同意结算并在本市缴纳所得税,设立后2个日历年度内达到以下认定条件的法人商事主体和合伙企业(不包含房地产开发经营企业)。

(二)年度营业收入不低于2亿元,专业服务、研发机构、软件和信息服务业、电子商务、动漫创意、文化产业、金融科技、互联网金融等企业的年度营业收入不低于1亿元。

(三)年度缴纳所得税、增值税(包括企业所得税、增值税和合伙企业的个人合伙人在厦门市缴纳的个人所得税,不包括企业在本市开发房地产、销售和出租不动产的税收)地方留成不低于3000万元。其中,专业服务、研发机构、软件和信息服务业、电子商务、动漫创意、文化产业、金融科技、互联网金融等企业年度缴纳所得税、增值税地方留成不低于1500万元。申请企业注册成立后,申请企业和(或)其母公司在厦门市投资新设立的绝对控股公司所缴纳的企业所得税、增值税地方留成可一并计入。

（四）承诺在厦门市经营期限不少于 10 年。

问：成长型企业的认定条件有哪些？

答：根据《厦门市进一步促进总部经济发展的若干规定》（厦府办〔2018〕72 号）规定，成长型企业须满足以下条件：

（一）2017 年 1 月 1 日以后在本市办理商事登记、实行统一结算并在本市缴纳所得税，设立后 3 个日历年度内达到以下认定条件的法人商事主体和合伙企业（不包含房地产开发经营企业）。

（二）年度营业收入（或产值）不低于 5000 万元。

（三）年度缴纳所得税、增值税（包括企业所得税、增值税和合伙企业的个人合伙人在厦门市缴纳的个人所得税，不包括企业在本市开发房地产、销售和出租不动产的税收）地方留成不低于 500 万元。申请企业注册成立后，申请企业和（或）其母公司在厦门市投资新设立的绝对控股公司所缴纳的企业所得税、增值税地方留成可一并计入。

（四）承诺在厦门市经营期限不少于 10 年。

问：总部企业可享受哪些鼓励政策？

答：根据《厦门市进一步促进总部经济发展的若干规定》（厦府办〔2018〕72 号）规定，鼓励市域外企业在厦门市设立总部，根据本规定认定的总部企业，可享受办公用房补助、经营贡献奖励、人才激励政策等鼓励扶持政策。

问：成长型企业可享受哪些鼓励政策？

答：根据《厦门市进一步促进总部经济发展的若干规定》（厦府办〔2018〕72 号）规定，鼓励市域外企业来厦发展，根据本规定认定的成长型企业，可享受办公用房补助、经营贡献奖励、人才激励政策等鼓励扶持政策。

问：总部企业的管理和服务部门有哪些？

答：根据《厦门市进一步促进总部经济发展的若干规定》（厦府办〔2018〕72 号）规定，发展改革委牵头负责管理和服务相关工作。

11.4南平市

南平市,地处福建省北部、闽江源头,位于闽浙赣三省交界处,俗称"闽北",福建文化的发源地之一,中原文化入闽的主要通道。目前,有电线电缆、纸制品、食品加工、竹木加工、纺织服装、汽车配件等优势产业;圣农鸡业、星愿茶业等跻身农业产业化国家级重点龙头企业行列。近年来,南平市突出绿色发展方向,着力实施食品加工、旅游养生、生物工程等产业计划,大力发展实体经济,加快构建绿色产业体系;产业平台发展方兴未艾,武夷新区、南平工业园区、荣华山产业组团等产业链配套完善、空间容量很大。

问:南平市出台的总部经济相关政策有哪些?

答:南平市《南平市加快总部经济发展九条措施(试行)》(南政综〔2017〕179号)、《南平市人民政府关于印发加快总部经济发展九条措施(试行)的通知》的政策解读(南政综〔2017〕179号),旨在加快南平市总部经济的发展,促进产业转型升级。

问:总部经济相关政策的主要内容有哪些?

答:《南平市加快总部经济发展九条措施(试行)》(南政综〔2017〕179号)除去开篇阐明本措施的目的之外,共分十个部分。第一至九部分,明确了加快总部经济发展的九条措施;第十部分,明确了施行日期、有效期、解释权、奖励资金来源等。

问:总部经济相关政策的适用对象有哪些?

答:《南平市加快总部经济发展九条措施(试行)》(南政综〔2017〕179号)适用于总部企业,涵盖综合型总部企业、职能型总部、服务类中介机构总部、本地金融机构总部等。

问:综合型总部企业的认定条件有哪些?

答:根据《南平市加快总部经济发展九条措施(试行)》(南政综〔2017〕179号)规定,综合型总部企业认定条件为:①在南平市进行工商登记注册,具有独立法人资格,实行统一核算,并在南平市汇总缴纳企业所得税。②总部企业投资或授权管理和服务的企业不少于3个。③营业收入中来自下属企业和分支机构的比例高于20%。④实际到位注册资本金高于3000万元人民币,年度纳税额不低于600万元。⑤对研发机构、创投基金、以及创意、设计、软件、动漫、文化等轻资产类的总部企业和具有行业领军优势地位的总部企业,实际到位注册资本金高于1200万元,年度纳税额不低于200万元。⑥经市委市政府研究后认定为总部企业的其他企业。

世界500强(福布斯)、中国企业500强(中国企业家协会)、中国服务业企业500强(中国企业家协会)等企业在南平市新设立具有独立法人资格的总部或区域总部,上年度在南平市纳税额3000万元(含)以上(仅指增值税、企业所得税,下同);台湾百大企业在南平市新设立具有独立法人资格的总部或区域总部,上年度在南平市纳税额1000万元(含)以上;福建省行业20强(省经信委)在南平市新设立具有独立法人资格的总部或区域总部,上年度在南平市纳税额600万元(含)以上,可直接认定为综合型总部企业。

问:职能总部企业的认定条件有哪些?

答:根据《南平市加快总部经济发展九条措施(试行)》(南政综〔2017〕179号)规定,在南平市设立具有独立法人资格并在南平市汇缴企业所得税的销售中心、运营中心、研发中心符合以下条件的可认定为职能总部:

(一)销售中心(房地产业除外)符合"年销售额3亿元以上、实收资本1500万元以上、年纳税额300万元以上"的,可认定为销售中心职能总部。

(二)运营中心符合"年营业额1亿元以上、每公司资产总额10亿元以上、在中国境内的分支机构不少于2个"的,可认定为运营中心职能总部。

(三)研发中心符合"实收资本600万元以上、年纳税额200万元以上、用于研究开发的仪器设备原值不低于1000万元、上年度研究开发经费支出总额不低于2000万元、常驻研发人员不少于20人"的,可认定为研发中心职能总部。

问：综合型总部企业可享受哪些鼓励政策？

答：根据《南平市加快总部经济发展九条措施（试行）》（南政综〔2017〕179号）规定，综合型总部企业可享受开办补助、办公用房（租用办公用房、建造或购置总部大楼）、经营贡献、上市补助、融资贴息、在市域外设立分支机构、提升能级等奖励政策。

另外，经认定的综合型总部企业可享受本地现有总部企业比照新引进总部企业享受相应政策（除开办和租用办公用房补助外）。

问：职能总部可享受哪些鼓励政策？

答：根据《南平市加快总部经济发展九条措施（试行）》（南政综〔2017〕179号）规定，经认定的销售中心职能总部、运营中心职能总部、研发中心职能总部可享受以下政策：

（一）2017年1月1日以后新注册的销售、运营、研发中心职能总部按照实收资本的2%给予开办补助，最高可享受1000万元。

（二）经认定的销售、运营、研发中心职能总部参照综合型总部企业计算方法可享受最高500万元的办公用房补助，最高可获得500万元的经营贡献奖。

（三）对销售、运营、研发中心职能总部升级为综合型总部的，给予200万元的资金奖励。

问：建筑业总部经济可享受哪些奖励政策？

答：根据《南平市加快总部经济发展九条措施（试行）》（南政综〔2017〕179号）规定，为促进南平市建筑企业发展，提高建筑业增加值，加大力度引进和培育建筑企业。参照《南平市人民政府关于促进建筑业转型升级加快发展的九条措施（试行）的通知》相关政策，从注册地迁入、资质晋升、经营贡献、设立总部或子公司等方面，对建筑安装总部企业进行认定和奖励。

问：服务类中介机构总部、本地金融机构总部、市外企业在南平市新设子公司或将分支机构改制为子公司可享受的鼓励政策有哪些？

答：根据《南平市加快总部经济发展九条措施（试行）》（南政综〔2017〕

179号)规定,服务类中介机构总部、本地金融机构总部、市外企业在南平市新设子公司或将分支机构改制为子公司可享受下列相应奖励政策:

(一)鼓励服务类中介机构在南平市设立总部,按对南平市地方税收贡献额60%给予奖励。

(二)鼓励本地法人金融机构到市域外发展分支机构,按每年汇缴南平市地方税收贡献额的50%给予奖励。

(三)鼓励市外企业在南平市新设子公司或将分支机构改制为子公司,按其子公司的地方税收贡献增量部分给予一定比例的奖励。

问:知识产权成果转化可享受哪些政策?

答:根据《南平市加快总部经济发展九条措施(试行)》(南政综〔2017〕179号)规定,从融资贴息、设备费用补助、经营贡献等方面对具有行业领先地位的设计、创研发平台及相关中介机构给予政策和奖励。

问:总部企业人才可享受哪些优惠政策?

答:根据《南平市加快总部经济发展九条措施(试行)》(南政综〔2017〕179号)规定,对接《南平市关于加强南平市人才工作十条措施》的相关政策,对总部企业高层次人才、高级管理人员和高级专业技术人才给予优惠政策和个税奖励。

问:总部企业的管理和服务部门有哪些?

答:根据《南平市加快总部经济发展九条措施(试行)》(南政综〔2017〕179号)规定,市财政局负责牵头负责管理和服务。

11.5 龙岩市

龙岩市,位于福建省西部,地处闽粤赣三省交界,东临厦门、漳州、泉州,南邻广东梅州,西连江西赣州,北接三明,通称闽西,是全国最早"打开山门,拥抱世界"的革命老区、山区地市之一,是在时代浪潮中崛起的一座山城。龙岩市区位好、资源富、政策优、产业实,是国家金铜产业基地、国家专用车与应急产业生产示范基地和国家新型工业化产业军民融合示范基地，已初步形成有色金属、机械装备、文旅康养、新材料新能源、数字、特色现代农业六大产业，正在创建稀土产业绿色发展基地、数字经济产业发展基地。2018 年，新批外商直接投资项目 54 个，外商直接投资 2.98 亿元。

问：龙岩市出台的总部经济相关政策有哪些？

答：龙岩市出台《龙岩市人民政府关于加快现代服务业发展十五条政策措施(修订)的通知》(龙政综〔2019〕21 号)，旨在推动龙岩市现代服务业提质增效和加快发展，提升壮大服务业综合实力。强调推进商务服务业发展，做大总部经济企业。

问：总部经济相关政策的主要内容有哪些？

答：《龙岩市人民政府关于加快现代服务业发展十五条政策措施(修订)的通知》(龙政综〔2019〕21 号)主要包括十五条政策措施，其中第六条推进商务服务业发展，明确了做大总部经济企业，并分工由市财政局牵头负责。

问：总部经济相关政策的适用对象有哪些？

答：《龙岩市人民政府关于加快现代服务业发展十五条政策措施(修订)的通知》(龙政综〔2019〕21 号)适用于进驻龙岩大道核心商务区、经开区(高新区)及中心城区北部新城商务区等主题楼宇和总部经济区的研发中心、管理中心、营销中心、贸易结算中心、采购中心等服务业总部经济企业(建筑业、金融企业除外)。

问：总部企业可享受哪些鼓励政策？

答：根据《龙岩市人民政府关于加快现代服务业发展十五条政策措施(修订)的通知》(龙政综〔2019〕21 号)规定，根据(省财政厅闽财税〔2017〕6 号)文件精神，对纳入规模以上服务业管理且上一年度纳税额达 100 万以上，按企业地方税收贡献额(指企业所得税和增值税地方实得部分)给予奖励。其中，对现已入驻该区域的总部企业，按其地方税收实得部分环比增量的 50%给予奖励；对从龙岩市外迁入该区域的总部企业按该企业地方税收实得部分给予 80%的奖励。

问：总部企业的管理和服务部门有哪些？

答：根据《龙岩市人民政府关于加快现代服务业发展十五条政策措施（修订）的通知》（龙政综〔2019〕21号）规定，市财政局牵头负责管理和服务相关工作。

11.6 宁德市

宁德市，俗称闽东，位于福建省东北部，东临东海，南接福州，西连南平，北与浙江省温州市接壤，是中国重点产茶区之一，是中国产量最多、品种最全的重要食用菌产地；具有比较丰富的非金属矿。

宁德市海阔港深，有条件主动融入"海上丝绸之路"核心区，开拓"海上丝绸之路"沿线国家新兴市场，加强海外华人华侨和外国友城交流合作；推进三沙港区口岸建设，推动漳湾作业区水域正式对外开放，加快沙埕湾区域开发。

问：宁德市出台的总部经济相关政策有哪些？

答：宁德市出台《宁德市进一步促进总部经济发展实施意见》（宁政〔2018〕11号），旨在引导国内外企业总部入驻和宁德籍企业总部回归，推动有效投资，实施创新驱动战略，加快产业转型升级。

问：总部经济相关政策的主要内容有哪些？

答：《宁德市进一步促进总部经济发展实施意见》（宁政〔2018〕11号）除去开篇阐明本意见的目的之外，共分七个部分，第一至四条分别明确了不同类型总部企业的鼓励政策；第五、六条分别明确了鼓励知识产权成果转化、完善配套措施；第七条明确了就高原则、奖励资金构成、施行日期和有效期、解释权等相关事宜。

问：总部经济相关政策的适用对象有哪些？

答：《宁德市进一步促进总部经济发展实施意见》（宁政〔2018〕11号）适用于国内外企业总部、宁德籍企业总部，包括综合型总部企业、各类职能总部、建筑业总部企业、金融机构总部及区域总部等。

问：综合型总部企业的认定条件有哪些？

答：根据《宁德市进一步促进总部经济发展实施意见》（宁政〔2018〕11号）规定，综合型总部企业须满足如下条件：

一、综合型总部企业认定条件

（一）在宁德市行政区域内进行工商登记注册，具有独立法人资格，实行统一核算，并在宁德市内汇总缴纳税收。

（二）下属子公司或分支机构在3个以上。

（三）营业收入中来自下属企业和分支机构的比例高于20%。

（四）实际到位注册资本金高于5000万元，年度入库税收（不含海关税收）高于1000万元。

二、其他认定条件

（一）对研发机构、创投基金、服务类中介机构以及创意、设计、软件、动漫、文化等轻资产类产业的总部企业和具有行业领军优势地位的总部企业，各县（市、区）和东侨经济技术开发区可自行设定条件。

（二）世界500强（福布斯）、中国企业500强（中国企业家协会）、中国服务业企业500强（中国企业家协会）等企业在宁德市新设立具有独立法人资格的总部或区域总部（级别在省级以上，以下涉区域总部的均按本口径执行），上年度在宁德市纳税额2000万元（含）以上，可直接认定为综合型总部企业。

问：职能总部的认定条件有哪些？

答：根据《宁德市进一步促进总部经济发展实施意见》（宁政〔2018〕11号）规定，在宁德市设立具有独立法人资格并在宁德市汇缴税收的销售中心、运营中心、研发中心符合以下条件的可认定为职能总部：

（一）销售中心（房地产业除外）符合"年销售额3亿元以上、实际到位注册资本金 3000 万元以上、年纳税额 1000 万元以上"的,可认定为销售中心职能总部。

(二)运营中心符合"年营业额 3 亿元以上、母公司资产总额 10 亿元以上、在中国境内的分支机构不少于 2 个"的,可认定为运营中心职能总部。

(三)研发中心符合"实际到位注册资本金 1000 万元以上、年纳税额 300 万元以上、用于研究开发的仪器设备原值不低于 1000 万元、上年度研究开发经费支出总额不低于 2000 万元、常驻研发人员不少于 30 人"的,可认定为研发中心职能总部。

问:综合型总部企业可享受哪些鼓励政策?

答:根据《宁德市进一步促进总部经济发展实施意见》(宁政〔2018〕11号)规定,综合型总部企业可享受经营贡献奖励、增设分支机构补助、融资贴息和补助、规费返还、实行用地优惠、降低企业用电成本、人才优惠政策、股权交易奖励政策、500 强企业奖励等鼓励政策。

问:职能总部可享受的鼓励政策有哪些?

答:根据《宁德市进一步促进总部经济发展实施意见》(宁政〔2018〕11号)规定,经认定的销售中心职能总部、运营中心职能总部、研发中心职能总部可享受经营贡献奖励、提升能级奖励、规费返还、人才优惠政策等鼓励政策。

问:建筑行业总部经济可享受的鼓励政策有哪些?

答:根据《宁德市进一步促进总部经济发展实施意见》(宁政〔2018〕11号)规定,鼓励建筑业总部经济快速发展,可享受开办补助、经营贡献奖励、晋升资质奖励等鼓励政策。

建筑业总部企业参照享受综合型总部企业的其他扶持政策。

问:金融机构总部可享受的鼓励政策有哪些?

答:根据《宁德市进一步促进总部经济发展实施意见》(宁政〔2018〕11号)规定,鼓励金融机构在宁德市设立总部,可享受开办补助、经营贡献奖励等鼓励政策。

金融机构总部企业参照享受综合型总部企业的其他扶持政策。

问：知识产权成果转化可享受的鼓励政策有哪些？

答：根据《宁德市进一步促进总部经济发展实施意见》（宁政〔2018〕11号）规定，支持各地引进和就地转化设计、创意、研发等知识产权成果。对符合条件的中介机构或省内具有行业领先地位的设计、创意、研发等平台，给予经营贡献奖励、融资贴息、设备费用补助等扶持政策。

问：总部企业的管理和服务部门有哪些？

答：根据《宁德市进一步促进总部经济发展实施意见》（宁政〔2018〕11号）规定，市财政局牵头负责管理和服务等相关工作。

11.7平潭综合实验区

平潭综合实验区，位于中国台湾海峡中北部，是祖国大陆距中国台湾本岛最近的地区。平潭综合实验区通过积极承接台湾产业转移，建设先进制造业基地，发展电子信息、海洋生物、清洁能源等现代产业体系，打造低碳经济岛。以构建生态园林城市为目标，形成低投入、低消耗、低排放和高效率的经济发展方式，建设现代化的生态海岛城市。2014年12月31日，国务院正式批复设立中国（福建）自由贸易试验区，三个片区之一即是平潭片区。平潭片区重点建设自由港和国际旅游岛。

问：平潭综合实验区出台的总部经济相关政策有哪些？[①]

答：平潭综合实验区出台《平潭综合实验区促进总部经济发展的实施办法》（岚综管综〔2015〕204号）、《进一步完善扶持总部经济发展的实施细则》（岚经发〔2018〕468号）、《关于进一步完善扶持总部经济发展的若干举措（摘编）》（2019年11月27日发布），旨在落实省市相关文件，鼓励和促进平潭综合实验区的总部经济发展，提高企业资源配置能力，提升城市服务能级，推动实验区科学发展、跨越发展。

---

① 如果2015年出台的文件与新政策出现冲突之处，以后者为准，但是正式文件不对外公开，笔者正在积极沟通解决。

问：总部经济相关政策的主要内容有哪些？

答：《平潭综合实验区促进总部经济发展的实施办法》（岚综管综〔2015〕204号）除去开篇阐明本办法的目的之外，共分五个部分，分别明确了扶持重点、扶持政策、认定与管理、保障机制、施行日期和有效期等事宜。

《关于进一步完善扶持总部经济发展的若干举措（摘编）》（2019年11月27日发布）主要包括不同类型总部企业的认定条件及其各自可享受的鼓励政策。

问：总部经济相关政策的适用对象有哪些？

答：《平潭综合实验区促进总部经济发展的实施办法》（岚综管综〔2015〕204号）适用于总部企业。总部企业是指具有独立法人资格、工商注册和税收汇缴在平潭综合实验区域内的符合条件的企业。

《进一步完善扶持总部经济发展的实施细则》（岚经发〔2018〕468号）。

《关于进一步完善扶持总部经济发展的若干举措（摘编）》（2019年11月27日发布）适用于总部企业。总部企业包括注册型总部企业、实体型总部企业、平台型总部企业。

问：新引进总部企业的认定条件有哪些？

答：根据《平潭综合实验区促进总部经济发展的实施办法》（岚综管综〔2015〕204号）规定，对在平潭综合实验区新注册设立的且同时具备以下基本条件的企业，可认定为新引进的总部企业：

（一）在平潭综合实验区进行工商登记注册，具有独立法人资格，实行统一核算，并在平潭综合实验区汇总缴纳企业所得税。

（二）总部企业投资或授权管理和服务的企业不少于2个。

（三）营业收入中来自下属企业和分支机构的比例不低于20%。

（四）实际到位注册资本金不低于5000万元，年度缴纳入库税收总额不低于1000万元；中介服务、研发机构、软件、动漫创意、文化产业等总部企业的实际到位注册资本不低于1000万元，年度缴纳入库税收总额不低于500万元。

符合以下任一条款可视同为总部企业：

（一）属世界 500 强、中国 500 强企业、中央直管企业、中国民营企业 100 强以及台湾"100 大"企业在实验区设立的总部型企业（含地区总部）。

（二）上市公司。

（三）在平潭综合实验区新注册设立并年度缴纳入库税收总额达到 2000 万元及以上的企业。

（四）企业具有行业领军地位或其他特别优势地位，经区管委会"一事一议"认定为总部经济。

问：区外企业新设子公司、关联企业或将分支机构改制为子公司的认定条件有哪些？

答：根据《平潭综合实验区促进总部经济发展的实施办法》（岚综管综〔2015〕204 号）规定，自本实施办法执行之日起，在平潭综合实验区进行工商登记注册，具有独立法人资格，实行统一核算，并在平潭综合实验区缴纳企业所得税的子公司、关联企业或分支机构改制的子公司。

问：注册型总部企业的认定条件有哪些？

答：根据《关于进一步完善扶持总部经济发展的若干举措（摘编）》（2019 年 11 月 27 日发布）规定，在平潭综合实验区注册设立，并依法在平潭综合实验区纳税、纳统的总部机构及分支机构，年度缴纳入库税收总额达到 2000 万元以上，在平潭综合实验区具有实际办公场所或工位，配备 1 名以上常驻工作人员，可申请认定为注册型总部企业。

问：实体型总部企业的认定条件有哪些？

答：根据《关于进一步完善扶持总部经济发展的若干举措（摘编）》（2019 年 11 月 27 日发布）规定，年度缴纳入库税收总额达到 1000 万元以上（属中介服务、研发机构、软件、动漫创意、保险等企业，年度缴纳入库税收总额达 500 万元以上），在平潭综合实验区设立运营中心（含结算、财务业务等）、研发中心等一项以上总部职能或在平潭综合实验区设立区域中心，且具有实际办公场所，常驻办公人员在 10 人及以上（在平潭综合实验区缴纳社保）的企业,可申请认定为实体型总部企业。

属世界 500 强企业、中国 500 强企业、中央直管企业、中国民营企业 100 强以及台湾"100 大"企业、上市公司的企业"在岚全资子公司或直接控股的企业"可直接认定为注册型总部企业;具有实际办公场所,常驻办公人员在 10 人及以上(在平潭综合实验区缴纳社保)的企业,可申请认定为实体型总部企业。

问:平台型总部企业的认定条件有哪些?

答:根据《关于进一步完善扶持总部经济发展的若干举措(摘编)》(2019 年 11 月 27 日发布)规定,年度缴纳入库税收总额不低于 500 万元,运用互联网、大数据等技术独立运营网络交易平台,有公开信息显示平台,商户数量不低于 100 家,且通过平台运营取得的营业收入占企业营业总收入 50% 以上(或撮合交易额在 1 亿元以上),有实际办公场所,常驻办公人员在 10 人及以上(在我区缴纳社保)的企业,可申请认定为平台型总部企业。

问:新引进总部企业可享受哪些鼓励政策?

答:根据《平潭综合实验区促进总部经济发展的实施办法》(岚综管综〔2015〕204 号)规定,新引进总部企业可享受经营贡献奖励、办公用房补助、规费减免、人才支持。

问:区外企业新设子公司、关联企业或将分支机构改制为子公司可享受的鼓励政策有哪些?

答:根据《平潭综合实验区促进总部经济发展的实施办法》(岚综管综〔2015〕204 号)规定,区外企业来平潭综合实验区新设子公司、关联企业或将分支机构改制为子公司可享受经营贡献奖励、规费减免等鼓励政策。

问:注册型总部企业可享受的鼓励政策有哪些?

答:根据《关于进一步完善扶持总部经济发展的若干举措(摘编)》(2019 年 11 月 27 日发布)规定,注册型总部企业可享受经营贡献奖励、个税奖励、上市奖励、合并税收认定及其奖励、公共服务配套等。

问：实体型总部企业可享受的鼓励政策有哪些？

答：根据《关于进一步完善扶持总部经济发展的若干举措（摘编）》（2019年11月27日发布）规定，实体型总部企业除可享受注册型总部企业的所列优惠政策外，另可享受个税奖励、常驻人员生活补助、办公用房支持、户籍和教育支持、人才支持、投资产业实体项目补助。

问：总部企业的管理和服务部门有哪些？

答：根据《平潭综合实验区促进总部经济发展的实施办法》（岚综管综〔2015〕204号）规定，由实验区各主管部门牵头负责贯彻实施。各主管部门建立总部企业信息库，定期统计总部企业的数量和主要经济指标，动态掌握总部企业的变动情况和基础性资料。

12. 山东省

12.1 山东省

山东省,因居太行山以东而得名,简称"鲁",省会济南市。山东省地处华东沿海、黄河下游、京杭大运河中北段,是华东地区的最北端省份。西部连接内陆,从北向南分别与河北、河南、安徽、江苏四省接壤;中部高突,泰山是全境最高点;东部山东半岛伸入黄海,北隔渤海峡与辽东半岛相对、拱卫京津与渤海湾,东隔黄海与朝鲜半岛相望,东南则临靠较宽阔的黄海、遥望东海与日本南部列岛。

山东省是儒家文化发源地,儒家思想的创立人孔子、孟子,以及墨家思想的创始人墨子等均出生于此。山东省还是中国经济最发达的省份之一、中国经济实力最强的省份之一、发展较快的省份之一。

问:山东省出台的总部经济相关政策有哪些?

答:山东省出台《山东省总部机构奖励政策实施办法》(鲁商发〔2018〕2号),旨在发挥总部机构在产业聚集、消费升级、人才吸引、资本汇集等方面的作用,引领总部经济发展,促进产业结构调整,助推新旧动能转换。

问:总部经济相关政策的主要内容有哪些?

答:《山东省总部机构奖励政策实施办法》(鲁商发〔2018〕2号)除去开篇阐明本办法的目的之外,共分六个部分,分别明确了总部机构(企业)定义、总部机构(企业)认定标准、总部机构(企业)认定程序、总部机构(企业)奖励扶持政策、总部机构（企业）监督管理、实施期限及解释。

问：总部经济相关政策的适用对象有哪些？

答：《山东省总部机构奖励政策实施办法》（鲁商发〔2018〕2号）适用于总部机构（企业）。总部机构（企业）是指依法在山东省境内注册并开展经营活动，对其控股企业或分支机构行使管理和服务职能的企业法人机构，主要包括企业总部、区域总部及职能总部。其中，职能总部的管理和服务职能包括研发、物流、财务结算、采购、销售、数据服务、投融资等其中的一项或几项。

问：总部机构（企业）的认定条件有哪些？

答：根据《山东省总部机构奖励政策实施办法》（鲁商发〔2018〕2号）规定，总部机构（企业）须满足下列条件：

（一）新设企业同时达到以下条件，可以申请认定为总部机构（企业）：

1.符合山东省产业政策导向，在山东省境内进行工商注册和税务登记，具有独立法人资格，依法经营。

2.跨地区或跨境经营，在山东省外已投资设立不少于2家企业，或经授权管理、服务的省外分支机构不少于2家。

3.注册资本2亿元及以上。

4.连续经营一年以上，营业（销售）收入20亿元及以上，在山东省的年度缴纳税额5000万元及以上（年度缴纳税额不包括关税、船舶吨税以及企业代扣代缴的个人所得税）。

（二）职能总部在研发、物流、财务结算、采购、销售、数据服务、投融资等方面的业务收入、从业人员数量占公司业务收入、从业人员的50%及以上，同时符合本条第一项第1、2款要求，以及达到本条第一项第3、4款标准的50%，可给予奖励。

问：总部机构（企业）可享受哪些鼓励政策？

答：根据《山东省总部机构奖励政策实施办法》（鲁商发〔2018〕2号）规定，总部机构（企业）可享受设立奖励、人才引进、税收优惠、出入境、贸易便利化、资金结算、行政审批绿色通道、贡献奖励等方面鼓励政策。

（一）对符合本办法规定并在政策实施期内新设的总部机构（企业），省财政一次性奖励 500 万元（青岛市自行奖励）。

（二）省、市、县（市、区）各有关职能部门，要加强对总部机构（企业）的跟踪服务，积极创造宽松、公平的发展环境，在人才引进、税收优惠、出入境、贸易便利化、资金结算等方面研究落实好相关优惠政策，依法解决其在山东省发展过程中遇到的商业欺诈、诚信经营、知识产权保护等方面的问题和困难。

（三）总部机构（企业）重大建设项目纳入各地政府固定资产行政审批绿色通道，所需的水、电、气、热、通信等公共设施，各有关部门要提供便利服务。

（四）各市、县（市、区）应积极加大对总部经济发展的支持力度，对带动产业结构调整、就业及税收贡献突出的总部机构（企业），可研究制定相应扶持奖励措施，进一步放大政策叠加效应。

问：总部企业的管理和服务部门有哪些？

答：根据《山东省总部机构奖励政策实施办法》（鲁商发〔2018〕2 号）规定，省金融办牵头负责金融类总部机构（企业）的管理和服务工作；省商务厅牵头负责其余总部机构（企业）的管理和服务工作。财政、税务、统计、工商等部门共同参与、分工负责。

12.2 济南市

济南市，山东省省会，位于山东省中部，南依泰山，北跨黄河，地处鲁中南低山丘陵与鲁西北冲积平原的交接带上，地势南高北低。济南市是山东省政治、经济、文化、科技、教育和金融中心，重要的交通枢纽；四围与德州、滨州、淄博、泰安、聊城等市相邻。2019 年 1 月 14 日，山东省在"十强"产业资本对接活动上，发布了 2018 年度山东省瞪羚企业（第二批）榜单，济南市有 25 家企业上榜，这些瞪羚企业多分布在新一代信息技术、高端装备、新能源新材料、医养健康等新兴产业。2019 年以来，济南市招商引资势头良好，截至 7 月 12 日，济南市签约项目 467 个，总投资 6770.76 亿元，其中，10 亿元至 100

亿元的项目 80 个,100 亿元至 500 亿元的项目 13 个,500 亿元以上的项目 2个。

问:济南市出台的总部经济相关政策有哪些?

答:济南市出台《济南市鼓励总部经济发展的若干政策》(济政办发〔2018〕32 号),旨在推动济南市总部经济持续、健康、快速发展,增强城市辐射带动能力,提升城市综合竞争力。

出台《济南市人民政府关于进一步激发消费潜力促进经济高质量发展的实施意见》(2019 年 4 月 29 日公布),强调打造商业企业总部基地。瞄准世界 500 强、中国 500 强、行业 500 强等领军企业开展精准高端招商,重点引进一批具有高端要素配置能力的商业企业总部或总部型商业企业。鼓励具有国际影响力的零售企业在济设立全球、区域总部,以及采购中心、物流分拨中心、研发中心、运营中心、结算中心等功能性总部。对商贸企业在济分公司达到一定规模,并变更为子公司的,给予一定扶持奖励。

问:总部经济相关政策的主要内容有哪些?

答:《济南市鼓励总部经济发展的若干政策》(济政办发〔2018〕32 号)除去开篇阐明本政策目的之外,共分四个部分。前三个部分分别明确了总部企业可享受的扶持政策、总部企业认定条件和材料、管理与协调相关事宜;第四部分附件,明确了该政策的实施细则。

问:总部经济相关政策的适用对象有哪些?

答:《济南市鼓励总部经济发展的若干政策》(济政办发〔2018〕32 号)、《济南市人民政府关于进一步激发消费潜力促进经济高质量发展的实施意见》(2019 年 4 月 29 日公布)适用于总部企业。

问:总部企业的认定条件有哪些?

答:根据《济南市鼓励总部经济发展的若干政策》(济政办发〔2018〕32 号)规定,总部企业在济南市境内工商注册和税务登记,符合济南市产业政策导向,依法经营且符合以下条件之一的企业,可以申请认定:

(一)企业(不包含房地产企业)及其驻济子公司、分支机构上年度缴纳增值税、企业所得税税收贡献额 2000 万元以上,且济南市外分支机构或市外子公司不少于 2 家的法人企业(控股母公司符合条件的,只认定母公司)。

(二)世界 500 强、中国企业 500 强、中国民营企业 500 强、中国品牌 500 强、中国连锁企业 100 强和制造业单项冠军企业,且上年度缴纳增值税、企业所得税税收贡献额 1000 万元以上的区域总部或功能总部。

(三)全国性银行、证券、保险等国家金融监管部门批准设立的金融机构总部、功能总部或一级分公司。

(四)由国务院国资委监督管理的中央企业及其一级子公司。

(五)在本市注册但经营不满一年,实缴注册资本不低于 3 亿元的法人企业,且其控股母公司总资产不低于 50 亿元,上年度产值规模(营业收入)不低于 50 亿元,并与市政府签订合作协议,承诺次年纳入本市统计的产值规模(营业收入)不低于 30 亿元且在本市缴纳增值税、企业所得税税收贡献额 2000 万元以上。

(六)由原注册地新迁入的法人企业,上年度产值规模(营业收入)不低于 30 亿元,并与市政府签订合作协议,承诺在本市实缴注册资本不低于 3 亿元,迁入次年纳入本市统计的产值规模(营业收入)不低于 30 亿元且在本市缴纳增值税、企业所得税税收贡献额 2000 万元以上。

(七)符合济南市产业发展战略和产业政策,具有重大产业支撑作用,与市政府签订合作协议,同意可直接认定的企业。

其中,符合第五、六、七规定条件的,可认定为新引进总部企业。

总部企业在本市范围内变更注册地的,不再进行重新认定。

问:总部企业可享受哪些鼓励政策?

答:根据《济南市鼓励总部经济发展的若干政策》(济政办发〔2018〕32号)规定,总部企业可享受引进奖励政策、成长激励政策、人才保障政策、用地支持政策及其它鼓励政策。

问:总部企业的管理和服务部门有哪些?

答:根据《济南市鼓励总部经济发展的若干政策》(济政办发〔2018〕32

号)规定,由市、县发改部门牵头负责总部企业的管理和服务相关工作。

12.3青岛市

青岛市,地处山东半岛南部,东、南濒临黄海,东北与烟台市毗邻,西与潍坊市相连,西南与日照市接壤。青岛市是我国沿海重要中心城市和滨海度假旅游城市、国际性港口城市、国家历史文化名城。青岛市是改革开放的前沿热土,拥有青岛西海岸新区、中德生态园等多个国家级功能区,培育出了海尔、海信、青岛啤酒、中车四方等知名品牌企业,海洋科研实力雄厚,建设了海洋(试点)国家实验室、国家深海基地、国家高速列车技术创新中心等多个"国字号"创新平台,是"一带一路"新亚欧大陆桥经济走廊主要节点城市和海上合作战略支点,青岛港是全球第七大港。

近年来,青岛市统筹推进"五位一体"总体布局和协调推进"四个全面"战略布局,强化率先走在前列的责任担当,围绕突出创新引领、实现三个更加目标要求,落实"一三三五"工作思路,坚持把创新作为引领发展的第一动力,紧紧抓住创新这个"牛鼻子",奋力把青岛建设得更加富有活力、更加时尚美丽、更加独具魅力,在新时代中国特色社会主义伟大实践中不断迈出新步伐。

问:青岛市出台的总部经济相关政策有哪些?

答:青岛市出台《青岛市促进总部经济发展扶持政策实施细则》(青招促字〔2018〕4 号)及其附件《青岛市总部企业认定和管理办法》,旨在促进青岛市总部经济发展,以及落实青岛市相关政策。

问:总部经济相关政策的主要内容有哪些?

答:《青岛市促进总部经济发展扶持政策实施细则》(青招促字〔2018〕4 号)除去开篇阐明本细则目的之外,共六个部分,分别明确了扶持标准、扶持对象、申报材料及要求、监督管理、解释权以及有效期等事宜。

附件《青岛市总部企业认定和管理办法》共五章二十二条,分别明确了本办法的目的和执行原则、管理部门、认定标准、认定程序、监督管理等相关事宜。

问:总部经济相关政策的适用对象有哪些?

答:《青岛市促进总部经济发展扶持政策实施细则》(青招促字〔2018〕4号)及其附件《青岛市总部企业认定和管理办法》适用于总部企业。总部企业是指在本市注册并依法开展经营活动,对其控股企业或分支机构行使管理和服务职能的企业法人机构,分为综合型总部和功能型总部。

综合型总部是指综合竞争能力强,履行本企业(集团)跨地级市以上区域范围的企业规划和运营决策管理、投融资和资产管理、行政和人力资源管理,或统筹供应链配置、科研和生产场所及资源布局、营销市场区域划分等综合管理职能的总部企业。包括集团最高总部及其授权的区域总部。

功能型总部是指经母公司(集团)授权,在青岛市注册成立,主要承担为本集团内关联企业提供研发、物流、采购、营销、结算、财务、信息处理或其他支持型共享服务职能的企业。

问:综合型总部企业的认定条件有哪些?

答:根据《青岛市总部企业认定和管理办法》规定,申请综合型总部企业认定的企业具体分为以下几种情况,分别由第七至九条列出。

第七条 申请综合型总部企业认定的企业,应具备以下条件:

(一)在青岛市范围注册,具有独立法人资格,实行统一核算且在青岛市汇总纳税,依法诚信经营。

(二)符合青岛市产业发展政策。

(三)分支机构或授权管理的企业原则上不少于3家,且对其负有第五条第一项①所述某项或多项总部管理和服务职能。其中,原则上有1家在青岛市以外并在青岛市纳税纳统,其营业收入占总部企业营业收入的比重

---

① 第五条第一项内容为:综合型总部是指综合竞争能力强,履行本企业(集团)跨地级市以上区域范围的企业规划和运营决策管理、投融资和资产管理、行政和人力资源管理,或统筹供应链配置、科研和生产场所及资源布局、营销市场区域划分等综合管理职能的总部企业。包括集团最高总部及其授权的区域总部。

20%以上。

第八条　在符合本办法第七条规定的基础上，属于以下五类的企业可直接认定为综合型总部企业：

（一）商务部认定或备案的跨国公司地区总部，即商务部对跨国公司地区总部规定的企业。

（二）上市公司（沪深交易所、境外交易所上市公司）。

（三）国家和中央部门管理的大企业（集团）。

（四）上一年度入选"财富500强"企业的中国总部，或者在华区域总部。

（五）上一年度中国企业联合会、中国企业家协会、全国工商联和中国连锁经营协会发布的中国企业500强，国内民营企业100强，中国连锁企业100强，行业领军企业。

第九条　未符合第八条规定的企业，在符合本办法第七条的基础上，可按以下分类申请综合型总部企业的认定：

（一）现代农业总部企业。

1.上年度营业收入5000万元以上。

2.上年度企业对青岛市地方财力贡献200万元以上。

（二）现代制造业总部企业。

1.上年度营业收入10亿元以上。

2.上年度企业对青岛市地方财力贡献3000万元以上。

（三）旅游业（住宿、餐饮）总部企业。

1.上年度营业收入1亿元以上。

2.上年度企业对青岛市地方财力贡献300万元以上。

（四）信息传输、软件和信息技术总部企业。

1.上年度营业收入5000万元以上。

2.上年度企业对青岛市地方财力贡献300万元以上。

（五）商贸服务业总部企业。

1.上年度营业收入1亿元以上。

2.上年度企业对青岛市地方财力贡献 200 万元以上。

(六)现代物流业总部企业。

1.上年度营业收入 1 亿元以上。

2.上年度企业对青岛市地方财力贡献 200 万元以上。

(七)中介服务业总部企业。

1.上年度营业收入 500 万元以上。

2.上年度企业对青岛市地方财力贡献 100 万元以上。

(八)房地产业总部企业。

1.上年度营业收入 10 亿元以上。

2.上年度企业对青岛市地方财力贡献 1 亿元以上。

(九)文化创意总部企业。

1.上年度营业收入 2000 万元以上。

2.上年度企业对青岛市地方财力贡献 200 万元以上。

(十)金融业总部企业认定政策按《关于印发〈促进青岛市财富管理金融综合改革试验区发展政策措施实施细则〉的通知》(青金办字〔2016〕151 号)执行。

(十一)其他总部企业。

1.上年度营业收入 5000 万元以上。

2.上年度企业对青岛市地方财力贡献 500 万元以上。

问:功能型总部企业的认定条件有哪些?

答:根据《青岛市总部企业认定和管理办法》规定,申请功能型总部企业认定的企业具体分为以下几种情况,分别由第十至十三条列出。

第十条　申请功能型总部企业认定的企业,应具备以下条件:

(一)在青岛市范围注册,具有独立法人资格(或法人授权),实行统一核算,在青岛市纳税纳统,依法诚信经营。

(二)符合青岛市产业发展政策。

(三)承担总公司在一定区域一种或多种支持型共享服务职能且对其负

有第五条第二项①所述总部管理和服务职能,在青岛市投资或授权管理的企业或分支机构原则上不少于2家,其中至少有1家在青岛市以外并在青岛市汇总纳税纳统,其营业收入占总部企业全部营业收入的比重10%以上。

第十一条 在符合本办法第十条规定的基础上,属于以下四类的企业可直接认定为功能型总部企业:

(一)商务部认定或备案的跨国公司功能性机构,即符合商务部对跨国公司功能性机构规定的企业。

(二)国家和中央部门管理的大企业(集团)在青岛市设立的功能型总部。

(三)上一年度入选"财富500强"企业在青岛市设立的功能型总部。

(四)上一年度中国企业联合会、中国企业家协会、全国工商联和中国连锁经营协会发布的中国企业500强,国内民营企业100强,中国连锁企业100强上榜企业,行业领军企业在青岛市设立的功能型总部。

第十二条 未符合第十一条规定但符合本办法第十条规定的企业,上年度营业收入3000万元以上,在青岛市地方财力贡献200万元以上的,可以申请功能型总部企业的认定。

第十三条 对特定的总部类型、新型业态的企业,或者不具有独立法人资格,但实际履行地区总部职能、实行统一核算、作为纳税主体、对本地经济增长贡献大的分公司(机构),在认定条件上可以一事一议。

问:总部企业可享受哪些鼓励政策?

答:根据《青岛市促进总部经济发展扶持政策实施细则》(青招促字〔2018〕4号)规定,总部企业可享受落户补贴、贡献奖励、晋级奖励、引进配套项目奖励、办公用房补贴等鼓励政策。

问:总部企业的管理和服务部门有哪些?

答:根据《青岛市促进总部经济发展扶持政策实施细则》(青招促字〔2018〕

---

① 第五条第二项内容为:功能型总部是指经母公司(集团)授权,在青岛市注册成立,主要承担为本集团内关联企业提供研发、物流、采购、营销、结算、财务、信息处理或其他支持型共享服务职能的企业。

4 号)规定,市商务局牵头负责管理和服务工作。

12.4 烟台市

烟台市,地处山东半岛东部,濒临黄海、渤海,与辽东半岛及日本、韩国、朝鲜隔海相望。烟台市海洋渔业资源丰富,是全国重要的渔业基地,也是中国北方著名的水果产地。烟台葡萄酒、烟台苹果、烟台大樱桃、烟台海参等 8种产品成为国家地理标志保护产品。烟台市苹果、莱阳梨、烟台大樱桃、莱州梭子蟹等 19 种产品获注国家地理标志证明商标。烟台是国家历史文化名城、全国文明城市,也是环渤海经济圈内重要节点城市、山东半岛蓝色经济区骨干城市、中国首批 14 个沿海开放城市之一,中国海滨城市,亚洲唯一的国际葡萄·葡萄酒城,"一带一路"国家战略重点建设港口城市。截至 2017 年底,烟台市吸引外资项目 12904 个,实际累计利用外资 307.8 亿美元。

问:烟台市出台的总部经济相关政策有哪些?

答:烟台市出台《烟台市招商引资专项资金管理暂行办法》(烟财企〔2018〕16 号),旨在加强市级招商引资专项资金管理,更好发挥专项资金在促进"双招双引"工作中的作用。在本办法第二部分第(四)条,明确了支持引进支持引进总部经济项目。

问:总部经济相关政策的主要内容有哪些?

答:《烟台市招商引资专项资金管理暂行办法》(烟财企〔2018〕16 号)除去开篇阐明本办法目的之外,共分四个部分,分别明确了支持"双招双引"考核奖励、支持引进对地方发展贡献大的项目、支持创新招商引资方式方法、政策申请程序。

问:总部经济相关政策的适用对象有哪些?

答:《烟台市招商引资专项资金管理暂行办法》(烟财企〔2018〕16 号)适用于总部机构、业务性职能总部。

问：总部企业的认定条件有哪些？

答：根据《烟台市招商引资专项资金管理暂行办法》(烟财企〔2018〕16号)规定，总部企业须满足以下条件：

(一)实缴注册资本不低于 1 亿元。

(二)烟台市域以外 3 家以上分支机构(含子公司、分公司)。

问：总部企业可享受哪些鼓励政策？

答：根据《烟台市招商引资专项资金管理暂行办法》(烟财企〔2018〕16号)规定，支持引进总部经济项目，总部企业可享受筹办补助。

对注册地位于境外的跨国公司和位于烟台市以外的中央企业、中国 500 强企业和中国民营 500 强企业投资设立的总部机构，实缴注册资本不低于 1 亿元，管理烟台市域以外 3 家以上分支机构(含子公司、分公司)的，给予筹办补助。其中，对区域总部，给予不超过 100 万元的一次性筹办补助；对从事研发、物流、财务结算、采购、销售、数据服务、投融资等业务的职能总部，给予不超过 50 万元的一次性筹办补助。

问：总部企业的管理和服务部门有哪些？

答：根据《烟台市招商引资专项资金管理暂行办法》(烟财企〔2018〕16号)规定，市投资促进中心牵头负责总部企业的管理和服务工作。

12.5 潍坊市

潍坊市，位于山东半岛中部，居半岛城市群中心位置，东与青岛、烟台两市连接，西邻淄博、东营两市，南连临沂、日照两市，北濒渤海莱州湾；地处黄河三角洲高效生态经济区、山东半岛蓝色经济区两大国家战略经济区的重要交汇处，是中国最具投资潜力和发展活力的新兴经济强市；拥有高新技术产业开发区、滨海经济技术开发区、峡山生态经济发展区、综合保税区 4 个市属开发区。

问：潍坊市出台的总部经济相关政策有哪些？

答：潍坊市出台《潍坊市中心城区发展总部经济工作指导意见》的通知（潍政办字〔2014〕177号），旨在进一步促进潍坊市总部经济发展，加快构建现代产业体系，推进提升市区战略的实施。

问：总部经济相关政策的主要内容有哪些？

答：《潍坊市中心城区发展总部经济工作指导意见》的通知（潍政办字〔2014〕177号）除去开篇阐明本意见目的之外，共分五个部分，分别明确了本意见的指导思想、发展思路和重点、发展目标、产业布局、保障措施。

问：总部经济相关政策的适用对象有哪些？

答：《潍坊市中心城区发展总部经济工作指导意见》（潍政办字〔2014〕177号）适用于企业总部（区域总部）、事业单位、中介机构和社会组织总部。

问：总部经济相关政策涵盖的重点产业总部基地有哪些？

答：根据《潍坊市中心城区发展总部经济工作指导意见》（潍政办字〔2014〕177号）规定，按照"一主多辅"的原则，在中心城区规划建设10个重点产业总部基地，打造一批转型发展和区域经济合作的标志性园区，提升中心城区总部经济带动力、辐射力和影响力。

10个重点产业总部基地包括：企业总部群、金融产业总部基地、高新技术产业总部基地、国际贸易产业总部基地、文化创意产业总部基地、商务会展产业总部基地、现代物流产业总部基地、电子信息产业总部基地、海洋经济产业总部基地、高端食品产业总部基地。

问：总部企业的管理和服务部门有哪些？

答：根据《潍坊市中心城区发展总部经济工作指导意见》（潍政办字〔2014〕177号）规定，市发展总部经济工作领导小组统筹协调中心城区总部经济发展，市级成立总部经济产业推进办公室，设在市财政局，并组建中心城区产业培植招商组。各区和市属开发区要成立相应领导机构和工作班子，加强对发展总部经济工作的协调、调度、分析，完善细化本地发展规划，及时解决总部经济发展中遇到的困难和问题。

13. 江西省

13.1南昌市

南昌市,地处江西中部偏北,赣江、抚河下游,鄱阳湖西南岸;东连余干、东乡,南接临川、丰城,西靠高安、奉新、靖安,北与永修、都昌、鄱阳三县共鄱阳湖;是全国省会城市中水域面积占比最大的城市,先后被评为全国文明城市、国家卫生城市、国家园林城市、国家森林城市,被誉为"鄱湖明珠,中国水都"。时下的南昌正以国际思维、开放眼光,全方位扩大对外开放合作,积极参与区域竞合发展,全面融入国家和省级重大区域发展战略,构建"引进来"和"走出去"双向联动的大开放格局,全力推进实施"十百千万"工程,重点打造四大战略性新兴支柱产业(汽车和新能源汽车、电子信息、生物医药、航空装备)、四大特色优势传统产业(绿色食品、现代轻纺、新型材料、机电装备制造)和若干生产性服务业(工业设计、科技咨询、检验检测、信息服务、金融服务、众创开发、智慧物流),形成"4+4+X"新型产业发展体系。

问:南昌市出台的总部经济相关政策有哪些?

答:南昌市出台《南昌市促进总部经济发展暂行办法》(洪府发〔2013〕32号),旨在鼓励和促进我市总部经济发展,加快形成总部经济规模效应,提升城市服务能级,进一步发挥中心城市的辐射带动作用,推动我市加快打造带动全省发展的核心增长极。

问：总部经济相关政策的主要内容有哪些？

答：《南昌市促进总部经济发展暂行办法》（洪府发〔2013〕32号）除开篇阐明本办法的目的之外，共分十个部分，分别明确了总部经济发展原则与目标、重点发展领域、总部企业认定条件、总部企业扶持政策、省外企业新设立子公司或分支机构改为子公司的认定条件和扶持政策、总部企业认定审核程序、总部企业补助资金的申报审核程序、总部经济发展组织机构、总部企业履约保障、施行日期等其他规定。

问：总部经济相关政策的适用对象有哪些？

答：《南昌市促进总部经济发展暂行办法》（洪府发〔2013〕32号）适用于总部企业，重点发展领域涉及综合型总部、投资总部、营销总部、物流总部、研发总部。

问：总部企业的认定条件有哪些？

答：根据《南昌市促进总部经济发展暂行办法》（洪府发〔2013〕32号）规定，总部企业需要满足下列相应条件。

（一）新引进的总部企业应符合下列条件：

1.2013年1月1日（含）以后在我市境内进行工商登记注册和税务登记，具有独立法人资格，实行统一核算，并在南昌市境内汇总缴纳企业所得税。

2.总部企业投资并进行管理或授权管理和服务的企业不少于3家，其中至少有一家跨市企业。

3.营业收入中来自下属企业和分支机构的比例不低于20%。

4.具有全国性或区域性营运、结算、管理、研发等一项或多项职能。

5.中介服务、研发机构、软件、动漫创意、文化产业等总部企业实际到位注册资金不低于1000万元；其他总部企业实际到位注册资金不低于5000万元人民币。

6.中介服务、研发机构、软件、动漫创意、文化产业等总部企业年度入库税收（不含海关税收）在全市纳税不低于400万元；其他总部企业年度入库税收（不含海关税收）在全市纳税不低于500万元。

(二)原有的总部企业应符合下列条件：

1.2013年1月1日以前在南昌市境内进行工商登记注册和税务登记，具有独立法人资格，实行统一核算，并在南昌市境内汇总缴纳企业所得税。

2.总部企业投资并进行管理或授权管理和服务的企业不少于3家，其中至少有一家跨市企业。

3.营业收入中来自下属企业和分支机构的比例不低于20%。

4.具有全国性或区域性营运、结算、管理、研发等一项或多项职能。

5.中介服务、研发机构、软件、动漫创意、文化产业等总部型企业，实际到位注册资金不低于1000万元；其他总部企业实际到位注册资金不低于5000万元人民币。

6.中介服务、研发机构、软件、动漫创意、文化产业等总部企业上年度在本市纳税额不低于300万元；其他总部企业上年度在本市纳税额不低于400万元。

7.企业所有具有独立法人资格的子公司均应改制为分支机构。

问：省外企业新设立子公司或分支机构改为子公司的认定条件有哪些？

答：根据《南昌市促进总部经济发展暂行办法》(洪府发〔2013〕32号)规定，省外企业在南昌市新设立独立法人资格的子公司或将本市分支机构改为子公司的认定条件是，同时在南昌市境内工商登记注册和税务登记，具有独立法人资格，实行统一核算，在本市境内缴纳企业所得税。

问：总部企业可享受哪些鼓励政策？

答：根据《南昌市促进总部经济发展暂行办法》(洪府发〔2013〕32号)规定，总部企业可享受开办补助、用地政策、办公用房补助、经营贡献奖励、规费减免、人才支持等鼓励政策。

问：省外企业新设立子公司或分支机构改为子公司可享受的扶持政策有哪些？

答：根据《南昌市促进总部经济发展暂行办法》(洪府发〔2013〕32号)规定，省外企业新设立子公司或分支机构改为子公司可享受贡献奖励和规费减免等鼓励政策。

（一）自新设子公司或将分支机构改为子公司次年起，子公司缴纳所得税地方留成部分达到 100 万元以上且年度环比增长 30%以上的，前 2 年按新增量的 80%给予奖励，后 3 年按新增量的 40%给予奖励。

（二）自新设子公司或将分支机构改为子公司当年起，其应缴纳的行政事业性收费属于市级政府收费权限范围内可减免的部分，前 2 年全部免收，后 3 年减半征收。

问：总部企业的管理和服务部门有哪些？

答：根据《南昌市促进总部经济发展暂行办法》（洪府发〔2013〕32 号）规定，成立市总部经济发展工作领导小组，由市政府主要领导任组长，分管副市长任副组长，市发改委、市工信委、市商贸委、市外经贸委、市国土局、市财政局、市国税局、市地税局、市统计局、市工商局、市规划局、市人保局、市文化局、市科技局等部门主要负责人以及各县区（开发区、新区）政府（管委会）主要领导为成员。领导小组负责协调全市总部经济的发展规划、政策制定、资格认定的审定、奖励政策兑现、落户和运营跟踪协调服务等工作。领导小组下设办公室，办公室设在市发改委。

13.2 鹰潭市

鹰潭市，位于江西省东北部，信江中下游。面向珠江、长江、闽南三个"三角洲"，是内地连接东南沿海的重要通道之一。东与上饶市的弋阳、铅山相邻，南与福建省的光泽县、抚州市的资溪县接壤，西与抚州市的金溪县、东乡县毗邻，北与上饶市的余干、弋阳、万年县相连。改革开放以来，鹰潭在经济社会各方面取得了丰硕成果，至 2017 年末，全市工业法人企业超过 2000 家，规模以上工业企业达到 278 家，年产值过亿的企业 129 家。其中，产值超 10 亿元企业 50 家，20 亿元~50 亿元企业 28 家，100 亿元以上企业 1 家。

问：鹰潭市出台的总部经济相关政策有哪些？

答：鹰潭市出台《鹰潭市发展总部经济、楼宇经济和鼓励个人转让上市公司限售股实施方案》(2010 年 11 月 23 日)，旨在加快经济发展方式转变，推进投资创业发展特色产业。

问：总部经济相关政策的主要内容有哪些？

答：《鹰潭市发展总部经济、楼宇经济和鼓励个人转让上市公司限售股实施方案》(2010 年 11 月 23 日)包括对总部企业、个人等的优惠政策，以及执行原则等。

问：总部经济相关政策的适用对象有哪些？

答：《鹰潭市发展总部经济、楼宇经济和鼓励个人转让上市公司限售股实施方案》(2010 年 11 月 23 日)适用于在鹰潭市注册的企业总部。

问：总部企业可享受哪些鼓励政策？

答：根据《鹰潭市发展总部经济、楼宇经济和鼓励个人转让上市公司限售股实施方案》(2010 年 11 月 23 日)规定，总部企业可享受税收优惠政策、人才政策、办公用房优惠政策等。

13.3 抚州市

抚州市，位于江西省东部，素有"才子之乡、文化之邦"的美誉，是国家区域性商品粮基地，每年生产粮食 20 多亿公斤，输出商品粮 10 多亿公斤。先后被评为全国"50 强氧吧城市"、国家园林城市、国家森林城市、中国文化竞争力十佳城市、省文明城市、省卫生城市。有抚州国家级高新技术开发区、东临新区和 11 个工业园区，开发面积 50 余平方千米，汽车及零部件、生物医药、新能源新材料、现代信息等主导产业以及生物医药、崇仁变电设备、金溪香料等 11 个省级产业集群稳步推进。

问：抚州市出台的总部经济相关政策有哪些？

答：抚州市出台《关于加快抚州市总部经济发展的若干政策(试行)》(抚

府办发〔2017〕85 号），旨在进一步促进总部经济加快发展，让更多的总部经济企业落户抚州。

《关于发展总部经济中心打造新业态集聚区的若干意见》（抚府办发〔2017〕29 号），旨在鼓励和促进总部经济中心发展，经市政府同意，抚州市将在总部经济中心打造商务与现代物流、新型建筑业、众创空间、金融业、科研机构等业态，以提升城市综合竞争能力。

问：总部经济相关政策的主要内容有哪些？

答：《关于加快抚州市总部经济发展的若干政策（试行）》（抚府办发〔2017〕85 号）除去开篇阐明本政策的目的之外，共分四个部分，分别明确了总部经济企业的认定条件、总部经济企业发展方向、政策措施、保障措施。

《关于发展总部经济中心打造新业态集聚区的若干意见》（抚府办发〔2017〕29 号）开篇阐明本意见的目的之外，共分两个部分，分别明确了可享受的各类优惠政策、保障措施。

问：总部经济相关政策的适用对象有哪些？

答：《关于加快抚州市总部经济发展的若干政策（试行）》（抚府办发〔2017〕85 号）、《关于发展总部经济中心打造新业态集聚区的若干意见》（抚府办发〔2017〕29 号）适用于总部经济企业。在中心城区，重点引进和大力培育金融保险、现代物流、商贸服务、养生养老、休闲旅游、新型建筑建材、研发设计、管理咨询、会议会展、教育培训等现代服务业总部经济企业。

在工业园区，重点引进和大力培育生物和新医药、新能源、新材料、先进装备制造、新一代信息技术、锂电及电动汽车、节能环保、绿色食品、文化创意等战略新兴产业总部经济企业。

问：总部经济企业的认定条件有哪些？

答：根据《关于加快抚州市总部经济发展的若干政策（试行）》（抚府办发〔2017〕85 号）规定，同时具备以下五个条件，则认定为总部经济企业。

（一）在抚州市注册、办理税务登记，具有独立法人资格的企业。

（二）在抚州市辖区外有非独立法人企业，且在我市汇总缴纳企业所得税和增值税。

（三）企业全年在抚州市辖区外经营所得实现的税收占该企业全年纳税额 50%以上。

（四）注册资本达 1000 万元（含 1000 万元）以上人民币的企业。

（五）年缴税费金额达到 1000 万元（含 1000 万元）以上。

问：总部经济企业可享受哪些鼓励政策？

答：根据《关于加快抚州市总部经济发展的若干政策（试行）》（抚府办发〔2017〕85 号）规定，凡被认定为总部经济企业的享受土地优惠政策、购租房补贴、规费减免、人才支持、500 强财政补助等普惠扶持性政策以及对地方财政贡献度的扶持政策。

问：总部经济中心入驻企业可享受的鼓励政策有哪些？

答：根据《关于发展总部经济中心打造新业态集聚区的若干意见》（抚府办发〔2017〕29 号）规定，总部经济中心入驻企业可享受购租房补贴、税收扶持、规费减免、人才支持等鼓励政策，以及相应的配套保障措施。

问：总部企业的管理和服务部门有哪些？

答：根据《关于加快抚州市总部经济发展的若干政策（试行）》（抚府办发〔2017〕85 号）规定，成立市政府主要领导为组长的全市促进总部经济发展领导小组，负责统筹协调全市总部经济发展工作。领导小组下设办公室，办公室设在市发改委，负责推进总部经济发展的日常工作，建立推进总部经济发展的市、县（区）联动机制，统筹协调市、县（区）两级力量，形成推进总部经济发展的合力。负责新引进企业、现有企业的总部认定组织工作，市商务局、市财政局、市国税局、市地税局等相关部门配合，建立联合会审制度。

根据《关于发展总部经济中心打造新业态集聚区的若干意见》（抚府办发〔2017〕29 号）规定，成立市总部经济中心管委会（未成立前暂时由市建设局负责），职能主要有：编制总部经济中心业态布局总体规划；负责推进总部经济中心的建设工作；协调推进总部经济中心日常管理工作，促进入驻总部经济中心的业态健康有序发展。

第四部分
华中地区

14. 河南省

14.1河南省

河南省,是中华民族和华夏文明的重要发祥地;位于我国中东部、黄河中下游,因大部分地区位于黄河以南,故称河南;东接安徽、山东,北界河北、山西,西连陕西,南临湖北,呈望北向南、承东启西之势。河南省是我国唯一地跨长江、淮河、黄河、海河四大流域的省份,地形地貌和水资源分布情况是中国的一个缩影。河南省是全国重要的矿产资源大省和矿业大省,矿业产值连续多年位居全国前5位,全国重要的综合交通枢纽、全国重要的通信枢纽、全国重要的能源基地。2017年3月31日,国务院正式批复设立中国(河南)自由贸易试验区。2018年,河南全省经济平稳运行、稳中向好。全省生产总值48055.86亿元、增长7.6%,高于全国平均水平1个百分点,继续保持全国第5位、中西部省份首位;全省粮食总产量664.9亿公斤,再创历史新高;规模以上工业增加值增长7.2%,高于全国平均水平1个百分点;服务业增加值21731.65亿元,稳居中部第一。

问:河南省出台的总部经济相关政策有哪些?

答:河南省出台《关于跨国公司设立地区总部和总部型机构的暂行规定》(豫商资管〔2019〕6号),旨在进一步扩大对外开放,积极有效利用外资。

问:总部经济相关政策的主要内容有哪些?

答:《关于跨国公司设立地区总部和总部型机构的暂行规定》(豫商资管

〔2019〕6号)共分八条,分别明确了本规定的目的、跨国公司地区总部和总部型机构的界定及其认定条件、认定原则、认定部门、认定材料、奖励原则、监督问责、施行日期和有效期、解释权等。

问:总部经济相关政策的适用对象有哪些?

答:《关于跨国公司设立地区总部和总部型机构的暂行规定》(豫商资管〔2019〕6号)适用于跨国公司地区总部(以下简称"地区总部")和总部型机构。

问:地区总部的认定条件有哪些?

答:根据《关于跨国公司设立地区总部和总部型机构的暂行规定》(豫商资管〔2019〕6号)规定,地区总部是指在中国境外注册的跨国公司在河南省设立的履行跨省以上区域范围管理和服务职能的总部类型的外商投资企业,包括投资性公司和管理性公司。投资性公司是指依据商务部《关于外商投资举办投资性公司的规定》设立的从事直接投资的公司,不包括经国家金融监管部门批准,具有独立法人资格的金融机构。

管理性公司是指具有对中国境内跨省市区域实施资金管理、采购、销售、物流、结算、研发、培训等营运职能的公司。管理性公司申请认定地区总部应具备下列条件:

(一)母公司资产总额不低于2亿美元,已在中国境内投资累计缴付的注册资本总额不低于1000万美元,且母公司授权管理的境内外企业(含分公司)不少于3家(其中至少1家注册在河南省)。

(二)申请企业具有独立法人资格,注册资本不低于200万美元。

问:总部型机构的认定条件有哪些?

答:根据《关于跨国公司设立地区总部和总部型机构的暂行规定》(豫商资管〔2019〕6号)规定,总部型机构是指虽未达到地区总部标准,但实际履行跨国公司在中国境内跨省市区域的管理决策、资金管理、采购、销售、物流、结算、研发、培训等支持服务中多项职能,且同时满足下列条件的外商投资企业(含分支机构):

(一)母公司资产总额不低于 1 亿美元,并在中国境内已投资设立不少于 2 家外商投资企业,且实际缴付的注册资本货币出资额超过 800 万美元。母公司授权管理的跨省市机构不少于 2 家。

(二)申请企业注册资本不低于 200 万美元,如以分支机构形式设立,总公司拨付的营运资金应不低于 200 万美元。

问:地区总部可享受哪些鼓励政策?

答:根据《关于跨国公司设立地区总部和总部型机构的暂行规定》(豫商资管〔2019〕6 号)规定,经认定的地区总部和总部型机构,分别给了不超过 1000 万元和不超过 500 万元的一次性奖励支持,分 3 年按 40%、30%、30% 的比例发放。具体程序《河南省财政厅 河南省商务厅关于印发〈河南省省级招商引资专项资金管理办法〉的通知》(豫财贸〔2018〕62 号)和有关文件执行。

问:总部企业的管理和服务部门有哪些?

答:根据《关于跨国公司设立地区总部和总部型机构的暂行规定》(豫商资管〔2019〕6 号)规定,省商务厅牵头负责管理、协调和服务等工作。

14.2 郑州市

郑州市,河南省省会,地处中华腹地,史谓"天地之中",古称商都,今为绿城。郑州市是华夏文明的重要发祥地、中国历史文化名城、中国优秀旅游城市、国家卫生城市、国家园林城市、国家森林城市、全国绿化模范城市、全国科技进步先进市、全国双拥模范城市、全国文明城市。郑州市是全国自然资源储量丰富的城市,全国最大的油石基地之一,全国重要的铁路、航空、高速公路、电力、邮政电信主枢纽城市。近年来,郑州市扎实推进电子信息、汽车、高端装备等产业基地建设;现代金融、商贸物流、文化创意旅游等提质增速。截至 2017 年初,郑东新区金融集聚核心功能区累计入驻金融机构 288 家,中央商务区成为全省首个六星级服务业"两区"。

问：郑州市出台的总部经济相关政策有哪些？

答：郑州市出台《郑州市支持总部企业发展实施办法》（郑政文〔2019〕15号），旨在进一步引进、扶持和培育总部企业，促进总部经济发展，构建现代产业体系，全面提高郑州经济发展质量和效益，助力国家中心城市建设。

问：总部经济相关政策的主要内容有哪些？

答：《郑州市支持总部企业发展实施办法》（郑政文〔2019〕15号）按照规范性文件体例分总则、分则和附则共六章二十八条。第一章包括第一至四条，分别明确了本办法的目的、总部企业的界定、总体思路、组织机构；第二章包括第五、六条，明确了认定条件；第三章包括第七至十六条，明确了奖补政策和服务措施；第四章包括十七、十八条，明确了认定程序；第五章包括第十九至二十七条，明确了监督管理相关事宜；第六章包括第二十八条，明确了施行日期、废止与冲突解决等事宜。

问：总部经济相关政策的适用对象有哪些？

答：《郑州市支持总部企业发展实施办法》（郑政文〔2019〕15号）适用于总部企业，重点支持现代农业、先进制造业、现代服务业等领域总部企业发展，为各类总部企业提供政策支持和优质服务。总部企业是指在本市行政区域内（含县〔市、区〕，下同）注册设立并依法开展经营活动，对一定区域内的控股企业或分支机构行使投资控股、运营决策、研发设计、营销推广、财务结算等管理和服务职能的企业法人机构。

问：总部企业的认定条件有哪些？

答：《郑州市支持总部企业发展实施办法》（郑政文〔2019〕15号）在第五条和第六条给出了总部企业的认定条件。

第五条　在本市行政区域内办理工商注册和税务登记，符合郑州市产业政策导向，依法经营且符合以下条件之一的法人企业，可以申请认定总部企业。

（一）在本市注册且持续经营1年（含1年）以上，市外控股企业或分支机构不少于3个，并对其负有总部管理和服务职能，且符合下列行业标准：

1.农业类:上年度营业收入 5000 万元以上(含 5000 万元,下同),上年度地方级税收 200 万元以上(含 200 万元,下同)。

2.工业和建筑业类:上年度营业收入 20 亿元以上,上年度地方级税收 2000 万元以上。建筑业同时要求企业资质等级一级(含一级)以上。

3.服务业类:批发零售业上年度营业收入 10 亿元以上,上年度地方级税收 1000 万元以上。

现代物流业、租赁和商贸服务业、住宿和餐饮业上年度营业收入 5 亿元以上,上年度地方级税收 500 万元以上。

软件和信息技术服务业,科学研究和技术服务业,教育、卫生、文化、体育和娱乐业,上年度营业收入 1 亿元以上,上年度地方级税收 300 万元以上。

(二)在上海证券交易所或深圳证券交易所上市的企业、世界 500 强、中国企业 500 强、中国民营企业 500 强、中国制造业企业 500 强、中国服务业企业 500 强在郑州市设立的总部或区域总部,国家和中央部门确定的大企业(集团)在郑设立的总部或区域总部,且上年度地方级税收 500 万元以上(新引进企业承诺次年及后续享受奖励补助年度每年在本市缴纳的地方级税收 500 万元以上)。

(三)在本市注册但经营不满一年的企业法人,实缴注册资本不低于 3 亿元,与市政府或县(市、区)政府签订合作协议,承诺次年纳入本市统计核算的营业收入 10 亿元以上且在本市缴纳的地方级税收 1000 万元以上。

(四)由原注册地新迁入的法人企业,与市政府或县(市、区)政府签订合作协议,承诺在本市实缴注册资本不低于 3 亿元,迁入次年纳入本市统计核算的营业收入 10 亿元以上且在本市缴纳的地方级税收 1000 万元以上。

(五)符合郑州产业发展战略和产业政策,具有重大产业支撑作用,与市政府签订合作协议,经研究可直接认定的企业。

其中,符合第(二)(三)(四)(五)规定条件的,可认定为新引进总部企业。

第六条 本办法所称控股企业是指持股比例在 50%以上的子公司。上年度营业收入,是指企业上一个纳税年度纳入我市统计核算的营业收入;上年度地方级税收,是指企业上一个纳税年度在我市形成的市及县(市、区)两级地方级税收合计。营业收入和地方级税收可以以单个企业本身数据计算,可以将企业及其下属各级控股企业和分支机构的数据合并计算,也可以将属于同一控股母公司的下属各级企业和分支机构数据合并计算,但不得重复计算。

问:总部企业可享受哪些鼓励政策和服务措施?

答:根据《郑州市支持总部企业发展实施办法》(郑政文〔2019〕15号)规定,总部企业可享受落户奖励、办公用房补助、经营贡献奖励、提升奖励、战略新兴产业支持、人才奖励、土地扶持、融资支持、人才保障措施、协调服务措施等鼓励政策和服务措施。

问:总部企业的管理和服务部门有哪些?

答:根据《郑州市支持总部企业发展实施办法》(郑政文〔2019〕15号)规定,市政府成立总部经济发展工作领导小组,负责统筹协调部署全市总部经济发展工作,领导小组办公室设在市财政局,负责组织实施总部企业认定和奖补审核,协调和督促各项政策措施落实。市发展改革、工信、商务、科技、统计、税务、人社、自然资源、城乡建设、住房保障、交通、农委、教育、文化、卫生、市场监管、体育、金融、物流口岸等部门按职责做好促进总部经济发展各项工作。各县(市、区)政府参照市级模式成立总部经济发展工作领导小组及办公室,负责本区域总部经济日常工作。

14.3 三门峡市

三门峡市,位于河南省西部边陲,豫晋陕三省交界处,秦岭山脉东延与伏牛山、熊耳山、崤山交汇地带。其下辖区之一的三门峡经济技术开发区,创建于1992年4月,在促进三门峡市经济发展,推进工业化、城镇化进程中发挥着越来越重要的作用。开发区现已成为三门峡市发展现代化特色城市的新城区、高新技术产业的示范区、全市对外开放的窗口。

问：三门峡市出台的总部经济相关政策有哪些？

答：三门峡开发区出台《三门峡经济开发区加快市外总部经济发展的若干意见（试行）》（2018年9月3日），旨在进一步加快开发区总部经济的发展，推动全区各部门和社会各界积极参与总部经济招商工作，吸引更多总部经济企业落户开发区，促进全区经济做大做强，实现产业结构调整和发展方式转型升级。

问：总部经济相关政策的主要内容有哪些？

答：《三门峡经济开发区加快市外总部经济发展的若干意见（试行）》（2018年9月3日）按照规范性文件体例分总则、分则和附则共六章十九条。第一章包括第一、二条，分别明确了本意见目的、总部企业的界定及其效应；第二章包括第三至五条，明确了认定条件；第三章包括第六、七条，明确了相关优惠政策；第四章包括第八至十三条，明确了奖励程序；第五章包括第十四至十六条，明确了监督管理事宜；第六章包括第十七至十九条，分别明确解释权、施行日期、政策冲突解决等。

问：总部经济相关政策的适用对象有哪些？

答：《三门峡经济开发区加快市外总部经济发展的若干意见（试行）》（2018年9月3日）适用于市外总部经济企业。市外总部经济企业，是指未在三门峡地区注册的企业经引荐人引荐后在三门峡经济开发区内注册登记的企业总部以及延伸的楼宇经济、大厦经济（开发区创新科技大厦），有明显的"税收贡献效应""产业乘数效应""消费带动效应""劳动就业效应"和"社会资本效应"，并经开发区服务总部经济发展工作领导小组认定的具有独立法人资格的企业法人机构。

问：市外总部经济企业的认定条件有哪些？

答：根据《三门峡经济开发区加快市外总部经济发展的若干意见（试行）》（2018年9月3日）规定，市外总部经济企业认定条件如下：

（一）符合三门峡经济开发区产业发展政策。

（二）经市外招商后在开发区内注册登记，财务制度健全，依法依规开展各类活动的总部经济企业。

(三)企业承诺在享受本意见奖励后在开发区的经营期限不低于3年，且不改变企业在开发区的纳税义务。

问：市外总部经济企业引荐人认定条件有哪些？

答：根据《三门峡经济开发区加快市外总部经济发展的若干意见(试行)》(2018年9月3日)规定，市外总部经济企业引荐人认定的条件：

(一)本意见所称引荐人是指通过各种渠道向三门峡经济开发区提供真实的总部经济项目投资意向、协助三门峡经济开发区与投资人直接联系、在项目洽谈中起到实质性促成作用，并将具有投资意向的投资人引荐到三门峡经济开发区实现项目落户的单位或个人。

(二)引荐人可以是国内外自然人、法人或其他组织。引荐人为2人以上的称为引荐团队。1个项目只认定1个引荐人。引荐团队在申请奖励时，需书面委托一人具体办理，其奖励金分配由引荐团队自行商议。总部经济投资者不能同时以引荐人身份对其自身投资的项目申报鼓励资金。

(三)引荐人必须获得由投资者签署的委托其开展投资引荐事务的委托书(每个引荐项目只能出具一份委托书)和项目有关资料，并持有效身份证明到招商引资主管部门登记确认手续。

问：总部企业可享受哪些鼓励政策？

答：根据《三门峡经济开发区加快市外总部经济发展的若干意见(试行)》(2018年9月3日)规定，认定为市外总部经济企业的，可享受协助企业办理证照、优先供给企业用地、优先提供办公用房、协助市外总部经济企业申报项目扶持资金、财税扶持政策等扶持政策。

问：总部企业的管理和服务部门有哪些？

答：根据《三门峡经济开发区加快市外总部经济发展的若干意见(试行)》(2018年9月3日)规定，开发区服务总部经济发展工作领导小组负责总部企业的管理的服务。

15. 湖北省

15.1武汉市

武汉市,简称"汉",俗称"江城",湖北省会,位于中国中部、湖北省东部、长江与汉江交汇处,是国家历史文化名城,中国楚文化的发祥地之一,中国中部地区的中心城市,是全国重要的工业基地、科教基地和综合交通枢纽,是"一带一路"建设的重要节点城市。2017年,武汉市新引进世界500强企业13家,累计达到256家,新批外商投资企业161家。年末总部设在武汉的金融机构27家,新增民营银行1家;在武汉设立或筹建后台服务中心的金融机构33家;上市公司70家,其中境外18家,境内52家。

问:武汉市出台的总部经济相关政策有哪些?

答:武汉市出台《武汉市人民政府关于加快我市总部经济发展的若干意见》(武政〔2009〕16号),旨在积极吸引国内外大企业来武汉市设立企业总部,加快总部经济发展,促进武汉市"两型社会"建设,[①]不断提升城市服务功能,增强城市综合竞争能力。

出台《关于支持总部经济发展的政策措施》(武政〔2015〕35号)(部分有效),旨在吸引世界知名跨国公司、国内外大企业大集团在汉设立总部,支持本市优势企业发展成为具有较强国际竞争力的总部企业,大力发展总部经

---

① "两型社会"指的是"资源节约型社会、环境友好型社会"。

济和高端服务业。

出台《关于进一步支持总部经济发展的政策措施》(武政规〔2016〕29号），旨在切实做好总部企业(包括企业总部和总部企业,含区域总部企业)认定及政策兑现工作,加快发展总部经济和高端服务业。

问：总部经济相关政策的主要内容有哪些?

答：《武汉市人民政府关于加快我市总部经济发展的若干意见》(武政〔2009〕16号)开篇阐明本意见的目的之外,共分八个部分,分别明确发展总部经济的基本思路、原则和目标,发展总部经济的战略重点,发展总部经济的引进对象、引进重点和产业导向,建立和完善总部经济支撑体系,构建总部经济合作平台,制定支持总部经济发展政策,完善总部经济政务服务体系,建立总部经济协调机制。

《关于支持总部经济发展的政策措施》(武政〔2015〕35号)(部分有效)开篇阐明本措施目的之外,共分十二个部分,分别总部企业界定及其认定条件、现有企业认定重点、新引进总部企业认定条件、组织管理、相关支持政策(专项资金来源及其支持重点、用地支持、绿色通道和"直通车"服务、通关监管和便利化、人才政策等)、变更事宜、执行原则、施行日期和解释权等。

《关于进一步支持总部经济发展的政策措施》(武政规〔2016〕29号)开篇阐明本措施目的之外,共分五个部分,分别明确了完善总部企业的支持政策、建立总部企业认定联合会审机制、规范总部经济政策兑现资金申领流程、强化对总部企业的跟踪服务、加强总部经济政策兑现资金的管理等。

问：总部经济相关政策的适用对象有哪些?

答：《武汉市人民政府关于加快我市总部经济发展的若干意见》(武政〔2009〕16号)、《关于支持总部经济发展的政策措施》(武政〔2015〕35号)、《关于进一步支持总部经济发展的政策措施》(武政规〔2016〕29号)适用于总部企业。

根据《关于支持总部经济发展的政策措施》(武政〔2015〕35号)规定,总部企业(包括企业总部和总部企业,含区域总部企业)是指在本市注册设立具有独立法人资格,对全球或者一定区域内的企业行使投资控股、运营结算、营销推广、设计研发、财务管理等管理服务职能,且同时满足以下条件的企业:

(一)在本市区域内注册的法人企业,在本市汇总缴纳税款。

(二)跨地区或者跨境经营,在湖北省以外至少拥有3家以上分支(子)公司或者控股公司。

(三)资产规模、营业收入和地方财政贡献等符合认定标准。

(四)企业承诺在本市经营期限不低于10年。

问:引进对象、引进重点和产业导向有哪些?

答:《武汉市人民政府关于加快我市总部经济发展的若干意见》(武政〔2009〕16号)强调发展总部经济的引进对象、引进重点和产业导向。

(一)引进企业总部的对象是:国际性、全国性和区域性的企业总部,以及国内外大企业的管理中心、研发中心、制造中心、采购中心、财务中心、投资中心和营销中心等职能性总部。

(二)引进企业总部的重点是:

1.世界500强企业、中国500强企业、中国民营100强企业。

2.国家确定的大企业(集团)以及区域性管理总部。

3.国内行业排名前5位的龙头企业。

4.注册资金不低于1亿元人民币的企业。

5.前3年年度平均销售额不低于10亿元人民币的企业。

6.在全市及更大范围服务的各类金融机构和金融机构的全国性后台服务中心、结算中心和备份中心等。

7.符合武汉市产业发展导向,经市有关部门认定的其他领军企业等。

(三)引进总部企业的产业导向是:重点引进与钢铁、汽车、石化、光电子信息、先进装备制造、能源环保、创意、现代物流8个千亿元产业发展相适应的总部企业,加快形成具有比较优势和核心竞争力的产业集群。加快发展以高新技术为先导、以循环经济为标志、以集群发展为特征的先进制造业;以具有自主知识产权和国际知名品牌为重点,支持高新技术产业总部企业做大做强,提高产业自主创新能力。以建设区域性金融中心为目标,以金融创新和建设金融安全区为重点,支持国内外银行、保险、证券、基金和投资公司等总部在汉设立区域总部或结算中心、投资中心和交易中心等。

问:总部企业的认定条件有哪些?

答:根据《关于支持总部经济发展的政策措施》(武政〔2015〕35号)规定,新引进企业申请认定总部企业应当符合以下条件。

(一)境内世界500强企业、中国500强企业、中国民营100强企业、国内行业龙头企业或者在本市投资10亿元人民币(下同)及以上的企业,在本市实缴注册资本(指实缴注册资本中现金和有形资产部分,下同)不低于1亿元,且其控股母公司总资产不低于20亿元,前2年年度产值规模(营业收入,下同)不低于30亿元,引进后其纳入本市统计核算的产值规模不低于10亿元,每年对本市财政贡献不低于2000万元。

(二)境外世界500强企业、国际行业龙头企业或者在中国境内投资5000万美元及以上的企业,引进后其在本市实缴注册资本不低于2000万美元,且每年对本市财政贡献不低于2000万元。

(三)本市现有企业申请认定总部企业,条件同上。总部企业在本市范围内变更注册地点的,不重复享受总部企业的支持政策。

(四)金融企业总部的认定与支持政策按市支持金融产业发展的相关文件执行。优先支持产业领域外对本市具有重大支撑带动作用的企业,经市投促委审定,也可认定为总部企业。

问:总部企业可享受哪些鼓励政策?

答:根据《武汉市人民政府关于加快我市总部经济发展的若干意见》(武政〔2009〕16号)规定,实施总部企业奖励和补贴措施、加大对总部经济资金扶持力度、拓宽总部企业融资渠道、加强规划引导和服务工作、实施积极的土地支持政策、加大总部企业紧缺人才培养力度、人才绿色通道以及通关便利等其他支持政策。

《关于进一步支持总部经济发展的政策措施》(武政规〔2016〕29号)规定从增设企业培育奖、增加总部企业集体户功能、完善总部企业用地支持政策等方面完善总部企业的支持政策。

问:总部企业的管理和服务部门有哪些?

答:根据《关于进一步支持总部经济发展的政策措施》(武政规〔2016〕29号)规定,市投委会牵头负责管理和服务工作。认定工作由市投委会办公室(设在市发展改革委)负责组织实施,市商务局、市发展改革委(以下统称市认定牵头部门)分别负责牵头组织开展新引进企业、现有企业的总部企业认定工作,市经济和信息化委,市财政、国土规划、工商、统计、住房保障房管、国税、地税局等相关部门参与,建立联合会审机制,各区配合做好相关认定工作。金融企业总部的认定与支持政策按照市支持金融产业发展的相关文件规定执行,由市金融工作局负责组织实施。

15.2 黄石市

黄石市,湖北省地级市,位于湖北省东南部,长江中游南岸,东北临长江,与黄冈市隔江相望,北接鄂州市鄂城区,西靠武汉市江夏区、鄂州市梁子湖区,西南与咸宁市咸安区、通山县为邻,东南与江西省九江市武宁县、瑞昌市接壤。黄石市是新中国成立后湖北省最早设立的两个省辖市之一,武汉城市圈副中心城市,华中地区重要的原材料工业基地,全国资源枯竭转型试点城市,国务院批准的沿江开放城市。

问:黄石市出台的总部经济相关政策有哪些?

答:黄石市出台《关于促进产业转型升级大力培育总部经济的若干意见》[①](2017年3月7日),旨在进一步鼓励和促进黄石市总部经济的发展,不断优化产业结构,促进经济转型升级。

---

① 没有找到意见的全文,但根据新闻可知有此文件。

问：总部经济相关政策的主要内容有哪些？

答：《关于促进产业转型升级大力培育总部经济的若干意见》（2017 年 3 月 7 日）主要内容包括加快培育生物医药、电子信息、智能制造和现代服务业等重点新兴产业，支撑带动黄石"新经济"发展；鼓励经济企业来黄石市注册登记总部并缴纳税收；鼓励央企、省属企业及跨地区集团企业来我市注册登记并缴纳税收；鼓励外地企业来黄石市注册登记贸易公司并在黄石市缴纳税收；鼓励市外上市公司限售股在黄石市减持交易；加强市级重点建设项目税收征管；鼓励市外及跨地区建设项目来黄石市缴纳税收。

问：总部经济相关政策的适用对象有哪些？

答：《关于促进产业转型升级大力培育总部经济的若干意见》（2017 年 3 月 7 日）适用于经济企业总部，特别鼓励央企、省属企业及跨地区集团企业，外地企业贸易公司等。

问：总部企业可享受哪些鼓励政策？

答：根据《关于促进产业转型升级大力培育总部经济的若干意见》（2017 年 3 月 7 日）规定，市、区两级设立的产业发展专项资金，对所提及各类企业分别给予扶持的最高额度。

15.3 襄阳市

襄阳市，位于湖北省西北部，汉江中游平原腹地，是鄂、豫、渝、陕毗邻地区的中心城市。襄阳市因地处襄水之阳而得名，汉水穿城而过，分出南北两岸的襄阳、樊城，隔江相望。两城历史上都是军事与商业重镇。今日的襄阳市，既有闻名于世的历史积淀出的深厚人文底蕴，又有汽车制造、航天装备等高新科技产业及都会发展，"新旧和谐共生"成了襄阳市最突出特色。襄阳市建有襄阳高新技术产业开发区、襄阳东津新区（经济技术开发区）、襄阳鱼梁洲经济开发区 3 个开发区。2017 年 12 月，襄阳市获评 2017 中国特色魅力城市200 强。2018 年 4 月 17 日，襄阳市以 102.84 的全面小康指数排名 2017

中国地级市全面小康指数第 54 位。

问：襄阳市出台的总部经济相关政策有哪些？

答：襄阳市出台《襄阳市人民政府关于鼓励引进金融机构的若干意见》（襄阳政发〔2012〕23 号），旨在促进襄阳市区域性金融中心建设，支持和鼓励各类金融机构总部和地区总部到襄阳设立机构，完善襄阳市金融组织体系建设，进一步做大做强金融业，增强金融支持"四个襄阳"建设的能力。

问：总部经济相关政策的主要内容有哪些？

答：《襄阳市人民政府关于鼓励引进金融机构的若干意见》（襄阳政发〔2012〕23 号）除去开篇阐明本意见的目的之外，共分六个部分，分别明确了金融机构总部的定界、适用范围、一次性奖励、办公用房政策、政务服务、解释权以及施行日期等。

问：总部经济相关政策的适用对象有哪些？

答：《襄阳市人民政府关于鼓励引进金融机构的若干意见》（襄阳政发〔2012〕23 号）适用于在襄阳市市区设立的银行业金融机构、证券公司、保险公司、财务公司及金融后台服务中心。

问：金融机构总部的认定条件有哪些？

答：根据《襄阳市人民政府关于鼓励引进金融机构的若干意见》（襄阳政发〔2012〕23 号）规定，金融机构总部经国家金融监管部门批准，注册地址在襄阳、具有独立法人资格的金融机构总部。金融机构地区总部是指直接隶属于法人机构，单独设立的业务总部，并以襄阳为中心，辐射周边地区的金融机构。金融机构地市级机构是指服务全市范围的分支机构或二级金融机构。

问：金融机构总部可享受哪些鼓励政策？

答：根据《襄阳市人民政府关于鼓励引进金融机构的若干意见》（襄阳政发〔2012〕23 号）规定，金融机构总部可享受新设立 / 迁入奖励、建造 / 购买 / 租用办公用房奖励、注册登记直通车服务等鼓励政策。

问：金融机构总部的管理和服务部门有哪些？

答：根据《襄阳市人民政府关于鼓励引进金融机构的若干意见》（襄阳政

发〔2012〕23 号)规定,市金融办牵头负责管理和服务等相关工作。

15.4荆门市

荆门市,地处湖北中部,是长江经济带重要节点城市;是世界长寿之乡、亚洲观鸟之乡、中国网球之乡、湖北省首批绿色生态示范城区。境内土壤富含人体所需"硒""锶"等微量元素,为国内生态农产品和健康养生食品的主要生产基地。荆门市正在加速发展装备制造、新能源新材料、再生资源利用与环保、电子信息、大健康、精细化工、农产品精深加工七大主导产业。全国新型能源化工基地、生态农产品加工基地、新能源汽车产业化基地、绿色建材和装配式建筑产业化基地以及国家通用航空新城、健康产业城、循环经济示范城等四基地三城建设如火如荼。"通用航空新城""新能源汽车之都"两张产业名片熠熠生辉。

问:荆门市出台的总部经济相关政策有哪些?

答:荆门市出台《荆门市人民政府关于加快发展总部经济的意见(摘要)》(荆政发〔2014〕18 号)、《关于加快总部经济发展的六条措施》(2017 年 5 月26 日)、《关于加快总部经济发展六条措施的细则》(荆政办〔2017〕13 号),旨在加快发展总部经济,在荆门市形成总部经济集聚区。

问:总部经济相关政策的主要内容有哪些?

答:《荆门市人民政府关于加快发展总部经济的意见 (摘要)》(荆政发〔2014〕18 号)共分三个部分,分别明确了本意见的工作目标、企业总部认定条件、扶持政策。

《关于加快总部经济发展的六条措施》(2017 年 5 月 26 日)共分六个部分,明确了六条"高标准、多渠道"扶持措施。

《关于加快总部经济发展六条措施的细则》(荆政办〔2017〕13 号)共分六部分,针对《关于加快总部经济发展的六条措施》(2017 年 5 月 26 日)分别明确了各自的实施细则。

问：总部经济相关政策的适用对象有哪些？

答：《荆门市人民政府关于加快发展总部经济的意见(摘要)》(荆政发〔2014〕18号)适用于总部企业,分为综合型总部企业和功能型总部企业。

问：综合型总部企业的认定条件有哪些？

答：根据《荆门市人民政府关于加快发展总部经济的意见(摘要)》(荆政发〔2014〕18号)规定,综合型总部是指由国际性、全国性和大区域性企业设立的,能够履行跨地区管理和服务职能的运营总部或子公司。应具备以下认定条件：

(一)在荆门市工商登记注册,具有独立法人资格,实行统一核算,并在荆门市汇总缴纳企业所得税；

(二)符合荆门市产业发展方向,拥有市外下属企业；

(三)每年在荆门市缴纳"三税"(增值税、营业税、企业所得税)地方留成部分不低于500万元；

(四)承诺自认定之日起10年内不改变注册地。

问：功能型总部企业的认定条件有哪些？

答：根据《荆门市人民政府关于加快发展总部经济的意见(摘要)》(荆政发〔2014〕18号)规定,功能型总部是指由国内外大企业设立的能够履行跨地区研发、资金管理、采购、销售、物流、支持服务等职能的企业总部。应具备以下认定条件：

(一)可无市外下属企业但必须代理市外区域性业务,且市外业务在荆门市产生的税收地方留成部分不低于300万元。

(二)其他认定条件与综合型总部企业相同。

另外,跨区域营运且具有国家最高等级资质认证的检测鉴定、投资咨询、资产评估、会计审计、产权交易、节能评估等中介服务机构参照功能型总部进行认定。

问：总部企业可享受哪些鼓励政策？

答：根据《荆门市人民政府关于加快发展总部经济的意见(摘要)》(荆政

发〔2014〕18 号）规定，新进总部企业可享受落户奖补政策，包括办公用房补贴、经营贡献奖励、高管生活补贴、涉企规费优惠。现有总部企业可按就高原则，自愿申请享受我市相关优惠政策。

根据《关于加快总部经济发展的六条措施》（2017 年 5 月 26 日）规定，总部企业还可享受相应的经营贡献奖励和高管生活补贴。

问：总部企业的管理和服务部门有哪些?

答：根据《荆门市人民政府关于加快发展总部经济的意见（摘要）》（荆政发〔2014〕18 号）规定，市总部经济发展工作领导小组负责管理和服务等相关事宜。

16. 湖南省

16.1 湖南省

湖南省,位于我国中部、长江中游,因大部分区域处于洞庭湖以南而得名"湖南",因省内最大河流湘江流贯全境而简称"湘",省会驻长沙市;是华夏文明的重要发祥地之一;东以幕阜、武功诸山与江西交界,南枕南岭与广东、广西为邻,西以云贵高原东缘与贵州、重庆毗邻,北以滨湖平原与湖北接壤,处于东部沿海地区和中西部地区的过渡带、长江开放经济带和沿海开放经济带的结合部,具有承东启西、连南接北的枢纽地位。湖南省是全国重要的粮食生产基地,自古就有"鱼米之乡"和"湖广熟、天下足"之说。2018 年,全年地区生产总值 36425.8 亿元,比上年增长 7.8%。

问:湖南省出台的总部经济相关政策有哪些?

答: 湖南省出台《关于鼓励跨国公司在湘设立总部企业的若干政策措施》(湘政发〔2014〕29 号),旨在进一步扩大对外开放,鼓励跨国公司在湘设立总部企业,促进总部经济发展。

问:总部经济相关政策的主要内容有哪些?

答:《关于鼓励跨国公司在湘设立总部企业的若干政策措施》(湘政发〔2014〕29 号)开篇阐明本措施目的之外,共分五个部分,分别明确了总部企业认定条件、用地支持政策、金融支持政策、财税支持政策、服务保障措施。

问：总部经济相关政策的适用对象有哪些？

答：《关于鼓励跨国公司在湘设立总部企业的若干政策措施》（湘政发〔2014〕29号）适用于总部企业。总部企业是指跨国公司在湘投资或合资设立、具有独立企业法人资格的，并对所投资或授权管理企业行使管理、服务职能的全球或区域管理总部和功能总部。

问：总部企业的认定条件有哪些？

答：根据《关于鼓励跨国公司在湘设立总部企业的若干政策措施》（湘政发〔2014〕29号）规定，跨国公司申请认定总部企业，应具备下列条件：

（一）跨国公司年营业额在50亿元（人民币，下同）及以上。

（二）总部企业为在湘注册的独立企业法人，注册资本或净资产1000万元及以上，并满足以下条件：

1.全球或区域管理总部：授权管理的企业不少于3个，且年营业额5亿元及以上，在湘年纳税额（地方分成部分，下同）2000万元及以上。

2.功能总部（含投资中心、财务中心、采购中心、研发中心、销售中心、结算中心、物流中心等）：研发中心年研发投资1000万元及以上；投资中心年投资额5000万元及以上；其他功能性总部年营业额2亿元及以上，在湘年纳税总额500万元及以上。

问：总部企业可享受哪些鼓励政策？

答：根据《关于鼓励跨国公司在湘设立总部企业的若干政策措施》（湘政发〔2014〕29号）规定，总部企业可享受用地支持、金融支持、财税支持、服务保障措施等政策。

问：总部企业的管理和服务部门有哪些？

答：根据《关于鼓励跨国公司在湘设立总部企业的若干政策措施》（湘政发〔2014〕29号）规定，省发展开放型经济领导小组牵头负责管理和服务等相关事宜。

16.2长沙市

长沙市,湖南省会及经济、政治和文化中心,中国中部地区的核心城市之一。长沙市历史悠久,且气候宜人,位列"中国十佳休闲宜居生态城市"之首。湖南湘江新区位于湘江西岸,包括长沙市岳麓区、望城区和宁乡市部分区域,前身为2008年6月成立的长沙大河西先导区,2015年5月全面启动建设。面积1200平方千米(核心区域490平方千米)。湘江新区战略定位是"三区一高地",即高端制造研发转化基地和创新创意产业聚集区,产城融合、城乡一体的新型城镇化示范区,全国两型社会建设引领区,长江经济带内陆开放高地;空间布局是"两走廊五基地"。两走廊,即湘江西岸现代服务业走廊和319国道战略性新兴产业走廊。五基地,即自主创新引领基地、先进制造业发展基地、总部经济集聚基地、生态旅游休闲基地、现代都市农业示范基地。

问:湖南湘江新区出台的总部经济相关政策有哪些?

答:湖南湘江新区出台《湖南湘江新区管理委员会关于支持总部经济发展的实施办法》(湘新管发〔2018〕5号),旨在进一步优化总部经济发展环境,打造中部地区总部企业聚集高地,增强湖南湘江新区作为中部首个国家级新区和长江经济带内陆开放高地的服务功能。

问:总部经济相关政策的主要内容有哪些?

答:《湖南湘江新区管理委员会关于支持总部经济发展的实施办法》(湘新管发〔2018〕5号)按照规范文件体例分总则、分则、附则共四章十三条。第一章包括第一、二条,分别明确本办法目的、适用对象和条件;第二章包括第三至七条,明确了奖励扶持标准;第三章包括第八至十一条,明确了管理监督相关事宜;第四章包括第十二至十三条,分别明确了实施原则、施行日期。

问:总部经济相关政策的适用对象有哪些?

答:《湖南湘江新区管理委员会关于支持总部经济发展的实施办法》(湘

新管发〔2018〕5 号)适用于总部企业。

问：总部企业的认定条件有哪些？

答：根据《湖南湘江新区管理委员会关于支持总部经济发展的实施办法》(湘新管发〔2018〕5 号)规定,总部企业是指办法公布后新设立、新上市或从长沙市外新迁入,在岳麓区进行工商注册、税务登记、统一核算、汇总缴纳企业所得税,并满足以下条件之一的独立法人企业(房地产企业除外):

(一)在岳麓区注册并持续经营满 1 年,上一年度形成地方贡献 500 万元及以上。

(二)在岳麓区注册但经营不满 1 年,与新区管委会签订协议,承诺次年形成地方贡献 500 万元及以上。

(三)上一年度美国《财富》杂志评选公布的"全球最大 500 家公司"或其控股子公司。

(四)上一年度中国企业联合会、中国企业家协会按惯例向社会公布的中国企业 500 强。

(五)在中国香港、美国等境外证券交易市场或国内主板、中小板、创业板挂牌上市公司。

(六)符合新区产业发展战略,具有重大产业支撑作用,经新区管委会批准认可的总部企业。

问：总部企业可享受哪些鼓励政策？

答：根据《湖南湘江新区管理委员会关于支持总部经济发展的实施办法》(湘新管发〔2018〕5 号)规定,总部企业可享受经营贡献奖励、办公场地奖励、引进人才奖励等奖励扶持。

问：总部企业的管理和服务部门有哪些？

答：根据《湖南湘江新区管理委员会关于支持总部经济发展的实施办法》(湘新管发〔2018〕5 号)规定,湘江新区管理委员会牵头负责管理和服务等相关事宜。

16.3邵阳市

邵阳市,湖南省下辖地级市,史称"宝庆"。位于湘中偏西南,资江上游;越岭逶迤东、南,雪峰山耸峙西、北,资江自西南向东北流贯全境,中间为丘陵盆地。东与衡阳市为邻,南与永州市和广西壮族自治区桂林市接壤,西与怀化市交界,北与娄底市毗连。邵阳历史悠久、钟灵毓秀、物华天宝。2018年地区生产总值1782.7亿元;新批外资项目28个,实际利用境外资金3.02亿美元,增长13.6%。引进市外境内资金1655.8亿元、增长18.3%,其中省外境内资金390.72亿元、增长18.1%。引进亿元以上项目152个、增长27.7%。

问:邵阳市出台的总部经济相关政策有哪些?

答:邵阳市出台《推进保税改革试点促进开放型经济发展的若干政策措施》(邵市政发〔2018〕9号),旨在全面落实省委、省人民政府"创新引领、开放崛起"发展战略,加速推进"二中心一枢纽"战略实施,全力推进保税改革试点工作,促进开放型经济健康发展。第三条"支持招大引强"第二款"支持发展总部经济"。

问:总部经济相关政策的主要内容有哪些?

答:根据《推进保税改革试点促进开放型经济发展的若干政策措施》(邵市政发〔2018〕9号)规定,第三部分支持招大引强第二条明确提出支持发展总部经济。

问:总部经济相关政策的适用对象有哪些?

答:《推进保税改革试点促进开放型经济发展的若干政策措施》(邵市政发〔2018〕9号)适用于总部企业、功能性总部。总部企业涵盖生产型世界500强企业、生产型中国500强企业、生产型中国民营企业500强、高新技术企业或上市企业等在邵阳市设立的总部企业。功能型总部涵盖销售中心(房地产业除外)、运营中心、研发中心等功能型总部。

问：总部企业可享受哪些鼓励政策？

答：根据《推进保税改革试点促进开放型经济发展的若干政策措施》(邵市政发〔2018〕9 号)规定，总部企业可享受相应的鼓励政策。

(一)对新引进的生产型世界 500 强企业，在邵阳市注册设立结算中心并独立核算的总部企业，经认定功能为亚太区总部及以上的，给予 5000 万元的奖励。经认定功能为大中华区总部的，给予 3000 万元奖励；经认定功能为华中区总部的，给予 2000 万元奖励。

(二)对新引进的生产型中国 500 强企业，在邵阳市注册设立结算中心并独立核算的总部企业，经工商、税务部门认定后，给予 3000 万元奖励；新引进的生产型中国民营企业 500 强，在邵阳市注册设立结算中心并独立核算的总部企业，经工商、税务部门认定后，给予 2000 万元奖励。

(三)对新引进经认定的销售中心(房地产业除外)、运营中心、研发中心等功能型总部发展升级为综合型总部的，给予一次性奖励 100 万元。

(四)已认定的高新技术企业或上市企业将总部搬迁至邵阳市且年纳税达 500 万元以上的，一次性奖励 200 万元。新引进经认定的总部企业租用、购置、新建办公用房的，按一定比例或标准给予办公用房补贴，综合型总部企业单项最高可补贴 200 万元，功能型总部企业单项最高可补贴 100 万元。

(五) 新引进的总部企业开发建设大型商务楼宇并引进其他企业入驻，整栋楼宇引进的其他企业年度合计缴纳"两税"地方留成部分首次突破 2000 万元的，给予其一次性奖励 300 万元。

(六)引进的总部企业自认定为总部企业年度起，纳入本市统计核算的营业收入达到 20 亿元的，按营业收入的 1.5% 给予资金支持，最高不超过 3500 万元；对达到 15 亿元 ~20 亿元的，按营业收入的 1% 给予资金奖励；对营业收入达到 10 亿元 ~15 亿元的，按营业收入的 0.7% 给予资金奖励，支持期限为两年。

(七)对新引进的总部企业自认定为总部企业年度起，按最高不超过企业当年在我市缴纳增值税、企业所得税(以下简称"两税")地方财政实得部分的 70%，连续三年给予奖励。

问：总部企业的管理和服务部门有哪些？

答：根据《推进保税改革试点促进开放型经济发展的若干政策措施》(邵市政发〔2018〕9 号)规定，市商务局牵头负责管理和服务等相关事宜。

16.4 永州市

永州市，位于湖南省南部；东连郴州，南界广东省清远市、广西壮族自治区贺州市，西接广西壮族自治区桂林市，北邻衡阳、邵阳两市。湘江经西向东穿越零祁盆地，潇水自南至北纵贯全境。2018 年，永州市深入推进供给侧结构性改革，坚决打好"三大攻坚战"，加快推进开放兴市、产业强市。全年新批外商投资项目 15 个，实际使用外商直接投资 12.12 亿美元、比 2017 年增长 12.1%；新批境内省外项目 197 个，实际到位境内省外资金 314.84 亿元、增长 17.5%；引进 2 亿元以上境内省外项目 119 个，增长 25.3%；实际到位资金 166.67 亿元、增长 20.5%。

问：永州市出台的总部经济相关政策有哪些？

答：永州市出台《进一步扩大开放鼓励投资的若干措施》(永政发〔2017〕11 号)，旨在落实省政府相关文件，坚持积极开放的原则，把鼓励投资作为全市对外开放的重中之重。

问：总部经济相关政策的主要内容有哪些？

答：根据《进一步扩大开放鼓励投资的若干措施》(永政发〔2017〕11 号)规定，涉及总部经济的主要内容包括第六至十部分，分别鼓励发展总部经济、拓宽企业融资渠道、支持企业上市、支持企业增资扩能、支持企业科技创新等。

问：总部经济相关政策的适用对象有哪些？

答：《进一步扩大开放鼓励投资的若干措施》(永政发〔2017〕11 号)适用于总部企业。总部企业涵盖地区总部、运营中心、研发中心、采购中心、营销中心、结算中心等。

问：总部企业的认定条件有哪些？

答：《进一步扩大开放鼓励投资的若干措施》（永政发〔2017〕11 号）中未对总部企业认定条件做出相应规定。

问：总部企业可享受哪些鼓励政策？

答：根据《进一步扩大开放鼓励投资的若干措施》（永政发〔2017〕11 号）规定，总部企业可享受贡献奖、突出贡献奖、提升能级奖、管理人才奖、迁入奖等鼓励政策。

16.5 湘西土家族苗族自治州

湘西土家族苗族自治州，位于湖南省西北部，地处湘鄂黔渝四省市交界处。湘西是习近平精准扶贫重要论述的首倡地，是国家西部开发、国家承接产业转移示范区、武陵山片区区域发展与扶贫攻坚试点地区，是湖南省唯一的少数民族自治州和扶贫攻坚主战场。2018 年以来，湘西强力推进"三大攻坚战"和"六稳"政策措施的落实，突出抓扶贫、重环保、防风险、促改革、优营商、稳增长，全州经济运行总体平稳，结构调整不断加快，新旧动能接续转换，质量效益稳步提升，高质量发展扎实推进。2018 年，实际利用州外境内资金 393.3 亿元，增长 20%，实际利用外资 412 万美元，增长 37.3%。汽车制造业、通信电子设备制造业、酒饮料和精制茶制造业及以新材料和建材为主的金属制品业均出现增长。

问：湘西土家族苗族自治州出台的总部经济相关政策有哪些？

答：湘西土家族苗族自治州湘西经济开发区出台《湘西经济开发区商贸服务及总部经济项目招商优惠政策》（索引号：006686322/2017-00324），旨在加大湘西经济开发区商贸服务及总部经济项目的招商力度，支持和鼓励现代服务产业发展，进一步完善城市功能配套，提升城市综合竞争力，促进经济快速发展。

问:总部经济相关政策的主要内容有哪些?

答:《湘西经济开发区商贸服务及总部经济项目招商优惠政策》(索引号:006686322/2017-00324)共三章十一条。第一章包括第一、二条,明确了对象范围;第二章包括第三至八条,明确了相关优惠政策;第三章包括第九至十一条分别明确了施行日期、税额范围、解释权等。

问:总部经济相关政策的适用对象有哪些?

答:《湘西经济开发区商贸服务及总部经济项目招商优惠政策》(索引号:006686322/2017-00324)适用于商贸服务、总部企业。

问:总部企业的认定条件有哪些?

答:根据《湘西经济开发区商贸服务及总部经济项目招商优惠政策》(索引号:006686322/2017-00324)规定,商贸服务、总部企业需要在湘西经济开发区内新注册登记、依法纳税、具有独立法人资格,实行独立或统一核算的商贸服务、总部企业。

另外,入驻企业必须符合国家、湖南省产业政策和湘西经济开发区产业发展导向,且符合环保、消防、安监、食药等相关部门政策、资质要求。

问:总部企业可享受哪些鼓励政策?

答:根据《湘西经济开发区商贸服务及总部经济项目招商优惠政策》(索引号:006686322/2017-00324)规定,总部企业可享受土地政策、产业扶持、税收政策、奖补政策、营商环境、"一事一议"特惠政策等鼓励政策。

奖补政策涵盖租金补贴、装修补贴、鼓励企业技术创新和创品夺牌等鼓励政策;"一事一议"特惠政策是对世界500强、中国500强、上市公司、央(国)企及产业带动强、附加值高的重大商贸服务业及总部经济项目,采取"一事一议"的方式单独制定优惠政策。

问:总部企业的管理和服务部门有哪些?

答:根据《湘西经济开发区商贸服务及总部经济项目招商优惠政策》(索引号:006686322/2017-00324)规定,湘西经济开发区管理委员会牵头负责管理和服务等相关事宜。

第五部分

华南地区

17. 广东省

17.1 广东省

广东省,地处祖国大陆最南部,自东至西依次与福建省、江西省、湖南省、广西壮族自治区接壤;毗邻中国香港、澳门特别行政区;西南端隔琼州海峡与海南省相望;广东省是中国改革开放最前沿阵地。2014 年 12 月,国务院批复正式设立中国(广东)自由贸易试验区。2017 年,广东省利用外资质量效益提升,制造业实际外资占全部外资比重达 26.3%,成功引进法国空中客车(中国)创新中心、苹果深圳研发中心等一批高端外资项目。广东自贸试验区累计新设立企业 19.5 万家,位居各自贸试验区首位,其中,世界 500 强企业设立企业 411 家,实际利用外资 126 亿美元,约占全省的 20%。珠三角对"一带一路"沿线国家进出口占比提高到 21.7%。

问:广东省出台的总部经济相关政策有哪些?

答:广东省出台《广东省进一步扩大对外开放积极利用外资若干政策措施(修订版)》(粤府〔2018〕78 号),旨在深入贯彻习近平新时代中国特色社会主义思想和党的十九大精神,落实国务院相关文件要求,进一步积极有效利用外资,实现以高水平开放推动我省经济高质量发展。

问:总部经济相关政策的主要内容有哪些?

答:《广东省进一步扩大对外开放积极利用外资若干政策措施(修订版)》(粤府〔2018〕78 号)共分十个部分,分别明确了进一步扩大市场准入领域、加大利用外资财政奖励力度、加强用地保障、支持研发创新、加大金融支持力度、加大人才支持力度、加强知识产权保护、提升投资贸易便利化水平、优化重点园区吸收外资环境、完善利用外资保障机制。

问：总部经济相关政策的适用对象有哪些？

答：《广东省进一步扩大对外开放积极利用外资若干政策措施（修订版）》(粤府〔2018〕78号)适用于外资跨国公司总部或地区总部、外资研发机构(含企业内设研发机构)等。

问：总部企业可享受哪些鼓励政策？

答：根据《广东省进一步扩大对外开放积极利用外资若干政策措施(修订版)》(粤府〔2018〕78号)规定,总部企业可享受新入驻奖、"一项目一议"方式重点支持、财政贡献奖励、用地保障、进口科技产品税赋减免、通关便利等。

问：总部企业的管理和服务部门有哪些？

答：根据《广东省进一步扩大对外开放积极利用外资若干政策措施(修订版)》(粤府〔2018〕78号)规定,完善利用外资保障机制,包括协调机制、联席会议机制、投诉机制。

17.2广州市

广州市,又称羊城、穗城,广东省省会,广东省政治、经济、科技、教育和文化的中心。广州市地处中国大陆南方,广东省的中南部,珠江三角洲的北缘,接近珠江流域下游入海口。东连惠州市博罗、龙门两县,西邻佛山市的三水、南海和顺德区,北靠清远市的市区和佛冈县及韶关市的新丰县,南接东莞市和中山市,隔海与中国香港、澳门特别行政区相望。

广州市有中国"南大门"之称,地处改革开放前沿,得改革风气之先,在改革开放中先行先试、不断发展壮大为国家重要中心城市。全球高端资源不断汇聚广州,思科智慧城、GE生物科技园、富士康第10.5代显示器全生态产业园、冷泉港价值创新园、赛默飞精准医疗客户体验中心等世界级产业创新项目接踵入驻广州，开放方式也从单一招商引资为主拓展到引资引智引技并重。2017年外商年度实际直接投资规模比1979年增长近万倍，全年新签外商直接投资项目2459个，合同外资金额133.91亿美元。截至2018年上半年，广州市吸引了全球130多个国家和地区的投资者前来投资创业，累计3万家外商投资企业投资创业，实际利用外资总额超过850亿美元，297家世界500强企业在广州设立921个项目。在未来，随着粤港澳大湾区的建立，广州市在湾区的核心城市地位将逐步凸显。

问：广州市出台的总部经济相关政策有哪些？

答：广州市出台《广州市促进总部经济发展暂行办法》(穗府办规〔2018〕9号)，旨在加快建设国际航运中心、物流中心、贸易中心、现代金融服务体系和国家创新中心城市，加快推进广州市总部经济发展，培育具有核心竞争力的企业集群。

问：总部经济相关政策的主要内容有哪些？

答：《广州市促进总部经济发展暂行办法》(穗府办规〔2018〕9号)按照规范文件体例分总则、分则、附则共五章十九条。第一章包括第一至四条，分别明确了本办法目的、总部企业界定、总体思路、工作机制；第二章包括第五至七条，明确了总部企业主要条件；第三章包括第八至十一条，明确了扶持政策和服务；第四章包括经十二至十六条，明确了监督管理相关事宜；第五章包括第十七至十九条，明确了施行日期和有效期等事宜。

问：总部经济相关政策的适用对象有哪些？

答：《广州市促进总部经济发展暂行办法》(穗府办规〔2018〕9号)适用于总部企业。总部企业是指在广州市登记和纳税且对本市经济社会发展做出较大贡献的各类商事主体，包括有限责任公司、股份有限公司和分公司，以及合伙企业、非公司制企业法人、个人独资企业、个体工商户等，即包括符合条件的各类商事主体，不论公司设立形式，只要对广州市经济社会发展有贡献的，均具有获得政策支持和优质服务的资格，体现了促进企业集群"全覆盖"。

问:总部企业的主要认定条件有哪些?

答:根据《广州市促进总部经济发展暂行办法》(穗府办规〔2018〕9号)规定,广州市总部企业应达到以下主要认定条件:

一、农业

(一)涉及生物与健康等战略性新兴产业的农业。

1.上一年度营业收入1亿元以上。

2.上一年度在广州市纳税总额不低于2000万元。

3.注册资本100万元以上。

(二)除涉及战略性新兴产业外的其他农业。

1.上一年度营业收入5亿元以上。

2.上一年度在广州市纳税总额不低于1亿元。

3.注册资本200万元以上。

二、工业和建筑业

(一)涉及新一代信息技术、生物与健康、新材料与高端装备、新能源汽车、新能源与节能环保等战略性新兴产业的工业。

1.上一年度营业收入1亿元以上。

2.上一年度在广州市纳税总额不低于5000万元。

3.注册资本100万元以上。

(二)除涉及战略性新兴产业外的其他工业。

1.上一年度营业收入5亿元以上。

2.上一年度在广州市纳税总额不低于1亿元。

3.注册资本200万元以上。

(三)建筑业。

1.上一年度营业收入5亿元以上。

2.上一年度在我市纳税总额不低于1亿元。

3.注册资本 200 万元以上。

三、服务业

(一)现代物流业、金融业、软件和信息服务业、租赁和商务服务业、科技服务业、水利、环境和公共设施管理业、教育、卫生和社会服务、文化、体育和娱乐业。

1.上一年度营业收入 1 亿元以上。

2.上一年度在广州市纳税总额不低于 2000 万元。

3.注册资本 100 万元以上。

(二)住宿餐饮业。

1.上一年度营业收入 2 亿元以上。

2.上一年度在广州市纳税总额不低于 5000 万元。

3.注册资本 200 万元以上。

(三)批发零售业、居民服务、修理和其他服务业。

1.上一年度营业收入 5 亿元以上。

2.上一年度在广州市纳税总额不低于 1 亿元。

3.注册资本 200 万元以上。

(四)房地产业。

1.上一年度营业收入 50 亿元以上。

2.上一年度在广州市纳税总额不低于 6 亿元。

3.注册资本 5000 万元以上。

问:总部企业的特殊条件及实施方式有哪些?

答:根据《广州市促进总部经济发展暂行办法》(穗府办规〔2018〕9 号)规定,广州市委、市政府重点引进,对本市产业发展具有重大带动作用的企业,可以直接认定为总部企业,并按照"一企一策"方式给予各类政策支持和服务。对全国行业排名第一的龙头企业,可以专题研究给予政策扶持。

问：针对成长型企业实施了哪些培育工作？

答：根据《广州市促进总部经济发展暂行办法》（穗府办规〔2018〕9号）规定，各区要加强培育总部企业的工作，构建从"种子企业"到"总部企业"的良性发展梯队。建立年纳税总额200万元以上且近两年连续增长20%以上的培育型企业信息库，对符合产业导向、成长性好、具有较大发展潜力的培育型企业要出台扶持政策，提供用地、资金、人才等方面的支持和优质服务。

问：总部企业可享受哪些鼓励政策？

答：根据《广州市促进总部经济发展暂行办法》（穗府办规〔2018〕9号）规定，加大总部企业奖励和补贴。新引进总部企业可享受新落户奖；新引进和存量总部企业均可享受办公用房补贴／购房补贴、中高级管理人员奖励、并购重组奖励；总部经济集聚区管理奖励。

总部企业可享受的政策和服务包括荣誉表彰，协调服务，用地支持，重点建设项目支持，人才户籍、人才绿卡和集体户支持，子女入园入学，人才公寓支持，外籍人员工作与居留，粤港、粤澳通行，医疗服务，汽车牌照支持，办税（地税）绿色通道服务，人才服务便利等。

问：总部企业的管理和服务部门有哪些？

答：根据《广州市促进总部经济发展暂行办法》（穗府办规〔2018〕9号）规定，市发展改革部门负责建立完善促进总部经济发展工作协调机制，各区政府、市有关部门按照分工积极主动协调总部企业发展中遇到的问题。属于区级权限内的事项，由各区给予协调解决；属于市有关部门权限内的事项，由市有关部门给予协调解决；需跨部门综合协调解决的事项，由市发展改革部门汇总后分类提请分管市领导或市政府协调。

17.3深圳市

深圳市，又称鹏城，中国南部海滨城市，毗邻中国香港。地处广东省南部，珠江口东岸，东临大亚湾和大鹏湾；西濒珠江口和伶仃洋；南边深圳河与中国香港相连;北部与东莞、惠州两城市接壤。

深圳市是我国最早实施改革开放、影响最大、建设最好的经济特区、中国(广东)自由贸易试验区的一部分;是全国经济中心城市、科技创新中心、区域金融中心、商贸物流中心,在国际上知名度、影响力不断扩大。2018 年,深圳市生产总值突破 2.4 万亿元、同比增长 7.6%,经济总量居亚洲城市前五。全年新设立企业 29 万户、总量增长 11.6%;新增上市公司 16 家,新引进持牌金融机构 26 家;新设外商投资企业增长近 1.2 倍,实际利用外资 82 亿美元、增长 11%,对外直接投资增长 118%。

问:深圳市出台的总部经济相关政策有哪些?

答:深圳市出台《深圳市人民政府关于加快总部经济发展的若干意见》(深府〔2008〕1 号),旨在鼓励和促进深圳总部经济的发展,加快形成总部经济的规模效应。

《深圳市鼓励总部企业发展实施办法》(深府规〔2017〕7 号),旨在促进总部经济发展,提高经济发展质量,增强深圳作为全国经济中心城市的辐射带动作用,加快建设现代化国际化创新型城市和国际科技产业创新中心。

问:总部经济相关政策的主要内容有哪些?

答:《深圳市人民政府关于加快总部经济发展的若干意见》(深府〔2008〕1 号)开篇阐明本意见目的之外,共分八个部分,分别明确了充分认识发展总部经济的重要性和紧迫性,指导思想、基本原则和总体目标,突出战略重点、加快形成总部经济基本框架,完善支撑体系、营造总部经济发展的良好运营环境,完善政策措施、加大总部经济的扶持力度,提供便利措施、为总部企业提供优质高效服务,推进区域合作、拓展总部企业市场空间,加强统筹协调、完善发展总部经济工作机制。

《深圳市鼓励总部企业发展实施办法》(深府规〔2017〕7 号)按照规范文件体例分总则、分则和总则共四章三十五条。第一章包括第一至四条,分别明确了本办法目的、总部企业界定、认定条件、组织机构;第二章包括第五至十六条,明确了支持措施;第三章包括第十七至二十八条,明确了监督管理相关事宜;第四章包括第二十九至三十五条,分别明确本办法中的几个相关概念界定、解释权、施行日期和有效期等。

问:总部经济相关政策的适用对象有哪些?

答:《深圳市人民政府关于加快总部经济发展的若干意见》(深府〔2008〕1号)适用于企业总部,发展总部经济。

《深圳市鼓励总部企业发展实施办法》(深府规〔2017〕7号)适用于总部企业,是指在本市设立具有独立法人资格,对一定区域内的企业行使投资控股、运营决策、集中销售、财务结算等管理服务职能的总机构。

问:总部企业的认定条件有哪些?

答:根据《深圳市鼓励总部企业发展实施办法》(深府规〔2017〕7号)规定,符合下列条件之一的总部企业,可作为深圳市总部企业享受本办法规定的总部企业支持政策。

(一)在本市注册且持续经营1年(含)以上,上年度纳入本市统计核算的产值规模(营业收入)不低于20亿元(人民币,下同)且形成地方财力不低于4000万元,或上年度纳入本市统计核算的产值规模(营业收入)不低于15亿元且形成地方财力不低于6000万元,或上年度纳入本市统计核算的产值规模(营业收入)不低于10亿元且形成地方财力不低于8000万元。

(二)在本市注册但经营不满1年,实缴注册资本不低于5亿元,且其控股母公司总资产不低于100亿元,上年度产值规模(营业收入)不低于100亿元,并与市政府签订合作协议,承诺次年纳入本市统计核算的产值规模(营业收入)不低于50亿元且在本市形成的地方财力不低于6000万元。

(三)由原注册地新迁入的企业,上年度产值规模(营业收入)不低于50亿元,并与市政府签订合作协议,承诺在本市实缴注册资本不低于5亿元,迁入次年纳入本市统计核算的产值规模(营业收入)不低于50亿元且在本市形成的地方财力不低于6000万元。

(四)符合深圳产业发展战略和产业政策,具有重大产业支撑作用,经市政府批准,并与市政府签订合作协议的总部企业。

问：总部企业可享受哪些鼓励政策？

答：根据《深圳市鼓励总部企业发展实施办法》(深府规〔2017〕7 号)规定，总部企业可享受落户奖励，贡献奖励，租用 / 购买用房补贴，高级管理人员优惠政策、便利措施和贡献奖。

问：总部企业的管理和服务部门有哪些？

答：根据《深圳市鼓励总部企业发展实施办法》(深府规〔2017〕7 号)规定，深圳市总部经济发展工作领导小组负责指导、管理、监督全市总部经济发展工作，审议有关总部企业支持措施。领导小组组长由市长担任，副组长由分管副市长担任。领导小组办公室设在市发展改革部门，负责领导小组的日常工作。

17.4 珠海市

珠海市，濒临南海，东与中国香港水路相距 36 海里，南与澳门陆地相连，港珠澳大桥竣工后，珠海市成为内地唯一与中国香港、澳门同时陆路相连的城市。珠海市是我国重要的口岸城市，是仅次于深圳的中国第二大口岸城市。2018 年，珠海市认真落实"稳就业、稳金融、稳外贸、稳外资、稳投资、稳预期"等中央、省关于经济工作的各项决策部署，落实高质量发展要求，实现地区生产总值 2914.74 亿元，同比增长 8.0%；全年新设外商投资企业 3973 个，比 2017 年增长 153.9%。截至 2018 年年底，全市累计设立外商投资企业 19072 个，商事登记为在营状态的外商投资企业实有 12410 户。

问：珠海市出台的总部经济相关政策有哪些？

答：珠海市出台《珠海市加强总部企业发展实施办法》(珠府办函〔2018〕308 号)，旨在进一步加强总部经济招商引资工作，打造具有比较优势的总部经济生态圈，形成具有国际竞争力的现代产业集群，促进全市经济高质量发展。

问：总部经济相关政策的主要内容有哪些？

答：《珠海市加强总部企业发展实施办法》(珠府办函〔2018〕308 号)按照

规范文件体例分总则、分则、附则共五章十一条。第一章包括第一至三条,分别明确了本办法目的、总部企业界定、组织机构;第二章包括第四、五条,明确了总部企业认定;第三章包括第六条,明确了总部企业奖励;第四章包括第七至九条,明确了监督管理;第五章包括第十、十一条,分别明确了规模界定、施行日期和有效期、解释权等。

问:总部经济相关政策的适用对象有哪些?

答:《珠海市加强总部企业发展实施办法》(珠府办函〔2018〕308号)适用于总部企业。总部企业是指在珠海市登记、纳税和对本市经济社会发展做出较大贡献的各类商事主体,并承诺10年内不迁离珠海、不改变在珠海纳税义务、不减少注册资本,包括有限责任公司、股份有限公司及其子公司、合伙企业、非公司制企业法人、个人独资企业、个体工商户等。

问:总部企业的认定条件有哪些?

答:根据《珠海市加强总部企业发展实施办法》(珠府办函〔2018〕308号)规定,总部企业认定依据第四条、第五条。

第四条　每年按本条第(一)项或第(二)项对新落户企业进行总部认定,按本条第(二)项进行复核;按本条第(二)项对珠海市原有企业进行总部认定或复核。

(一)新落户直接认定总部企业。新落户的世界500强、上市企业、中央大型企业、中国企业500强、中国民营企业500强、商务部认定或备案的跨国公司等,符合本条第(二)项产业要求的,在落户一年内可直接认定为总部企业。

1.世界500强是指上一年度《福布斯》(*Forbes*)杂志公布的全球企业500强排行榜的企业本身或其直接控股子公司。

2.上市企业指在境内外主板上市的优质企业。

3.中央大型企业是指上一年度纳入国务院国资委等部委管理的企业本身或其直接控股子公司。

4.中国企业500强是指上一年度中国企业联合会、中国企业家协会向社会公布的中国企业 500 强企业本身或其直接控股子公司。

5.中国民营企业 500 强是指上一年度全国工商联向社会公布的上一年度规模民营企业 500 强企业本身或其直接控股子公司。

(二)根据主营业务收入和纳税总额认定总部企业。

1.现代工业。主营业务收入不低于 5 亿元,纳税总额不低于 5000 万元。其中,新一代信息技术、高端装备制造、人工智能、互联网、绿色低碳、节能环保、生物医药和生命健康、数字经济、新能源、新材料等战略性新兴产业,主营业务收入不低于 1 亿元,纳税总额不低于 1000 万元。

2.建筑业。企业具有相应资质,主营业务收入不低于 5 亿元,纳税总额不低于 5000 万元。

3.金融业。主营业务收入不低于 5 亿元,纳税总额不低于 1 亿元。

4.现代物流、交通运输、商贸服务、批发业。主营业务收入不低于 5 亿元,纳税总额不低于 3000 万元。

5.现代农业、软件和信息咨询服务、科技服务、教育、卫生、文化旅游业和通航作业服务。主营业务收入不低于 1 亿元,纳税总额不低于 1000 万元,其中现代农业类纳税总额不低于 800 万元。

6.本办法所称主营业务收入是指企业上一年度的企业所得税汇算清缴申报的主营业务收入;纳税总额是指公历年度内(即 1 月 1 日至 12 月 31 日)由企业自身产生的企业所得税、增值税、房产税、土地使用税、印花税、附加税等入库税款(含免抵调库),但不包括消费税、代扣代缴个人所得税、代扣代缴非居民税收、海关征收的相关税收及相关退税。主营业务收入和纳税总额可以单个企业本身数据计算,也可以将企业及其下属各级控股企业和分支机构的数据合并计算,但不得重复计算。控股是指持股比例在 50% 以上。对珠海市地方财政贡献计算范围与纳税总额计算范围相同。

第五条 对符合珠海市产业发展战略和产业政策、具有重大产业支撑作用的企业,经市政府批准,可直接申请为总部企业,并按"一企一策"方式给予政策支持和服务。

问：总部企业可享受哪些鼓励政策？

答：根据《珠海市加强总部企业发展实施办法》（珠府办函〔2018〕308号）规定，总部企业可享受新落户总部奖、经营贡献奖、并购重组奖、办公用房补贴、高管纳税补助、用地支持、人才支持、商业楼宇招商支持等鼓励政策。

问：总部企业的管理和服务部门有哪些？

答：根据《珠海市加强总部企业发展实施办法》（珠府办函〔2018〕308号）规定，成立珠海市加快总部经济发展工作领导小组，统筹推进全市总部经济发展工作。领导小组由市长任组长，分管副市长任副组长，成员包括各区政府（管委会）、市发改局、市科工信局、市教育局、市公安局、市财政局、市人社局、市国土资源局、市住规建局、市海洋农业和水务局、市商务局、市文体旅游局、市卫计局、市工商局、市食药监局、市统计局、市法制局、市金融工作局、市税务局等单位主要负责人。领导小组办公室设在市商务局，负责领导小组日常工作。

17.5 汕头市

汕头市，位于广东省东部，韩江三角洲南端，北接潮州，西邻揭阳，东南濒临南海。拥有华侨港澳台同胞500多万人，遍布世界100多个国家和地区；归侨侨眷和港澳台同胞家属200多万人。2018年，全市拥有各类市场主体34.75万户，其中民营经济单位33.57万户，占全市经济单位的96.6%。民营经济单位总部理论上应该是汕头市总部经济主体。

问：汕头市出台的总部经济相关政策有哪些？

答：汕头市出台《汕头市加快总部经济发展的若干意见》（汕办发〔2011〕30号）[①]。

《汕头市总部企业认定办法》（汕府〔2015〕125号），旨在吸引总部企业、

---

① 未能找到原文。

促进汕头市总部经济发展，规范汕头市发展总部经济财税扶持政策的操作执行,规范总部企业认定和管理工作。

《汕头市总部经济扶持奖励实施办法（修订送审稿)》(2019年2月1日),旨在贯彻落实市委办、市府办《关于印发汕头市加快总部经济发展的若干意见的通知》(汕办发〔2011〕30号)的要求,进一步促进汕头市总部企业做强做大和高质量发展。

问:总部经济相关政策的主要内容有哪些?

答:《汕头市总部企业认定办法》(汕府〔2015〕125号)按照规范文件体例分总则、分则、附则共五章二十一条。第一章包括第一、二条,分别明确了本办法的目的、认定原则;第二章包括第三至七条,明确了总部企业认定范围及标准;第三章包括第八至十二条,明确了总部企业认定程序;第四章包括第十三至十七条,明确了总部企业的管理与调整相关事宜;第五章包括第十八至二十一条,分别明确了企业归属认定、折算汇率、不同种类企业界定、施行日期和有效期、解释权等。

《汕头市总部经济扶持奖励实施办法(修订送审稿)》(2019年2月1日)共分十八条,分别明确了本办法的目的、扶持资金来源、扶持资金核算、扶持奖励项目、考核和奖励标准、申报企业认定、初审部门、申请程序、资金分担方式、市级资金负责部门、区县资金负责部门、监督责任、财务准则、企业问责、企业刑事责任、新设立和新迁入企业的界定、解释权、施行日期和有效期。

问:总部经济相关政策的适用对象有哪些?

答:《汕头市加快总部经济发展的若干意见》(汕办发〔2011〕30号)、《汕头市总部企业认定办法》(汕府〔2015〕125号)适用于总部企业。总部企业是指符合汕头市产业发展政策,注册地在汕头市(含区县,下同),具有独立企业法人资格、独立核算,依法开展经营活动,并在本市(合并)汇总缴纳企业所得税的企业(包括本市现有企业和新设立的企业)。

《汕头市总部经济扶持奖励实施办法(修订送审稿)》(2019年2月1日)

适用于总部企业。

问:总部企业的认定条件有哪些?

答:《汕头市总部企业认定办法》(汕府〔2015〕125号)中,第四条、第五条对总部企业认定条件作出了相应规定。

四、汕头市现有企业符合以下任一条款,可认定为总部企业:

(一)荣膺中国驰名商标(国家工商总局认定)的企业。

(二)上市公司。

(三)世界500强、中国500强企业、中央直管企业或其核心营运机构或具有总部性质的职能机构,符合以下条件之一,可同意其进行申报:

1.世界500强、中国500强企业、中央直管企业在汕头注册设立(股份占50%及以上)且具有粤东区域以上(含粤东区域)总部性质的职能机构。

2.世界500强、中国500强企业、中央直管企业与汕头市人民政府签订战略合作(框架)协议,协议指定的汕头承担企业。

(四)注册资金不低于5000万元(人民币、实缴资本,下同),上年度营业收入不低于5亿元、纳税额(缴入市、区县级库的增值税、营业税、企业所得税税额合计,以上税种不含免抵调库税额、代扣代缴代征税额,企业所得税不含企业出售其所持上市公司限售股缴纳的税款。下同)不低于800万元的制造业企业。

(五)注册资金不低于5000万元,上年度营业收入不低于3亿元、纳税额不低于800万元的非制造业企业(其中:房地产企业注册资金不低于2亿元,上年度营业收入不低于5亿元;建筑企业注册资金不低于3000万元,上年度营业收入不低于2.5亿元)。

(六)符合汕头市产业发展导向,且在国内外具有行业领军优势地位,对地方经济直接贡献大,经市总部经济领导小组认定的战略性新兴产业和高新技术产业的领军企业等。具体为:符合以下条件之一的企业,若上年度营业收入不低于2亿元(上年度尚未审计则采用最近一个年度),且比前一年

度增长 15%以上,或者已经进入上市辅导期,并取得省级证券主管部门备案的企业:

1.经省级以上(含省级)认定的战略性新兴产业骨干或培育企业。

2.省级以上(含省级)战略性新兴产业发展专项资金项目、省级以上(含省级)战略性新兴产业核心技术攻关专项承担单位。

3.获得省级以上(含省级)企业技术中心认定企业。

4.经省级以上(含省级)认定的优势传统产业转型升级示范企业。

5.经省级以上(含省级)认定的装备制造业重点骨干企业或重点培育企业。

6.获得省级以上(含省级)高新技术企业认定企业。

7.承担国家火炬计划或星火计划重点项目的企业。

(七)出资人在本市投资一家或以上独立法人企业,该出资人申请认定为总部企业时,其所有全资控股的企业缴入汕头市地方库的纳税额可以合并计算。该出资人所有全资控股企业应委托其中一家本市企业作为其申报总部企业认定及申请总部扶持资金的代表企业并应共同出具书面委托书,提供具备资质的中介机构出具的由同一出资人全资控股的验资报告,并承诺其他企业不再申请总部企业认定和申报总部企业扶持资金。

以上独立法人企业各自独立申请认定为汕头市总部企业并获得认定的,其享受的总部企业扶持资金也相应地单独考核计算。

上述企业申报方式一经选定,五年内不得改变考核口径。

五、在汕头市新设立企业,达到本办法第四条第一至第六条款中任一款条件,或符合以下条件,可认定为总部企业:

(一)注册地在汕头市,具有独立企业法人资格,并在我市(合并)汇总缴纳企业所得税。

(二)新设立的制造业企业,其母公司净资产不低于 5 亿元,在汕头行政区域内投资新设并经工商注册登记,注册资本不低于 5000 万元。

（三）新设立的非制造业企业，其母公司净资产（母公司净资产的计算，按第一大股东母公司持股比例返算计算）不低于3亿元（金融服务类企业，其母公司净资产不低于1亿元，并承诺在汕头海湾新区中建设金融服务区域总部），在汕头行政区域内投资新设并经工商注册登记，注册资金不低于3000万元（其中房地产企业注册资金不低于2亿元）。

企业按本条规定申报总部企业认定时，应提供母公司与新设立企业之间的投资关系证明。母公司属境外企业的，有关证明材料需经当地律师见证或公证机关公证。

问：总部企业可享受哪些鼓励政策？

答：根据《汕头市总部经济扶持奖励实施办法（修订送审稿）》（2019年2月1日）规定，经认定的总部企业可享受总部扶持资金专项奖励，包括总部企业获户奖；总部企业经营贡献奖；总部企业常驻特别奖；总部企业办公用房补贴。

问：总部企业的管理和服务部门有哪些？

答：根据《汕头市总部经济扶持奖励实施办法（修订送审稿）》（2019年2月1日）规定，市工业和信息化局、市商务局、市金融局负责管理和服务相关工作。

17.6 韶关市

韶关市，地处粤北，外接湘赣，内联珠三角，自古是中国南方的交通要冲，素有广东的北大门之称。韶关市是中国优秀旅游城市、全国双拥模范城、全国卫生城市、国家园林城市、全国金融生态市和生态文明建设试点地区，广东省历史文化名城、文明城市、卫生城市、园林城市、林业生态市和生态发展区，是广东省规划建设的区域性中心城市和韶关都市区的核心城市，是全国交通枢纽城市之一，也是国内外客商的热点投资地区。2018年，全年新批外商直接投资项目376个，比2017年增长526.7%。实际利用外资5亿人民币,增长 44.1%。新增省级企业研发机构 21 家、增长 52.5%,亿元以上企业研发机构覆盖率达 45.2%;专利申请量、授权量增幅分居全省第一和第二。与东莞市共建华南先进装备产业园,为韶关市对接珠江西岸产业提供发展载体。大力培育发展先进装备制造、旅游文化、大数据、商贸物流、医药健康、特色农业等新兴支柱产业。

问:韶关市出台的总部经济相关政策有哪些?

答:韶关市出台《韶关市人民政府关于促进总部经济发展的实施意见》(韶府〔2013〕38 号),旨在进一步加快韶关市总部经济的发展,转变经济发展方式,推动产业结构优化升级和现代产业体系建设。

问:总部经济相关政策的主要内容有哪些?

答:《韶关市人民政府关于促进总部经济发展的实施意见》(韶府〔2013〕38 号)开篇阐明本意见的目的之外,共分六个部分,分别明确了总部企业的认定标准,总部企业的认定、需提交的材料、程序和相关责任,优惠政策,建立组织协调机制,施行日期等。

问:总部经济相关政策的适用对象有哪些?

答:《韶关市人民政府关于促进总部经济发展的实施意见》(韶府〔2013〕38 号)适用于总部企业。

问:总部企业的认定条件有哪些?

答:根据《韶关市人民政府关于促进总部经济发展的实施意见》(韶府〔2013〕38 号)规定,申请认定为总部企业,应具备以下基本条件:

(一)企业的核心营运机构或具备总部性质的职能机构设在韶关市,并接受该企业管理和服务的企业不少于 2 个。

(二)在韶关市工商行政管理部门登记注册,具有独立法人资格。

(三)在韶关市办理税务登记,实行"统一计算、分级管理、就地预缴、汇总清算、财政调库"的汇总缴纳企业所得税征收管理办法。

(四)在韶设立的总部企业,其当年税收收入在韶关市本级地方分成部分同比增长 200 万元以上。

问：总部企业可享受哪些鼓励政策？

答：根据《韶关市人民政府关于促进总部经济发展的实施意见》(韶府〔2013〕38号)规定，总部企业可享受纳税奖励；加强总部企业用地规划，保障用地指标及排污总量指标；鼓励总部企业技术创新；加大总部企业人才引进和培育力度；实施总部企业重点人才单列服务；简化行政审批手续；优化政务服务等鼓励支持政策。

问：总部企业的管理和服务部门有哪些？

答：根据《韶关市人民政府关于促进总部经济发展的实施意见》(韶府〔2013〕38号)规定，为加强对韶关市总部经济发展工作的领导，市政府成立市总部经济发展工作领导小组，由市政府领导任组长，市有关职能部门为成员，负责总部经济发展的统筹协调工作，领导小组下设办公室，办公室设在市发展和改革局，负责领导小组日常工作，牵头组织好浈江区、武江区、莞韶产业园总部企业的认定、奖励和补贴办法以及总部经济发展具体措施，协调处理总部经济发展过程中的具体问题，为总部企业提供最优质的服务。

17.7河源市

河源市，东江流域客家人的聚居中心，位于广东省东北部，地处东江中上游，东靠梅州市，南接惠州市，西连韶关市，北邻江西省赣州市。1992年8月，河源市经国务院批准列入沿海经济开放区，成为既可享受山区优惠政策，又可享受沿海开放区优惠政策的地区。2018年，河源市招商引资成果喜人，一批大型央企、民企落户，全年新签约项目240个，其中超亿元189个，超10亿元61个。创新发展取得实效，净增高新技术企业43家，全市存量达141家。

问：河源市出台的总部经济相关政策有哪些？

答：河源市出台《河源市人民政府关于加快发展总部经济的意见》(河府〔2014〕25号)，旨在鼓励和促进河源总部经济发展，发挥总部经济集聚效应。

问：总部经济相关政策的主要内容有哪些？

答：《河源市人民政府关于加快发展总部经济的意见》（河府〔2014〕25号）开篇阐明本意见目的之外，共分四个部分，分别明确了认定标准、认定程序、扶持政策、工作要求。

问：总部经济相关政策的适用对象有哪些？

答：《河源市人民政府关于加快发展总部经济的意见》（河府〔2014〕25号），适用于总部经济企业。总部经济企业是指在本市注册登记，在本市设立结算中心，并在本市统一缴纳税收的企业法人机构。

问：总部企业的认定条件有哪些？

答：根据《河源市人民政府关于加快发展总部经济的意见》（河府〔2014〕25号）规定，认定为总部经济的企业需要同时具备以下条件：

（一）总公司注册地在河源市，具有独立法人资格，实行统一核算，依法诚信经营。

（二）符合河源市产业发展政策。

（三）本市外设立的非独立核算的分支机构原则上不少于3个，且对其负有管理和服务职能，在本市汇总缴纳税收。

（四）总公司营业收入中来自下属企业和分支机构的比例不低于30%。

（五）总公司年度缴纳税收总额不低于3000万元。

问：总部企业可享受哪些鼓励政策？

答：根据《河源市人民政府关于加快发展总部经济的意见》（河府〔2014〕25号）①规定，经认定的总部企业可享受用地扶持政策、财政支持政策、特别行政服务等鼓励政策。

问：总部企业的管理和服务部门有哪些？

答：根据《河源市人民政府关于加快发展总部经济的意见》（河府〔2014〕

---

① 《意见》有效期为2014—2016年，但是2018年8月31日公布的《河源市国有建设用地使用权网上交易出让公告》（http://www.heyuan.gov.cn/jyhgtzyjxxgs/3146592.jhtml）中强调总部型企业用地政策遵从该《意见》，故视其继续有效，并对其进行解读。

25 号)规定,市政府成立市发展总部经济工作领导小组,由市政府分管领导任组长,协管副秘书长、市经济和信息化局局长任副组长,市经济和信息化局、外经贸局、财政局、环境保护局、金融工作局、工商局、国税局、地税局等部门的分管领导为成员。领导小组负责制定总部经济发展相关政策,认定总部经济企业资格,审核有关资助和奖励事项,协调处理总部经济发展的重大问题。领导小组办公室设在市经济和信息化局,负责日常工作。

17.8 梅州市

梅州市,位于广东省东北部,地处闽、粤、赣三省交界处。梅州市是中国历史文化名城,全球最具代表性的客家人聚居地,誉为"世界客都",是叶剑英元帅的故乡、著名革命老区、海峡两岸交流基地,是中国著名的文化之乡、华侨之乡、足球之乡、山歌之乡、金柚之乡、客家菜之乡、单丛茶之乡、油茶之乡、中华诗词之市。祖籍梅州的海外华侨、华人 300 多万人,分布在世界 80 多个国家和地区。据此,梅州市发展"乡贤回乡投资兴业"项目,2019 年前三季度共引进项目 55 个,"乡贤回乡投资兴业"24 个,占引进项目总数的四成,为梅州市高质量发展增添新动力。

问:梅州市出台的总部经济相关政策有哪些?

答:梅州市出台《梅州市关于促进总部经济发展的若干意见》(梅市府办〔2014〕21 号),旨在贯彻落实省委、省政府促进粤东西北振兴发展的决策部署,深入实施"一园两特带动一精"发展战略,进一步转变经济发展方式,促进产业转型升级,增强区域综合竞争力,推动梅州加快振兴发展,鼓励和促进梅州市总部经济发展。

《梅州市总部企业认定办法》(2014 年 7 月 1 日),旨在贯彻落实《梅州市关于促进总部经济发展的若干意见》,进一步规范本市行政区域内总部企业的认定和管理工作。

问：总部经济相关政策的主要内容有哪些？

答：《梅州市关于促进总部经济发展的若干意见》（梅市府办〔2014〕21号）开篇阐明本意见的目的之外，共分五个部分，分别明确了充分认识发展总部经济的重要意义、明确发展总部经济的目标任务与重点、加大对总部经济的扶持力度、建立健全促进总部经济发展工作机制、加强对总部企业的监督管理。

《梅州市总部企业认定办法》（2014年7月1日）①按照规范文件体例分总则、分则、附则共五章二十二条，第一章包括第一至三条，分别明确了本办法目的、认定原则、认定实行制度；第二章包括第四至十条，明确了认定标准；第三章包括第十一至十四条，明确了认定程序；第四章包括第十五至二十条，明确了管理与监督；第五章包括第二十一、二十二条，分别明确了解释权、施行日期。

问：总部经济相关政策的适用对象有哪些？

答：《梅州市关于促进总部经济发展的若干意见》（梅市府办〔2014〕21号）适用于总部经济企业。重点任务是积极引进国内外大型企业集团总部和区域性总部，鼓励大企业设立投资、营销、物流、研发和检测等职能型总部，动员乡贤企业总部回归，加快培育本土成长型总部企业。

问：总部企业的基本认定条件有哪些？

答：《梅州市总部企业认定办法》（2014年7月1日）第二章第四条对总部企业基本认定条件作出规定。

第四条　本市认定的总部企业是指其核心营运机构或具备总部性质的职能机构设在梅州市，并对其所投资的全部或部分企业行使经营、管理和服务职能的企业，且必须符合以下基本条件（包括梅州市现有企业和新设立或新迁入梅州市的企业）。

（一）符合国家、省产业发展政策和梅州市"一园两特带动一精"发展战略。

---

① 没有找到原文。

（二）工商注册和税务登记均在梅州市辖区内。

（三）具有独立法人资格，实行统一核算，并在本市汇总缴纳各项税（指增值税、营业税和企业所得税等）。

（四）企业承诺5年内不将注册地迁离本市，不改变在本市的纳税义务。

问：综合型总部企业的认定条件有哪些？

答：《梅州市总部企业认定办法》（2014年7月1日）第二章第六条综合型总部型企业认定条件作出规定。

第六条　综合型总部是指企业综合竞争能力强，具有决策管理、行政管理、资产管理、资金结算管理、研发管理、采购管理等总部综合职能的大型企业。申请综合型总部认定，应符合下列条件：

（一）符合本办法第四条规定。

（二）实际注册资本或净资产不低于5000万元，上年度营业收入不低于5亿元。

（三）在本市外投资或授权管理的企业不少于2个，营业收入中来自市外的比例不低于30%。

（四）上年度汇总缴入梅州市本级或县（市、区）级库的各项税合计数不低于3000万元人民币。

问：职能型总部企业的认定条件有哪些？

答：《梅州市总部企业认定办法》（2014年7月1日）第二章第七条职能型总部企业认定条件作出规定。

第七条　职能型总部企业是指具有部分总部职能，不局限在本市区域内行使投资、经营、管理和服务等职能并具有唯一性的企业。主要包括投资型总部、营销型总部、物流型总部、研发型总部和检测型总部。

（一）投资、营销和物流总部企业的认定，应符合以下条件：

1.符合本办法第四条规定。

2.实际注册资本或净资产不低于2000万元。

3.上年度营业收入不低于2亿元。

4.上年度汇总缴入梅州市本级或县(市、区)级库的各项税合计数不低于1500万元。

(二)研发和检测总部企业的认定,应符合以下条件:

1.符合本办法第四条规定。

2.实际注册资本或净资产不低于1000万元。

3.上年度营业收入不低于2000万元。

4.上年度汇总缴入梅州市本级,或县(市、区)级库的各项税合计数不低于200万元。

问:成长型总部企业的认定条件有哪些?

答:《梅州市总部企业认定办法》(2014年7月1日)第二章第八条成长型总部企业认定条件作出规定。

第八条 成长型总部企业是指已在本市生产经营和服务一定年限,尚未达到综合型总部企业认定标准,在各行业(产业)中占重要位置的骨干企业。成长型总部企业认定,应符合下列条件:

(一)符合本办法第四条规定。

(二)注册资本或净资产不低于3000万元,且已在本市生产经营和服务3年以上。

(三)上年度营业收入3亿元以上。

(四)上年度在本市纳税额达到1500万元以上且连续三年纳税额比前一年度增长超过20%。

问:跨国公司地区总部等4类总部企业的认定条件有哪些?

答:《梅州市总部企业认定办法》(2014年7月1日)第二章第九条跨国公司地区总部等4类总部企业的认定条件做出规定。

第九条 在符合本办法第四条规定的基础上,属于以下四类的企业可直接认定为总部企业:

(一)商务部认定或备案的跨国公司地区总部,即符合《关于外商投资举办投资性公司的规定》(商务部令2004年第22号)对跨国公司地区总部规定的企业。

（二）国家和中央部门确定的大企业（集团），即国务院国资委管理的企业，银监会、保监会、证监会管理的金融企业，国务院其他部委管理的烟草、铁路、石化等企业在梅州设立的全国总部或区域性总部。

（三）上一年度世界 500 强企业（包括财富世界 500 强与福布斯全球企业 500 强）的中国总部或在华区域总部。

（四）上一年度中国企业联合会、中国企业家协会、全国工商联和中国连锁经营协会发布的中国企业 500 强，国内民营企业 100 强，中国连锁企业 100 强在梅州设立的区域总部。

问：特定总部类型或新兴业态企业的认定条件有哪些？

答：《梅州市总部企业认定办法》（2014 年 7 月 1 日）第二章第十条规定了特定总部类型或新兴业态企业的认定条件。

第十条　对一些特定的总部类型或新兴业态的企业，经市政府研究同意后，在认定条件和鼓励政策上，可实行一企一策。

问：总部企业可享受哪些鼓励政策？

答：根据《梅州市关于促进总部经济发展的若干意见》（梅市府办〔2014〕21 号）规定，加大对总部经济的扶持力度。包括设立总部经济专项资金，优化总部经济发展空间布局，促进城区周边工业园区功能置换，优先保障总部企业用地，引导金融机构加大对总部企业的信贷支持，支持总部企业多渠道融资，鼓励总部企业技术进步，支持总部企业人才队伍建设，解决高层次人才户口迁移、配偶就业和子女就读，优化行政服务，提供通关便利，提供出入境便捷服务，创新延伸服务等鼓励政策。

问：总部企业的管理和服务部门有哪些？

答：根据《梅州市关于促进总部经济发展的若干意见》（梅市府办〔2014〕21 号）规定，成立梅州市促进总部经济发展工作领导小组。

17.9惠州市

　　惠州市,位于广东省东南部,属珠江三角洲东北、东江中下游地区。东接汕尾市,南临南海,并与深圳市相连,西南接东莞市,西交广州市,北与韶关市、西北与河源市为邻。改革开放以来,惠州市从经济结构单一到产业名城,从相对贫困落后到迈向小康,从边远城镇到大湾区重要节点城市,惠州市发生了翻天覆地的变化,成为大湾区一颗璀璨明珠。2018 年,全年共签订外商直接投资项目合同 2006 宗,增长 203.5%;外商直接投资合同金额 181.08 亿元,增长 91.3%;实际利用外商直接投资 63.49 亿元,下降 8.1%。年,末全市工商登记外商企业实有 7945 家(不含分支机构等)。其中,中国香港 5609 家;中国台湾、英属维尔京群岛、萨摩亚合计 722 家;韩国 148 家;美国 70 家;日本 57 家;欧洲 36 家。

　　问:惠州市出台的总部经济相关政策有哪些?

　　答:惠州市出台《惠州市人民政府关于加快发展总部经济的意见》(惠府〔2014〕1 号),旨在加快转变经济发展方式,进一步优化产业结构,提高资源配置效率,大力推动我市总部经济发展。

　　《惠州市总部企业认定和奖励资金管理办法》(惠府〔2018〕49 号),旨在充分发挥总部经济的集聚效应,鼓励和促进惠州总部经济发展,规定总部企业认定和奖励资金管理工作,提高财政资金的使用效果。

　　问:总部经济相关政策的主要内容有哪些?

　　答:《惠州市人民政府关于加快发展总部经济的意见》(惠府〔2014〕1 号)开篇阐明本意见的目的之外,共分三个部分,分别明确了指导思想、主要思路和总体目标,发展重点和主要措施,组织保障。

　　《惠州市总部企业认定和奖励资金管理办法》(惠府〔2018〕49 号)共十六条,分别明确了本办法的目的、总部企业界定、适用范围、资金来源、资金管理原则、认定条件和标准、认定材料、认定程序、奖励政策、报送时间、管理问责、处罚责任、组织机制、专款专用原则、数量规定、施行日期和有效期。

问：总部经济相关政策的适用对象有哪些？

答：《惠州市人民政府关于加快发展总部经济的意见》（惠府〔2014〕1号）适用于总部企业。重点引进一批世界500强企业、中国500强企业、中国服务业500强企业、跨国公司、中央大企业等在惠州设立综合型总部或职能型总部机构。

《惠州市总部企业认定和奖励资金管理办法》（惠府〔2018〕49号）适用于总部企业。总部企业是指在惠州市登记注册并依法开展经营活动、依法办理税务登记和汇缴企业所得税，拥有或控股的下属企业不少于2家，对其控股企业或分支机构（以下统称下属企业）行使投资、经营管理和服务职能，实行统一核算的企业法人机构。

问：总部企业的认定条件有哪些？

答：根据《惠州市总部企业认定和奖励资金管理办法》（惠府〔2018〕49号）规定，总部企业认定的条件和标准如下：

（一）上一年度美国《财富》杂志评选公布的全球最大500家公司的中国总部或在华区域总部。

（二）境内A股上市公司。

（三）商务部及省商务厅认定或备案的跨国公司地区总部。

（四）上一年度中国企业联合会、中国企业家协会、全国工商联和中国连锁经营协会发布的中国企业500强，国内民营企业100强，中国连锁企业100强。

（五）未符合上述4项条件之一的企业，按不同产业类别，总部企业认定须满足以下标准：

1.先进制造业总部。符合惠州市产业发展政策，注册资金或净资产5000万元以上，上一年度主营业务收入10亿元以上，对市和县（区）财政贡献量达到3000万元以上。

2.现代服务业总部。符合惠州市现代服务业发展方向，注册资金或净资产 1000 万元以上,上一年度主营业务收入 3 亿元以上、对市和县(区)财政贡献量达到 500 万元以上。

3.商贸服务业总部。符合惠州市商贸流通业发展方向的企业,注册资金或净资产 5000 万元以上,上一年度主营业务收入 5 亿元以上、对市和县(区)财政贡献量达到 1000 万元以上。

4.互联网服务总部。符合惠州市互联网服务发展方面,注册资金或净资产达到 1000 万元以上,上一年度主营业务收入 3 亿元以上、对市和县(区)财政贡献量达到 500 万元以上。

5.其他行业。符合本办法规定的其他行业(房地产企业除外)总部企业,注册资金或净资产 1000 万元以上, 上一年度主营业务收入 3 亿元以上、对市和县(区)财政贡献量达到 500 万元以上。房地产企业,注册资金或净资产 1 亿元以上,上一年度主营业务收入 10 亿元以上、对市和县(区)财政贡献量达到 3000 万元以上。

问:总部企业可享受哪些鼓励政策?

答:根据《惠州市人民政府关于加快发展总部经济的意见》(惠府〔2014〕1 号)规定,总部企业可享受落户奖、经营贡献奖、用地支持、高端人才政策、服务配套等。

问:总部企业的管理和服务部门有哪些?

答:根据《惠州市总部企业认定和奖励资金管理办法》(惠府〔2018〕49号)规定,建立以市政府主要领导为召集人的市总部经济工作联席会议制度,负责统筹我市加快发展总部经济的有关工作, 协调解决总部经济发展过程中遇到的重大问题。总部经济工作联席会议办公室设在市经济和信息化局,负责日常工作,并协调落实联席会议的相关决定。建立推进总部经济发展的市、县(区)联动机制,统筹协调市、县(区)两级力量,形成推进总部经济发展的合力。

17.10 汕尾市

汕尾市,位于广东省东南部沿海,东临揭阳市,同惠来县交界;西连惠州市,与惠东县接壤;北接河源市,和紫金县相邻;南濒南海。汕尾市是广东省著名侨乡。现有旅外华侨华人和港澳台同胞 130 多万人(其中港、澳、台同胞近 100 万人),对当地和汕尾市的外向型经济和社会发展发挥着积极作用。2017 年,汕尾市侨资企业 294 家,投资总额 14.72 亿美元,注册资本总计 23.68 亿美元。全市参检的 294 家企业中,销售(营业)收入 27.63 亿元,纳税总额 13.79 亿元,利润总额 27.08 亿元。

问:汕尾市出台的总部经济相关政策有哪些?

答:汕尾市出台《汕尾市贯彻落实广东省进一步扩大对外开放积极利用外资若干政策措施(修订版)实施意见》(汕府办〔2018〕40 号),旨在落实国务院和广东省相关文件精神,进一步积极利用外资,营造优良营商环境,促进汕尾市扩大对外开放,奋力推动形成全面开放新格局。

问:总部经济相关政策的主要内容有哪些?

答:《汕尾市贯彻落实广东省进一步扩大对外开放积极利用外资若干政策措施(修订版)实施意见》(汕府办〔2018〕40 号)共十个部分,分别明确了积极扩大利用外资、对利用外资实行财政奖励、强化项目用地优惠和保障、支持企业实施创新驱动、加大金融支持力度、为人才引进提供激励和便利措施、优化知识产权保护环境、落实投资贸易便利化措施、努力将重点园区培育为吸收外资主载体、强化利用外资工作的组织领导。

问:总部经济相关政策的适用对象有哪些?

答:《汕尾市贯彻落实广东省进一步扩大对外开放积极利用外资若干政策措施(修订版)实施意见》(汕府办〔2018〕40 号)适用于外资总部、外资研发机构。

问：总部企业可享受哪些鼓励政策？

答：根据《汕尾市贯彻落实广东省进一步扩大对外开放积极利用外资若干政策措施(修订版)实施意见》(汕府办〔2018〕40号)规定，总部企业可享受财政奖励、用地优惠和保障、研发配套支持、金融支持、人才引进激励和便利措施、知识产权保护、投资贸易便利化等。

问：总部企业的管理和服务部门有哪些？

答：根据《汕尾市贯彻落实广东省进一步扩大对外开放积极利用外资若干政策措施(修订版)实施意见》(汕府办〔2018〕40号)规定，将利用外资工作纳入全市招商引资工作协调管理机制，由"汕尾市招商引资工作领导小组"负责研究、协调、解决外商投资项目从报批、建设、投产、营运过程中遇到的问题，统筹实施重大外资项目一事一议扶持政策。进一步加强利用外资工作责任机制、综合服务机制和督导推进机制建设，健全利用外资工作激励机制。

17.11东莞市

东莞市，位于广东省中南部，珠江口东岸，东江下游的珠江三角洲。因地处广州之东，境内盛产莞草而得名。最东是清溪镇的银瓶嘴山，与惠州市惠阳区接壤；最北是中堂镇大坦乡，与广州市黄埔区和增城区、惠州市博罗县隔江为邻；最西是沙田镇西大坦西北的狮子洋中心航线，与广州市番禺区、南沙区隔海交界；最南是凤岗镇雁田水库，与深圳市宝安区相连。毗邻港澳，处于广州市至深圳市经济走廊中间。

东莞市凭借其优越的地理位置，正在形成会展之城、制造之城。截至2017年底，东莞市拥有广东现代国际展览中心、常平会展中心、虎门会展中心等专业展馆，每年举办展会60场。以中国加工贸易产品博览会(简称"加博会")和广东21世纪海上丝绸之路国际博览会(简称"海丝博览会")等为代表的一系列高规格大型展会，带动东莞市众多产业迸发出新的活力，会展业也得到蓬勃发展,并入选"2017 中国最具竞争力会展城市"。东莞市拥有工业企业 15.1 万家,形成涉及 30 多个行业的完整制造业体系,其中制造业重点行业包括五大支柱产业——电子信息制造业、电气机械及设备制造业、纺织服装鞋帽制造业、食品饮料加工制造业、造纸及纸制品业以及四个特色产业——玩具及文体用品制造业、家具制造业、化工制造业、包装印刷业。

问:东莞市出台的总部经济相关政策有哪些?

答:东莞市出台《东莞市人民政府关于促进总部经济发展的若干意见》(东府〔2018〕80 号),旨在推动全市经济高质量发展,大力促进总部经济的集聚发展,打造具有比较优势的总部经济生态圈,加快建设国际制造业中心,促进在更高起点上实现更高水平发展。

《东莞市总部企业认定和扶持政策实施细则》(东总部办〔2019〕1 号),旨在促进东莞市总部经济聚集和发展,加快建设实体经济、科技创新、现代金融、人力资源协调发展的产业体系,建设现代化经济体系,增强东莞市在粤港澳大湾区的辐射带动力。

问:总部经济相关政策的主要内容有哪些?

答:《东莞市人民政府关于促进总部经济发展的若干意见》(东府〔2018〕80 号)开篇阐明本意见的目的之外,共四个部分,分别明确了总体要求、标准条件、扶持政策、保障措施以及其他事项。

《东莞市总部企业认定和扶持政策实施细则》(东总部办〔2019〕1 号)按照规范文件体例分总则、分则、附则共六章三十条。第一章包括第一至九条,分别明确了本细则目的、总部企业界定、主营业务收入界定、高级管理人员界定、新迁入企业等责任部门、申报总体要求、资金拨付原则、奖励原则、不重复使用原则;第二章包括第十至十三条,明确了认定条件;第三章包括第十四至十八条,明确了扶持政策;第四章包括第十九至二十四条,明确了申报、认定和政策兑现相关事宜;第五章包括第二十五至二十七条,明确了监督管理事宜;第六章包括第二十八至三十条,分别明确重大项目扶持原则、施行日期和有效期、解释权。

问：总部经济相关政策的适用对象有哪些？

答：《东莞市人民政府关于促进总部经济发展的若干意见》（东府〔2018〕80 号）和《东莞市总部企业认定和扶持政策实施细则》（东总部办〔2019〕1 号）适用于总部企业。总部企业包括综合型总部企业、职能型总部企业两种类型。

问：综合型总部企业的认定条件有哪些？

答：根据《东莞市人民政府关于促进总部经济发展的若干意见》（东府〔2018〕80 号）和《东莞市总部企业认定和扶持政策实施细则》（东总部办〔2019〕1 号）规定，综合型总部企业需要满足下列条件。

（一）在本市注册具有独立法人资格，在本市汇总纳税，符合本市产业发展导向，对一定区域内的企业行使投资控股、运营决策、集中销售、财务结算等总部管理和服务职能的企业。

（二）在本市以外投资或授权管理和服务的企业不少于 3 个，主营业务收入来自本市以外下属分支机构的比例不低于 20%。

（三）在本市的营业收入、税收贡献等指标按照行业分类，符合以下条件：

1.工业。主营业务收入不低于 5 亿元，纳税额不低于 5000 万元。其中：新一代信息技术、高端装备制造、新材料、新能源、生命科学和生物技术等五大领域十大重点新兴产业，主营业务收入不低于 1 亿元，纳税额不低于 1000 万元。

2.建筑业。企业资质等级一级以上，主营业务收入不低于 5 亿元，纳税额不低于 5000 万元。

3.金融业。主营业务收入不低于 10 亿元，纳税额不低于 1 亿元。

4.商贸服务业、现代物流业。主营业务收入不低于 20 亿元，纳税额不低于 2 亿元。

5.教育、卫生、文化旅游业。主营业务收入不低于 2 亿元，纳税额不低于 1200 万元。

6.信息传输、计算机服务和软件业。主营业务收入不低于 1 亿元,纳税额不低于 1000 万元。

7.其他行业。主营业务收入不低于 5 亿元,纳税额不低于 5000 万元。

问:职能型总部企业的认定条件有哪些?

答:根据《东莞市人民政府关于促进总部经济发展的若干意见》(东府〔2018〕80 号)和《东莞市总部企业认定和扶持政策实施细则》(东总部办〔2019〕1 号)规定,职能型总部主要包括销售中心职能总部、运营中心职能总部、研发中心职能总部三种类型。申请认定职能型总部企业的企业,应具备以下条件:

(一)在本市注册具有独立法人资格,经总公司(母公司)授权,承担总公司(母公司)在包含本市在内的一定区域内的销售、运营、研发等部分总部职能的企业。其中:

(二)属销售中心职能总部的,还需在本市主营业务收入不低于 5 亿元,纳税额不低于 3000 万元。

(三)属运营中心职能总部的,还需在本市主营业务收入不低于 3 亿元,纳税额不低于 2000 万元,且管理和服务的分支机构不少于 3 个。

(四)属研发中心职能总部的,还需具备完善的研究、开发、实验条件,且具有稳定的研发经费来源,上年度研究开发经费支出总额不低于 5000 万元。

问:总部企业直接认定条件有哪些?

答:根据《东莞市人民政府关于促进总部经济发展的若干意见》(东府〔2018〕80 号)和《东莞市总部企业认定和扶持政策实施细则》(东总部办〔2019〕1 号)规定,满足下列条件之一的企业,在东莞市设立的具有独立法人资格的综合型总部(含区域性总部)、职能型总部企业,可直接认定为综合型总部企业或职能型总部企业。

(一)上一年度公布的"世界企业 500 强"(福布斯)、中国企业 500 强(中国企业联合会、中国企业家协会)、中国服务业企业 100 强(中国企业联合会、中国企业家协会)等企业。

(二)国家确定的大企业(集团)(指国务院确定的关系国民经济命脉和国家安全的大型国家出资企业,重要基础设施和重要自然资源等领域的国家出资企业,由国务院代表国家履行出资人职责)。

问:新引进迁入总部企业的认定条件有哪些?

答:根据《东莞市人民政府关于促进总部经济发展的若干意见》(东府〔2018〕80 号)和《东莞市总部企业认定和扶持政策实施细则》(东总部办〔2019〕1 号)规定,新引进迁入的企业承诺注册迁入次年在我市主营业务收入、纳税额等不低于东莞市总部企业相应认定条件的,可于注册迁入当年申请认定为总部企业。

问:总部企业可享受哪些鼓励政策?

答:《东莞市人民政府关于促进总部经济发展的若干意见》(东府〔2018〕80 号)从全力招引市外总部企业、大力培育本地总部企业、鼓励总部企业提质增效、加强总部企业发展要素支持、优化总部经济发展环境五个方面说明总部企业可享受的鼓励政策。

(一)全力招引市外总部企业。包括新迁入落户奖励、新设子公司奖励、新项目投资奖励。

(二)大力培育本地总部企业。包括认定奖励、企业兼并重组补助。

(三)鼓励总部企业提质增效。包括经营贡献奖励、领军企业奖励。

(四)加强总部企业发展要素支持。包括建设用地支持、办公用房支持、人才配套支持、发展融资支持

(五)优化总部经济发展环境。包括鼓励总部企业集聚发展措施、员工入户便利措施、人员出入境便利措施、企业政务服务便利措施、重特大项目特别扶持措施。

《东莞市总部企业认定和扶持政策实施细则》(东总部办〔2019〕1 号)按照行业、主营业务收入、地方财力贡献对各类地区总部和职能机构的奖励额度进行了进一步细化。

问：总部企业享有的保障措施有哪些？

答：根据《东莞市人民政府关于促进总部经济发展的若干意见》（东府〔2018〕80号）规定，总部企业享有成立组织领导机构、建立协同工作机制、搭建综合服务平台等保障措施。

17.12 中山市

中山市，位于广东省中南部，珠江三角洲中部偏南的西、北江下游出海处，北接广州市番禺区和佛山市顺德区，西邻江门市区、新会区和珠海市斗门区，东南连珠海市，东隔珠江口伶仃洋与深圳市和中国香港特别行政区相望。2018年，中山市三次产业结构调整为1.7∶49∶49.3。先进制造业、高技术制造业增加值占规上工业增加值比重分别达44.7%和19.1%，现代服务业增加值占服务业增加值比重达61.8%。上规上限工程深入推进，新增规上限上企业806家，净增规上限上企业239家。新增上市公司3家。科技创新平台加快建设，省级以上创新平台增至456家。新增国家和省级智能制造试点示范项目15个，新增国家和省级企业技术中心11家。创新主体加快发展，全市新增高新技术企业669家，总量超过2300家。创新人才加快聚集，全市共培养引进国家和省重大人才工程人才33人，国务院特殊津贴专家41人，市级以上创新创业团队40个，博士及博士后工作平台67个，新建院士工作站2个。

问：中山市出台的总部经济相关政策有哪些？

答：中山市出台《中山市人民政府关于进一步鼓励发展总部经济的若干意见》（中府〔2019〕1号），旨在为鼓励和促进中山市总部经济发展，加快形成总部经济规模效应，发挥总部经济区的辐射带动作用，推动全市经济高质量发展。

问：总部经济相关政策的主要内容有哪些？

答：中山市出台《中山市人民政府关于进一步鼓励发展总部经济的若干

意见》(中府〔2019〕1号),除去开篇阐明本意见目的之外,共分六个部分,分别明确了总体思路和目标、重点任务、总部型企业认定条件、支持政策、健全服务机制以及其他事宜。

问:总部经济相关政策的适用对象有哪些?

答:《中山市人民政府关于进一步鼓励发展总部经济的若干意见》(中府〔2019〕1号)适用于本地企业总部和外来企业总部。

问:中山市总部经济相关政策的重点任务有哪些?

答:《中山市人民政府关于进一步鼓励发展总部经济的若干意见》(中府〔2019〕1号)规定了四个方面的重点任务,它们是:

(一)支持发展现有总部企业。落实各项配套扶持政策,加强对我市现有总部企业的服务,鼓励企业立足中山,加大投入,通过资本运营、并购重组、增资扩产等方式做大做强。

(二)大力培育本土总部企业。鼓励本土优势企业通过关联企业内部产权重整和外部兼并扩张,加快建立现代企业制度,打造总部形态。

(三)积极引进域外总部企业。充分发挥我市区位优势、环境优势、政策优势和产业优势,以跨国公司、大型国企、优势民企为重点,积极引进区域性、职能型总部企业。

(四)加快建设总部经济区。以中心城区为支撑,发挥现有区位优势和服务功能,加快建设石岐区总部经济区、东区总部经济区。以重点产业集群为依托,积极发展产业集群总部形态。

问:综合型总部企业的认定条件有哪些?

答:根据《中山市人民政府关于进一步鼓励发展总部经济的若干意见》(中府〔2019〕1号)规定,综合型总部企业认定条件如下:

(一)在中山市注册具有独立企业法人资格,具有决策管理、行政管理、资产管理、资金结算管理、采购管理等总部职能的企业。

(二)拥有实际主营收入的下属机构不少于2家。

(三)除上述条件外,还须按行业分类分别符合以下条件。

1.制造业总部企业:上年度在中山市结算的营业收入 10 亿元以上、纳税总额(增值税、企业所得税,下同)3000 万元以上。其中,新一代信息技术、高端装备制造、健康医药等新兴产业,上年度在中山市结算的营业收入 3 亿元以上、纳税总额 1500 万元以上。

2.商贸流通业总部型企业:含批发零售、物流配送、连锁经营、电子商务等,上年度在中山市结算的营业收入 20 亿元以上、纳税总额 3000 万元以上。

3.服务业总部企业:包括但不限于设计研发、品牌会展、信息服务、文化创意、金融服务业等,上年度在中山市结算的营业收入 3 亿元以上、纳税总额 1500 万元以上。

4.建筑业总部企业:具有企业资质等级总承包贰级以上资质,上年度在中山市结算的营业收入 5 亿元以上、纳税总额 1000 万元以上。

5.新三板挂牌企业:上年度在中山市结算的营业收入 3 亿元以上,制造业在我市纳税总额 1000 万元以上,服务业在中山市纳税总额 500 万元以上。

问:职能型总部企业的认定条件有哪些?

答:根据《中山市人民政府关于进一步鼓励发展总部经济的若干意见》(中府〔2019〕1 号)规定,在我市注册具有独立企业法人资格,经总公司(母公司)授权,承担总公司(母公司)区域(包括但不限于我市)销售、研发、运营等部分总部职能的企业。按不同类型,须分别符合以下条件。

(一)销售中心职能总部:上年度在中山市结算的营业收入 10 亿元以上,纳税总额 3000 万元以上。

(二)运营中心职能总部:上年度在中山市结算的营业收入 5 亿元以上,纳税总额 2000 万元以上,且管理和服务的分支机构不少于 3 个。

(三)研发中心职能总部:具备完善的研究、开发、实验条件,且具有稳定的研发经费来源,上年度研发经费支出总额不低于 5000 万元。

问:总部企业的直接认定条件有哪些?

答:根据《中山市人民政府关于进一步鼓励发展总部经济的若干意见》

（中府〔2019〕1号）规定，满足下列条件之一的，可直接认定为总部企业。

（一）中山市企业在境内A股上市。

（二）中山市企业直接境外上市，或中山市企业以存在控制关系的境外公司在境外间接上市且由中山市企业承担境内营销、结算等总部职能。

（三）在上年度公布的世界企业500强（福布斯）、中国企业500强（中国企业联合会、中国企业家协会）、广东省企业100强（广东省企业联合会、广东省企业家协会）名单中且在中山市注册的企业。

问：总部企业可享受哪些鼓励政策？

答：根据《中山市人民政府关于进一步鼓励发展总部经济的若干意见》（中府〔2019〕1号）规定，总部企业可享受认定奖、经营贡献奖、领军企业奖励、办公用房补助、支持兼并重组、支持技术改造、总部企业用地保障、加强人才服务、拓宽融资渠道九个大方面的支持性政策。九个大方面的支持性政策又进行了细分。

问：总部企业的管理和服务部门有哪些？

答：根据《中山市人民政府关于进一步鼓励发展总部经济的若干意见》（中府〔2019〕1号）规定，健全市发展总部经济工作领导小组，统筹落实总部经济相关政策，认定总部企业资格，审核有关资助事项，指导各镇区和企业开展总部经济工作，协调处理总部经济发展的重大问题。领导小组日常工作由市工业和信息化局负责。

17.13 江门市

江门市区地处西江与其支流蓬江汇合处，蓬江北面的蓬莱山与江南的烟墩山对峙似门，故名"江门"。世界文化遗产开平碉楼与村落所在地，著名的"中国侨都"。绵延的岁月里，这块土地上曾有无数先民漂洋过海、创业他乡、报效故土。中西合璧的建筑瑰宝点缀着这片广阔的土地，闪耀在世界文化遗产的典册中；400多万侨胞足迹遍布世界各地，缔造了世界移民史上的奇观。

明朝初时,江门已成西江流域商业重镇。今天,江门市是粤港澳大湾区城市群中的一员,在其中处于"承东启西"的位置,与广佛都市圈、深港经济圈两大龙头的陆路距离均在100千米左右,构成粤港澳大湾区的"黄金三角地带"。江门市拥有国家火炬计划江门纺织化纤产业基地、国家火炬计划新材料产业基地、国家电子信息产业基地、中国汽车零部件江门产业基地、国家火炬计划江门半导体照明特色产业基地、中国摩托车产业示范基地、中国五金卫浴生产基地、国家知识产权试点园区、中国(江门)"侨梦苑"华侨华人创新产业聚焦区、国家创新型特色园区、中国五金不锈钢制品产业基地、中国船舶拆解基地、中国食品工业生产基地、中国电能源产业基地、中国建筑之乡、中国纺织服装产业基地、中国水龙头生产基地、中国印刷产业基地、中国男鞋生产基地、中国纳米碳酸钙产业基地、中国麦克风行业产业基地、中国麦克风出口基地、中国演艺装备产业基地等国家级产业基地。

问:江门市出台的总部经济相关政策有哪些?

答:江门市出台《江门市鼓励和促进总部经济发展实施办法》(江府〔2019〕33号),旨在为鼓励和促进总部经济发展,加快形成总部经济规模效应,不断提升城市综合竞争力,推动全市经济实现高质量发展,根据市委、市政府的战略部署以及国家有关法律、法规。

问:总部经济相关政策的主要内容有哪些?

答:《江门市鼓励和促进总部经济发展实施办法》(江府〔2019〕33号)按照规范文件体例分总则、分则和附则共六章二十九条。第一章包括第一至三条,分别明确了本办法的目的、适用对象、组织工作;第二章包括第四、五条,明确了总部企业认定条件;第三章包括第六至十四条,明确了扶持政策;第四章包括第十五至十九条,明确了认定和奖补流程;第五章包括第二十至二十七条,明确了服务与监督事宜;第六章包括第二十八、二十九条,分别明确数量规定、施行日期和有效期。

问：总部经济相关政策的适用对象有哪些？

答：《江门市鼓励和促进总部经济发展实施办法》（江府〔2019〕33 号）适用于总部企业，包括综合型总部企业和职能型总部企业。总部企业需要在江门市注册，5 年内不迁出江门市，不改变在江门市的纳税义务，满足相应认定条件。

问：综合型总部企业的认定条件有哪些？

答：根据《江门市鼓励和促进总部经济发展实施办法》（江府〔2019〕33 号）规定，综合型总部企业认定需要满足以下条件：

（一）在江门市行政区域内注册，具有独立企业法人资格，依法开展经营活动，并对其在国内外所投资或管理、服务的全部或部分企业，行使统一经营、投资、管理、研发、销售、结算等总部职能的企业。

（二）拥有实际主营业务收入的下属企业（全资或控股比例在 50%以上）不少于 3 家。

（三）承诺 5 年内注册地不迁出江门市，不改变在江门市的纳税义务。

（四）除上述条件外，还须按行业分类分别符合以下条件：

1.制造业总部企业：上年度在江门市结算的主营业务收入 5 亿元以上、财政贡献额度不低于 1500 万元。其中：高端装备制造、新一代信息技术、新能源汽车及零部件、大健康、新材料等新兴产业，上年度在江门市结算的主营业务收入 3 亿元以上、财政贡献额度不低于 1000 万元。

2.现代服务业总部企业（房地产业除外）：批发零售、连锁经营、电子商务等，上年度在江门市结算的主营业务收入 5 亿元以上、财政贡献额度不低于 1500 万元；设计研发、物流配送、商务会展、文化创意、服务外包，上年度在江门市结算的主营业务收入 1 亿元以上、财政贡献额度不低于 800 万元。

3.建筑业总部企业：具有二级以上施工总承包企业资质，上年度在江门市结算的主营业务收入 5 亿元以上、财政贡献额度不低于 1500 万元。

4.现代农业总部企业（农产品生产型企业）：上年度在江门市结算的主营业务收入 2 亿元以上、财政贡献额度不低于 800 万元。

"主营业务收入"是指总部企业在上一个年度汇算清缴完毕后在江门市形成的主营业务收入,以当年市统计局数据为准(下同)。

问:职能型总部企业的认定条件有哪些?

答:根据《江门市鼓励和促进总部经济发展实施办法》(江府〔2019〕33号)规定,职能型总部企业认定需要满足以下条件:

在江门市行政区域内注册,具有独立企业法人资格,依法开展经营活动,经总公司(母公司)授权,承担总公司(母公司)在一定区域内的销售、运营、研发等部分总部职能,管理和服务的分支机构不少于 3 个,且所有分支机构均发生相应业务。按不同类型,需分别符合以下条件。

(一)销售中心职能总部(房地产业除外):上年度在江门市结算的主营业务收入 5 亿元以上、财政贡献额度不低于 1500 万元。

(二)运营中心职能总部:上年度在江门市结算的主营业务收入 3 亿元以上、财政贡献额度不低于 1000 万元。

(三)研发中心职能总部:具备完善的研究、开发、实验条件,有稳定的研发经费来源,上年度研发经费支出总额不低于 5000 万元。

问:总部企业的直接认定条件有哪些?

答:根据《江门市鼓励和促进总部经济发展实施办法》(江府〔2019〕33号)规定,除符合综合型总部企业和职能型总部企业认定条件被认定为总部企业之外,满足下列条件之一的企业,可以直接认定为总部企业。

(一)江门市企业在境内 A 股市场上市。(A 股包括沪市 A 股、深市 A 股,含科创板、中小板和创业板等。)

(二)江门市企业直接在境外上市,或江门市企业以存在控制关系的境外公司在境外上市且由江门市企业承担境内生产、销售、研发等总部职能。(境外上市是指国内股份有限公司向境外投资者发行股票,并在境外证券交易所公开上市。)

(三)江门市企业上年度被评定广东省企业 100 强(广东省企业联合会、广东省企业家协会)、中国企业 500 强(中国企业联合会、中国企业家协会)、世界企业 500 强(福布斯)。

问:总部企业可享受哪些扶持政策?

答:根据《江门市鼓励和促进总部经济发展实施办法》(江府〔2019〕33 号)规定,总部企业可享受企业认定奖和落户奖、经营贡献奖、领军企业奖励、办公用房补贴、支持技术改造、用地保障、加强人才服务、拓宽融资渠道等扶持政策。

问:总部企业的管理和服务部门有哪些?

答:鼓励和促进总部经济发展实行市本级与市(区)联动,以各市(区)为主的工作机制。江门市成立发展总部经济工作领导小组,由市政府相关领导任组长,成员单位包括发展改革、教育、科技、工业和信息化、财政、人力资源社会保障、自然资源、住房和城乡建设、农业农村、商务、市场监管、统计、金融、税务、人才工作等相关职能部门,负责统筹落实总部经济相关政策。领导小组办公室设在市工业和信息化局,负责日常工作。

各市(区)政府是总部经济发展工作的主要实施主体,应当成立相应的工作领导机构,负责做好总部企业引进、培育及服务工作,认定总部企业资格,审核有关奖补事项。

17.14 阳江市

阳江市,地处广东西南沿海,扼粤西要冲。东与恩平市、台山市交界,北同云浮市的罗定市、新兴县及茂名市的信宜市接壤,西接茂名市的高州市、电白县,南临南海。辖区市设海陵岛经济开发试验区和阳江高新技术产业开发区。

问:阳江市出台的总部经济相关政策有哪些?

答:阳江市出台《关于促进市区总部经济发展的意见》(阳府〔2010〕81 号),旨在加快市区经济转型升级,提升中心城市竞争力。

问：总部经济相关政策的主要内容有哪些？

答：《关于促进市区总部经济发展的意见》（阳府〔2010〕81号）开篇阐明了本意见的目的之外，共分六个部分，分别明确了基本思路、认定条件、认定程序、扶持政策、鼓励招商引资、服务保障以及其他事宜。

问：总部经济相关政策的适用对象有哪些？

答：《关于促进市区总部经济发展的意见》（阳府〔2010〕81号）适用于跨国公司、国内大型企业集团、省内外优秀民营企业在阳江市设立的总部或区域性总部，以及总部在外的阳江籍企业回归。

问：总部型企业的认定条件有哪些？

答：根据《关于促进市区总部经济发展的意见》（阳府〔2010〕81号）规定，本市认定的总部型企业，是指在阳江市区设立具有独立法人资格，汇总缴纳企业所得税，并在中国境内投资或授权管理和服务的企业不少于3个（其中阳江市外企业两个以上），且注册资金不低于5000万元、总资产不低于2亿元、年销售额不低于5亿元的内外资企业。

问：总部企业可享受哪些鼓励政策？

答：根据《关于促进市区总部经济发展的意见》（阳府〔2010〕81号）规定，总部企业可享受相应的扶持政策、鼓励招商引资以及人才政策。

扶持政策包括"三税"扶持、上市奖励、行政规费减免、用地保障等。

鼓励招商引资意在以商招商，对引资中介人给予奖励。

问：总部企业的管理和服务部门有哪些？

答：根据《关于促进市区总部经济发展的意见》（阳府〔2010〕81号）规定，成立由市政府领导任组长，市发展改革局、市财政局、市商务局、市科工信局、市统计局等部门主要负责人参加的市发展总部经济领导小组，负责总部经济布局规划、政策制定、资格认定等重大问题的协调工作。领导小组下设办公室，办公室设在市发展改革局，具体负责总部经济发展的日常协调工作，研究解决总部经济发展中遇到的困难和问题。

建立市领导与总部企业沟通机制，相关部门加强对总部经济发展问题的分析研究,定期召开情况通报会,引导总部企业健康发展。

17.15湛江市

湛江市,广东省地级市,旧称"广州湾",别称"港城",位于中国大陆最南端、广东省西南部;地处粤、琼、桂三省(区)交汇处,是中国西南各省通往国外的主要出海口,亦是中国大陆通往东南亚、非洲、欧洲和大洋洲海上航程最短的重要口岸。湛江市是广东省域副中心城市,是粤西和北部湾城市群中心城市、全国首批沿海开放城市、首批"一带一路"海上合作支点城市、首批全国海洋经济创新发展示范城市、全国性综合交通枢纽,被评为全国综合实力百强城市、国家卫生城市、国家园林城市、中国优秀旅游城市、全国双拥模范城市、中国特色魅力城市,目前正加快打造现代化沿海经济带重要发展极。2018年,湛江市实现地区生产总值3008.39亿元,按可比价计算比2017年增长6.0%。其中,第一产业增加值533.61亿元,增长4.5%;第二产业增加值1086.61亿元,增长5.2%;第三产业增加值1388.16亿元,增长7.2%。

问:湛江市出台的总部经济相关政策有哪些?

答:湛江市出台《湛江市人民政府关于进一步扩大对外开放积极利用外资的实施意见》(湛府规〔2018〕3号),旨在落实中央精神、国务院以及广东省相关文件精神,进一步扩大对外开放,积极利用外资,营造优良营商环境。

问:总部经济相关政策的主要内容有哪些?

答:湛江市出台《湛江市人民政府关于进一步扩大对外开放积极利用外资的实施意见》(湛府规〔2018〕3号),除去开篇阐明本意见的目的之外,共分十个部分,分别明确了拓宽利用外资领域、加大财政扶持力度、加大金融支持力度、确保外资项目用地、支持外资研发创新、支持人才队伍建设、加强知识产权保护、优化外资营商环境、优化园区利用外资环境、强化利用外资工作领导。

问：总部经济相关政策的适用对象有哪些？

答：湛江市出台《湛江市人民政府关于进一步扩大对外开放积极利用外资的实施意见》（湛府规〔2018〕3号）适用于外资总部、外资研发机构。

问：总部企业可享受哪些鼓励政策？

答：根据《湛江市人民政府关于进一步扩大对外开放积极利用外资的实施意见》（湛府规〔2018〕3号）规定，总部企业可享受财政奖励、融资便利、项目用地、自主研发财政支持、人才政策、知识产权保护、便利服务等。

问：总部企业的管理和服务部门有哪些？

答：根据《湛江市人民政府关于进一步扩大对外开放积极利用外资的实施意见》（湛府规〔2018〕3号）规定，各县（市、区）政府（管委会）主要领导要落实"一把手"责任，建立健全利用外资工作的推进、督查落实机制，定期协调解决制约湛江市利用外资的重大关键性问题；要亲自参与重大外资项目招商，定期召开专题会议，加快推进重大外资项目落地。

17.16茂名市

茂名市，位于广东省西部，东毗阳江市，北东连云浮市，北西邻广西壮族自治区，南部与湛江市南海接壤。自20世纪60年代初期以来，茂名市经济建设发展迅速，由于石油工业的兴起，带动全市相关产业的发展。改革开放为茂名市经济发展注入新的动力，至1988年，全初步形成以国有经济为主体，国有、集体、私营和个体等多种经济形式共同发展的工商企业。工业生产稳步增长，除炼油、农产品深加工、矿产品深加工等传统支柱产业以外，充分依托石油、乙烯的优势，大力发展一批高新技术和精细化工产业，全市民营企业也得到迅速发展，工业产业结构得到进一步优化。进入新时代，茂名市以崭新的姿态进一步扩大对外开放，积极利用外资，实现高质量发展。

问：茂名市出台的总部经济相关政策有哪些？

答：茂名市出台《茂名市进一步扩大对外开放积极利用外资若干措施》

（茂府规〔2018〕3号），旨在进一步扩大对外开放，积极利用外资，提高利用外资质量和水平。主要是市场准入和产业结构优化、财政奖励、用地保障、研发创新、金融支撑、人才支持、知识产权保护、投资贸易便利化、园区建设、机制保障等方面政策。上述政策涉及总部企业或研发中心等职能性机构。

问：总部经济相关政策的主要内容有哪些？

答：《茂名市进一步扩大对外开放积极利用外资若干措施》（茂府规〔2018〕3号）开篇阐明本措施目的之外，共分十个部分，分别明确了积极利用外资培育壮大主导产业、加大利用外资财政奖励力度、加强外商投资项目用地保障、支持外资企业加强研发创新、加大金融支持力度、加大人才支持力度、加强知识产权保护、提升投资贸易便利化水平、优化重点园区利用外资环境、完善利用外资保障机制。

问：总部经济相关政策的适用对象有哪些？

答：《茂名市进一步扩大对外开放积极利用外资若干措施》（茂府规〔2018〕3号）适用于进一步扩大对外开放的多个主体对象，也适用于总部企业，即外资跨国公司总部或地区总部、外资研发机构等。

问：总部企业的认定条件有哪些？

答：根据《茂名市进一步扩大对外开放积极利用外资若干措施》（茂府规〔2018〕3号）规定，外资跨国公司总部或地区总部需经商务部门认定。

问：总部企业可享受哪些鼓励政策？

答：根据《茂名市进一步扩大对外开放积极利用外资若干措施》（茂府规〔2018〕3号）规定，总部企业可享受财政奖励；用地保障；鼓励创新、支持设立研发中心；支持上市、拓宽融资渠道；人才激励措施等。

问：总部企业的管理和服务部门有哪些？

答：根据《茂名市进一步扩大对外开放积极利用外资若干措施》（茂府规〔2018〕3号）规定，成立茂名市招商引资工作领导小组统筹协调指导推动全市利用外资工作。领导小组定期不定期召开联席会议，研究利用外资的重大政策，及时协调解决利用外资的重大问题。

17.17潮州市

潮州市,位于韩江中下游,是广东省东部沿海的港口城市。东与福建省的诏安县、平和县交界,西与广东省揭阳市揭东区接壤,北连梅州市丰顺县、大埔县,南临南海并通汕头市。潮州市先后获得国家历史文化名城、中国优秀旅游城市、国家园林城市、中国瓷都、中国婚纱晚礼服名城、中国著名侨乡、中国潮州菜之乡、国家重点工艺美术城市等称号,是国家日用陶瓷特色产业基地、中国陶瓷出口基地中国婚纱晚礼服名城、中国服装跨国采购基地。2011 年,潮州市与中国轻工工艺品进出口商会共建首个"中国陶瓷出口基地",陶瓷产业申获第一批国家级外贸转型升级专业型示范基地。

目前,潮州市正在进一步优化产业政策环境,强化招商服务,积极承接省重大产业、战略性新兴产业布局,引导传统产业转型升级,做优做强实体经济。

问:潮州市出台的总部经济相关政策有哪些?

答:潮州市出台《关于鼓励发展总部经济的若干意见》(潮府〔2017〕42号),旨在鼓励和促进潮州市总部经济发展,加快形成总部经济规模效应,进一步提高潮州市的综合实力和竞争力。

《潮州市总部企业认定办法》(潮府〔2017〕43 号)旨在规范总部企业认定和管理工作。

问:总部经济相关政策的主要内容有哪些?

答:《关于鼓励发展总部经济的若干意见》(潮府〔2017〕42 号)开篇阐明本意见目的之外,共分六个部分,分别明确了重要意义、总体思路和目标、重点任务、建立扶持政策体系、健全服务机制以及其他事宜。

《潮州市总部企业认定办法》(潮府〔2017〕43 号)按照规范文件体例分总则、分则和附则共五章二十九条。第一章包括第一、二条,分别明确了本办法目的、认定原则;第二章包括第三至六条,明确了总部企业认定范围及标准;

第三章包括第七至十一条,明确了总部企业认定程序;第四章包括第十二至十六条,明确了总部企业的管理与调整;第五章包括第十七至十九条,分别明确了折算汇率、解释权、施行日期和有效期。

问:总部经济相关政策的重点任务有哪些?

答:《关于鼓励发展总部经济的若干意见》(潮府〔2017〕42号)的重点任务涵盖四个方面,即扶持发展现有总部企业、大力培育本土总部企业、积极引进域外总部企业、努力形成多层次总部经济发展格局。

问:总部经济相关政策的适用对象有哪些?

答:《关于鼓励发展总部经济的若干意见》(潮府〔2017〕42号)和《潮州市总部企业认定办法》(潮府〔2017〕43号)适用于总部企业。总部企业是指在潮州市登记注册并依法开展经营活动,对其控股企业或分支机构(以下简称下属企业)行使投资、经营管理和服务职能的独立企业法人机构。

问:总部企业的认定条件有哪些?

答:《潮州市总部企业认定办法》(潮府〔2017〕43号)规定,潮州市企业符合以下条款之一的,可申请总部企业认定:

(一)上一年度被认定为潮州市"四梁八柱"企业。

(二)注册资金不低于5000万元(实缴资本,下同。其中:房地产企业注册资金不低于2亿元;建筑企业注册资金不低于3000万元),上年度纳税额(缴入市、县区级库的增值税、企业所得税税额合计,以上税种不含免抵调库税额、代扣代缴代征税额,企业所得税不含企业出售其所持上市公司限售股缴纳的税款,下同)不低于800万元的新引进企业。

申请总部企业认定的企业应承诺10年内不将注册地址迁离本市,不减少注册资本,不改变其在本市的纳税义务,否则,应退还因被认定为总部企业所获得的扶持资金。

问:总部企业可享受哪些鼓励政策?

答:根据《关于鼓励发展总部经济的若干意见》(潮府〔2017〕42号)规定,总部企业可享受用地保障、落户奖、经营贡献资助、人才服务、拓宽融资渠道等鼓励政策。

问:总部企业的管理和服务部门有哪些?

答:《关于鼓励发展总部经济的若干意见》(潮府〔2017〕42 号)规定成立市发展总部经济工作领导小组,负责制定总部经济发展规划和相关政策,总部企业资格认定,审核有关资助等事项,协调处理总部经济发展的重大问题。领导小组办公室设在市经济和信息化局,负责日常工作。

18. 广西壮族自治区

18.1广西壮族自治区

广西壮族自治区,地处祖国南疆。东连广东省,南临北部湾并与海南省隔海相望,西与云南省毗邻,东北接湖南省,西北靠贵州省,西南与越南社会主义共和国接壤。广西资源种类丰富,其中矿产资源种类多、储量大,尤以铝、锡等有色金属为最,是全国 10 个重点有色金属产区之一。

2019 年 8 月 26 日,国务院印发中国(广西)自由贸易试验区总体方案。自贸试验区的实施范围 119.99 平方千米,涵盖三个片区:南宁片区 46.8 平方千米(含南宁综合保税区 2.37 平方千米),钦州港片区 58.19 平方千米(含钦州保税港区 8.81 平方千米), 崇左片区 15 平方千米 (含凭祥综合保税区 1.01 平方千米)。其战略定位及发展目标是:"以制度创新为核心,以可复制可推广为基本要求, 全面落实中央关于打造西南中南地区开放发展新的战略支点的要求,发挥广西与东盟国家陆海相邻的独特优势,着力建设西南中南西北出海口、面向东盟的国际陆海贸易新通道,形成 21 世纪海上丝绸之路和丝绸之路经济带有机衔接的重要门户。经过三至五年改革探索,对标国际先进规则,形成更多有国际竞争力的制度创新成果,推动经济发展质量变革、效率变革、动力变革,努力建成贸易投资便利、金融服务完善、监管安全高效、辐射带动作用突出、引领中国 – 东盟开放合作的高标准高质量自由贸易园区"。

问：广西出台的总部经济相关政策有哪些？

答：广西出台《广西招商引资激励办法》（桂政发〔2019〕27号），旨在为完善招商引资激励机制，充分调动区内外一切积极因素，不断扩大对外开放，提高招商引资质量，引进培育发展新动能。

《广西招商引资激励办法实施细则》具体规定了总部企业可享受的相应鼓励政策。

问：总部经济相关政策的主要内容有哪些？

答：《广西招商引资激励办法》（桂政发〔2019〕27号）严格按照规范性文件的体例分为总则、分则、附则共七章二十条。其中，第一章明确了激励目的、激励原则和适用对象，第二章明确了招商引资目标绩效考核激励措施及标准、组织实施机构，第三章明确了对重大招商引资项目、高新技术企业和总部企业招商引资项目奖励标准和程序，第四章明确了招商引资中介机构奖励条件、标准和程序，第五章明确了招商引资激励兑现时限、程序，第六章为监督问责相关内容，第七章对文件的解释及生效日期等进行了规定。

问：总部经济相关政策的适用对象有哪些？

答：《广西招商引资激励办法》（桂政发〔2019〕27号）适用于：

（一）承担年度招商引资目标任务的全区各级政府、园区。

（二）招商引资贡献突出的集体和个人。

（三）招商引资项目。

1.重大招商引资项目。

2.经自治区科技主管部门认定的高新技术企业招商引资项目。

3.经自治区认定的总部企业招商引资项目。

（四）招商引资中介机构。

其中，在"（三）招商引资项目"中的"3.经自治区认定的总部企业招商引资项目"则是与总部经济有关的部分。

问：总部企业的认定条件有哪些？

答：根据《广西招商引资激励办法》（桂政发〔2019〕27号）规定，总部企业认定条件按照《广西招商引资激励办法实施细则》执行。

问：总部企业可享受哪些鼓励政策？

答：根据《广西招商引资激励办法》(桂政发〔2019〕27 号)规定，总部企业可享受"第三章招商引资项目激励"和"第四章招商引资中介机构激励"的政策。

第三章 招商引资项目激励

第七条 对重大招商引资项目、高新技术企业和总部企业招商引资项目的奖励，按照《广西招商引资激励办法实施细则》有关规定执行。

第八条 招商引资项目奖励标准为：

(二)对高新技术企业、总部企业招商引资项目，按项目当年招商引资实际到位资金的 1% 给予项目业主一次性奖励；项目投资建设期较长的，在建设期内形成固定资产可累计计算最多不超过 2 年，单个项目奖励资金最高不超过 3000 万元人民币。

第四章 招商引资中介机构激励

第十条 招商引资中介机构符合下列条件的，给予相应奖励：

(二)成功引进经认定的高新技术企业、总部企业招商引资项目并符合本办法规定的申请奖励条件的。

第十一条 招商引资中介机构奖励标准为：

(二)对成功引进经认定的高新技术企业、总部企业招商引资项目的招商引资中介机构，按经审核认定的招商引资实际到位资金的 5‰ 给予一次性奖励，单个项目奖励最高不超过 200 万元人民币。

问：总部企业的管理和服务部门有哪些？

答：《广西招商引资激励办法》(桂政发〔2019〕27 号)规定，自治区投资促进委员会办公室(设在自治区投资促进局)会同自治区绩效办、发展改革委、工业和信息化厅、财政厅、人力资源社会保障厅、科技厅、自然资源厅、生态环境厅、商务厅、市场监管局、统计局等单位建立考评工作机制和奖励工作联席会议机制,组织实施各项招商引资激励措施。

18.2南宁市

南宁市,简称"邕",是广西壮族自治区首府,全区政治、经济、交通、科教文卫、金融和信息中心;位于广西南部,地处亚热带、北回归线以南,处于华南、西南、中国 – 东盟经济圈结合部,面向东南亚,背靠大西南,东邻粤港澳,南临北部湾,地处华南经济圈、西南经济圈、中国 – 东盟经济圈的结合部,泛北部湾经济合作、大湄公河次区域合作、泛珠三角合作等多区域合作的交汇点;是中国面向东盟开放合作的前沿城市、中国 – 东盟博览会永久举办地、北部湾经济区核心城市、国家"一带一路"有机衔接的重要门户城市。2012—2017 年 5 年间,瑞典宜家、中国铝业、新加坡普洛斯、亚马逊、嘉星集团、绿地等世界 500 强企业 19 家,研祥、海王、源正、中车、明匠、水性科天等国内 500 强及行业领军企业 38 家。五象新区总部基地金融街、五象湖周边、蟠龙至龙岗片区沿江地带建设初具规模。2019 年 8 月 26 日,国务院印发中国(广西)自由贸易试验区总体方案。南宁片区 46.8 平方千米(含南宁综合保税区 2.37 平方千米)成为三个片区之一。

问:南宁市出台的总部经济相关政策有哪些?

答:南宁市已经出台一系列总部经济相关政策。《关于加快总部经济发展的决定》(南发〔2010〕27 号),旨在大力发展总部经济,转变经济发展方式,推进南宁市科学发展、加快发展、率先发展、和谐发展,加快建设区域性国际城市和广西"首善之区"。重点工作任务是制定总部经济发展规划、积极引进国内外知名总部企业、做大做强现有总部企业、加快建设总部经济集聚区。

《关于支持和鼓励总部经济发展的暂行规定》(南府发〔2010〕43 号),旨在鼓励和促进总部经济发展。

《关于成立南宁市总部经济发展工作领导小组的通知》(南府办〔2010〕

121 号),旨在加强对南宁市总部经济发展工作的组织领导,加强有关方面的协调配合,提高工作效率,切实做好南宁市总部经济发展相关工作。

《南宁市发展总部经济专项资金管理暂行办法》(南府办〔2011〕172 号),旨在加强对南宁市发展总部经济专项资金的使用管理,确保资金使用效益。

《南宁市总部企业认定管理办法》(南府规〔2016〕3 号),旨在促进南宁市总部经济健康快速发展,规范总部企业认定和管理工作。

问:总部经济相关政策的适用对象有哪些?

答:南宁市总部经济相关政策适用于总部企业。总部企业是指根据南宁市总部企业认定办法要求,经规定程序认定的总部企业。按有关规定,总部企业分为综合型总部企业、职能型总部企业和成长型总部企业。

问:总部企业的基本认定条件有哪些?

答:根据《南宁市总部企业认定管理办法》(南府规〔2016〕3 号)"第二章认定标准"中的"第五条"规定,申请总部企业认定的企业,应具备以下基本条件:

(一)注册地在本市,具有独立法人资格。

(二)企业发展方向符合本市产业发展政策。

(三)在本市进行税务登记,实行独立核算,在本市缴纳企业所得税。

(四)下属企业不少于 3 个,其中在本市外的不少于 2 个。

(五)营业收入中来自下属企业的比例原则上不低于 35%(新设立总部企业、投资性公司总部企业除外)。

问:综合型总部企业的认定条件有哪些?

答:根据《南宁市总部企业认定管理办法》(南府规〔2016〕3 号)"第二章认定标准"中的"第六条"规定,综合型总部企业是指综合竞争能力强,具有决策管理、行政管理、资产管理、资金结算管理、研发管理、采购管理等总部综合职能的大型企业。申请综合型总部企业认定,应符合下列条件:

(一)现有总部企业认定:

1.符合本办法第五条规定。

2.净资产不低于 1.2 亿元。

3.上年度营业收入不低于 6 亿元。

4.上年度纳税并实际缴入本市地方库部分不低于 3000 万元(房地产企业不低于 6000 万元)。

(二)新设立总部企业认定:

1.符合本办法第五条规定。

2.母公司资产总额不低于 10 亿元(房地产母公司总资产额不低于 100 亿元人民币)。

3.母公司投资累计总额不低于 1.5 亿元。

4.投资或授权管理和服务的企业不少于 3 个,且实际缴付的注册资本金合计不低于 1.5 亿元。

问:职能型总部企业的认定条件有哪些?

答:根据《南宁市总部企业认定管理办法》(南府规〔2016〕3 号)"第二章认定标准"中的"第七条"规定,职能型总部企业是指行业带动能力较强、影响力较大、发展相对成熟、企业规模较大的总部企业。职能型总部企业主要包括以下几种类型:

(一)制造业总部企业。符合本市制造业发展方向,以电子信息、机械装备制造、生物医药及战略性新兴产业等的总部企业为主。

申请制造业总部企业认定,应符合下列条件:

1.现有总部企业认定:(1)符合本办法第五条规定;(2)净资产不低于 5000 万元;(3)上年度营业收入不低于 5 亿元;(4)上年度纳税并实际缴入本市地方库部分不低于 1000 万元。

2.新设立总部企业认定:(1)符合本办法第五条规定;(2)母公司资产总额不低于 10 亿元;(3)母公司投资累计总额不低于 1.5 亿元;(4)投资或授权管理和服务的企业不少于 3 个,且实际缴付的注册资本金合计不低于 1.5 亿元。

(二)高端服务业总部型企业。指设计研发、品牌会展、信息服务、文化创意、电子商务、金融服务等领域的总部企业。申请高端服务业总部企业认定，应符合下列条件：

1.现有总部企业认定：(1)符合本办法第五条规定；(2)净资产不低于1000万元；(3)上年度营业收入不低于5000万元；(4)上年度纳税并实际缴入本市地方库部分不低于300万元。

2.新设立总部企业认定：(1)符合本办法第五条规定；(2)母公司资产总额不低于5亿元；(3)母公司投资累计总额不低于1亿元；(4)投资或授权管理和服务的企业不少于3个，且实际缴付的注册资本金合计不低于1亿元。

(三)商贸物流业总部企业。指商贸流通、现代物流等领域的总部企业。申请商贸物流业总部企业认定，应符合下列条件：

1.现有总部企业认定：(1)符合本办法第五条规定；(2)净资产不低于1000万元；(3)上年度营业收入不低于5亿元；(4)上年度纳税并实际缴入本市地方库部分不低于500万元。

2.新设立总部企业认定：符合本办法第七条第(二)款第2项要求。

(四)投资性公司总部企业。申请投资性公司总部企业认定，应符合下列条件：

1. 现有总部企业认定：(1) 符合本办法第五条规定；(2) 净资产不低于2000万元；(3)上年度纳税并实际缴入本市地方库部分不低于500万元。

2.新设立总部企业认定：符合本办法第七条第(二)款第2项要求。

(五)一般职能型总部企业。申请一般职能型总部企业认定，应符合下列条件：

1.现有总部企业认定：(1)符合本办法第五条规定；(2)净资产不低于8000万元；(3)上年度营业收入不低于3亿元；(4)上年度纳税并实际缴入本市地方库部分不低于1500万元。

2.新设立总部企业认定：符合本办法第七条第(二)款第2项要求。

问：成长型总部企业的认定条件有哪些？

答：根据《南宁市总部企业认定管理办法》(南府规〔2016〕3号)"第二章

认定标准"中的"第八条"规定,成长型总部企业是指尚未达到综合型和职能型总部企业认定标准,但具有市场前景广阔、行业影响力大、成长速度快的优势总部企业。主要包括现代金融业成长型总部企业、高新技术产业成长型总部企业、现代服务业总部企业、传统优势产业总部企业等。申请成长型总部企业认定,应符合下列条件:

(一)符合本办法第五条规定。

(二)已在本市生产经营和服务三年以上(高新技术产业成长型总部企业须是经自治区认定的高新技术企业)。

(三)上年度营业收入 6000 万元以上。

(四)上年度纳税并实际缴入本市地方库部分达到 300 万元以上且比前一年度增长超过 20%。

问:总部企业可享受哪些鼓励政策?

答:根据《关于加快总部经济发展的决定》(南发〔2010〕27 号)中的"三、加大对总部经济的扶持力度"规定,南宁市给予总部企业资金支持、加强总部企业用地保障、为高级管理人员提供优惠政策、支持引进和培养总部企业优秀人才等扶持政策。

根据《关于支持和鼓励总部经济发展的暂行规定》(南府发〔2010〕43 号)中的"第二章资金支持第三条"规定,从 2010 年开始,每年安排总部经济发展专项资金,主要用于:鼓励国内外企业在本市设立总部,支持和鼓励总部企业持续加快发展,补助总部企业在本市购买、租赁总部自用办公用房,引进高层次人才等方面。奖励或补助资金按财政隶属分担。发展总部经济专项资金管理办法由市财政局会同市投资促进局另行制定。从第四、五、六、七、八条则分别详释了总部企业可享受的不同情形的支持标准,包括鼓励新设立的总部企业加快投资;鼓励现有总部企业在本市扩大投资;对本市现有总部企业,予以连续不超过 5 年的纳税奖励;新设立的总部企业,租赁的总部自用办公用房(不包括附属和配套用房),按租金市场指导价的 15%~25%给予一次性 12 个月的补助;新设立的总部企业购置总部自用办公用房的

（不包括附属和配套用房），按每平方米 200-500 元的标准给予一次性补助。
"第三章规划与用地"和"第四章政府服务"分别阐明了总部企业可享受的用
地保障、各类"绿色通道"和便利性服务等。

问：总部企业的管理和服务部门有哪些？

答：根据《关于成立南宁市总部经济发展工作领导小组的通知》（南府办
〔2010〕121 号）规定，成立南宁市总部经济发展工作领导小组。组长由市长担
任。领导小组下设办公室，办公室设在市投资促进局，具体负责领导小组的
日常工作。办公室主任由市投资促进局分管领导担任。办公室副主任由市发
展和改革委、市工信委、市规划局、市国土局、市财政局、市国税局、市地税
局、市工商局、五象新区指挥部分管领导担任。

18.3 玉林市

玉林市，位于桂东南，毗邻粤港澳，前临北部湾，背靠大西南，面向东南
亚，处于粤港澳大湾区和广西北部湾经济区的结合部，是广西"东融"对接珠
三角、粤港澳大湾区的桥头堡，是承东启西、对接沟通粤港澳大湾区和广西
北部湾经济区的关键节点城市；是全国改革发展试点城市，全国九个海峡两
岸农业合作试验区之一，是广西北部湾经济区、珠江－西江经济带成员城
市，是广西最大、全国著名的侨乡。近年来，玉林规划建设了广西先进装备制
造城（玉林）、玉林市高新技术产业开发区、龙港新区玉林龙潭产业园、中医
药健康产业园、节能环保产业园、装配式建筑与现代绿色建材产业基地等产
业园区；形成了机械制造、有色金属、新能源新材料、再生资源、医药食品、陶
瓷水泥、电子信息等特色支柱产业。目前，全市有规模以上工业企业 500 多
家，亿元企业 308 家，上市企业 9 家，总部企业 7 家。

问：玉林市出台的总部经济相关政策有哪些？

答：玉林市出台《鼓励玉林市总部经济发展实施方案》（玉政办函〔2016〕
14 号），旨在顺应经济发展新常态的内在要求，加快玉林市总部经济发展，促

进全市产业转型升级,进一步增强玉林市综合竞争力;并对创新总部经济发展模式做出具体规定,即突出引进总部企业的重点领域、积极扶持和培育本地总部企业、优化总部经济布局、推行总部基地模式。

突出引进总部企业的重点领域包括:着力吸引世界 500 强企业和国家有关部委认定或备案的跨国企业在玉林设立子公司或分支机构,形成区域金融总部、研发总部、制造总部、营销总部、结算总部、采购总部等职能型总部。以大型央企、国内 500 强、专业领域 500 强为重点,积极引进国内大型企业集团在玉林设立全国总部、区域总部等综合型总部及各类职能型总部。支持在玉实体型总部加快发展,鼓励管理型总部向实体型总部转变。充分发挥区域性中心城市优势,吸引全区特别是其他省会城市群经济圈的先进制造业、高新技术企业和现代服务业企业来玉设立总部。

问:总部经济相关政策的主要内容有哪些?

答:《鼓励玉林市总部经济发展实施方案》(玉政办函〔2016〕14 号)开篇阐明本方案目的之外,共三个部分,分别明确了总体要求和基本原则、创新总部经济发展模式、完善激励政策体系等相关事宜。

问:总部经济相关政策的适用对象有哪些?

答:《鼓励玉林市总部经济发展实施方案》(玉政办函〔2016〕14 号)适用于总部企业,涵盖世界 500 强区域金融总部、研发总部、制造总部、营销总部、结算总部、采购总部等职能型总部;国内 500 强全国总部、区域总部等综合型总部及各类职能型总部;实体型总部等各类总部企业。

问:总部企业的认定条件有哪些?

答:根据《鼓励玉林市总部经济发展实施方案》(玉政办函〔2016〕14 号)规定,总部企业是指其核心营运机构、职能机构设在我市,依法经营且符合以下条件的企业:

(一)在玉林市境内工商登记注册,具有独立法人资格(或者不具有独立法人资格的省级以上地区总部),可以合并会计报表,实行统一核算,并在玉林市境内汇总缴纳企业所得税。

（二）总部企业投资的企业不少于 2 个（或市外分支机构不少于 3 家）。

（三）总部企业营业收入来自下属企业或分支结构的比例不低于 20%。

（四）综合型总部实际到位注册资本金或净资产不低于 5000 万元、在本市缴纳"三税"（增值税、营业税、企业所得税）不低于 2000 万元／年，职能型总部实际到位注册资本金或净资产不低于 3000 万元、在本市缴纳"三税"不低于 1000 万元／年。

问：总部企业可享受哪些鼓励政策？

答：根据《鼓励玉林市总部经济发展实施方案》（玉政办函〔2016〕14 号）规定，玉林市将从加大财政支持力度、保障总部企业用地需求、拓宽总部企业融资渠道等方面完善激励政策体系。其中加大财政支持力度细分为办公用房补助；经营贡献奖励；对玉林市地方财政做出特别贡献的总部企业，实施一企一策的奖励政策。但是现有总部企业在本市范围内变更注册地的，不享受新引进总部企业的奖励政策。

问：总部企业的管理和服务部门有哪些？

答：根据《鼓励玉林市总部经济发展实施方案》（玉政办函〔2016〕14 号）规定，成立市加快总部经济发展工作领导小组，负责审定总部企业资格及有关奖励、补助事项，组长由分管工业副市长担任，副组长由市政府协管副秘书长、市工信委主任担任，成员由市财政局、商务局、金融办、国税局、地税局等单位领导担任。领导小组下设办公室，办公室设在市工信委，办公室主任由市工信委主任兼任，其他办公室人员由市工信委、财政局、商务局、金融办、国税局、地税局等单位相关人员担任，负责总部企业的认定受理工作。

19. 海南省

19.1 海南省

海南省,位于中国最南端。北以琼州海峡与广东省划界,西隔北部湾与越南相对,东面和南面在南海中与菲律宾、文莱、印度尼西亚和马来西亚为邻。海南土地后备资源、作物资源、植物资源、动物资源、南药资源、水产资源、海盐资源、矿产资源、水利资源、旅游资源等各类资源非常丰富。2018 年 4 月 13 日,中共中央总书记、国家主席、中央军委主席习近平在庆祝海南建省办经济特区 30 周年大会上宣布,党中央决定支持海南全岛建设自由贸易试验区,支持海南省逐步探索、稳步推进中国特色自由贸易港建设,分步骤、分阶段建立自由贸易港政策和制度体系。

问:海南省出台的总部经济相关政策有哪些?

答:海南省出台《海南省人民政府办公厅关于促进总部经济发展的工作意见》(琼府办〔2018〕37 号),旨在贯彻落实《中共中央 国务院关于支持海南全面深化改革开放的指导意见》(中发〔2018〕12 号)要求,吸引总部企业集聚,促进总部经济发展,加快海南省经济结构转型升级和构建现代化经济体系。根据海南全省总体规划,大力支持海口市、三亚市规划和建设总部基地,引导总部企业集聚发展。

《海南省商务厅关于海南省总部企业认定管理办法》(琼商通函〔2018〕473号),旨在贯彻落实《海南省人民政府办公厅关于促进总部经济发展的工作意见》精神,加快发展总部经济,规范海南省总部企业认定和管理工作。

《海南省总部经济发展省对市县财政奖励政策实施细则(试行)》(琼财企〔2019〕256号),旨在吸引总部企业集聚,促进总部经济发展,加快海南省经济结构转型升级和构建现代化经济体系。

问:总部经济相关政策的主要内容有哪些?

答:《海南省人民政府办公厅关于促进总部经济发展的工作意见》(琼府办〔2018〕37号),除去开篇阐明本意见的目的之外,共分八个部分,分别明确了发展目标、重点区域、财力保障、扶持政策、招商推介、人才政策、政务服务、工作机制等相关事宜。

《海南省商务厅关于海南省总部企业认定管理办法》(琼商通函〔2018〕473号)共分十三条,分别明确了本办法目的、工作机制、总部企业界定、认定条件标准、认定申请材料、认定工作程序以及监督管理和服务之其他事宜。

《海南省总部经济发展省对市县财政奖励政策实施细则(试行)》(琼财企〔2019〕256号)按照规范文件体例分总则、分则和附则共五章二十七条。第一章包括第一、二条,分别明确了本细则的目的、总部企业界定;第二章包括第三至十四条,明确了奖励范围;第四章包括第十五至十九条,明确了办理流程及申请材料;第五章包括第二十至二十二条,明确了监督管理事宜;第六章包括二十三至二十七条,分别明确了市县操作原则、从新原则、解释权、施行日期等。

问:总部经济相关政策的适用对象有哪些?

答:《海南省商务厅关于海南省总部企业认定管理办法》(琼商通函〔2018〕473号)适用于总部企业。总部企业包括新落户总部企业和现有总部企业。新落户总部企业是指2018年1月1日(含)以后在海南省设立的总部企业。现有总部企业是指2018年1月1日以前在海南省设立且存续至今的总部企业。

问:跨国公司地区总部的认定条件有哪些?

答:根据《海南省商务厅关于海南省总部企业认定管理办法》(琼商通函

〔2018〕473号)规定,申请认定跨国公司地区总部,须满足下列条件:

(一)由境外注册的母公司在海南省设立,以投资或授权形式对在中国境内一个以上省级区域内的企业履行管理和服务职能的唯一总机构。

(二)具有独立法人资格的外商投资企业。

(三)注册资本不低于200万美元。

(四)母公司的资产总额不低于4亿美元;服务业领域企业设立地区总部的,母公司资产总额不低于3亿美元。

(五)母公司在中国境内投资累计缴付的注册资本总额不低于1000万美元,且母公司授权管理的中国境内外企业不少于3个;或者母公司授权管理的中国境内外企业不少于6个。

问:综合型(区域型)总部的认定条件有哪些?

答:根据《海南省商务厅关于海南省总部企业认定管理办法》(琼商通函〔2018〕473号),申请认定综合型(区域型)总部,须满足下列条件:

(一)在海南省设立,具有独立法人资格。

(二)产业标准。

旅游业、现代服务业等第三产业:申请前一年或申请当年的营业收入不低于10亿元(人民币,下同),且形成地方财力贡献不低于2000万元。

高新技术产业等第二产业:申请前一年或申请当年的营业收入不低于15亿元,且形成地方财力贡献不低于3000万元。

热带特色高效农业等第一产业:申请前一年或申请当年的营业收入不低于5亿元,且形成地方财力贡献不低于1000万元。

(三)以投资或授权形式对中国境内一个以上省级区域内的企业行使管理和服务职能的唯一总机构;或者具有全国性或区域性采购、销售、物流、配送、结算、管理、研发等一项或多项总部职能的机构。

问:高成长型总部的认定条件有哪些?

答:根据《海南省商务厅关于海南省总部企业认定管理办法》(琼商通函〔2018〕473号)规定,申请认定高成长型总部,须满足下列条件:

（一）在海南省设立，具有独立法人资格。

（二）申请前一年或申请当年的地方财力贡献不低于800万元。

（三）在所从事业务领域拥有核心技术知识产权（企业自主研发或授权均可），申请前一年用于企业研发经费不低于当年营业收入的5%；或者具有全新的商业模式，有良好的业绩表现，具有可持续发展能力，已至少获得PE公司C轮投资；或者提供审计、会计、人力资源、检验检测、认证等专业社会服务，有利于推进海南省法治化、国际化、便利化营商环境建设，在国际国内有较高知名度。

（四）企业属于或投资方属于世界企业500强、中国企业500强、中央大型企业、中国民营企业500强，在认定时可获得优先考虑。世界企业500强以《财富》杂志上一年度排名为参考；中国企业500强以中国企业联合会、中国企业家协会排名为准；中央大型企业为纳入国务院国资委管理的企业；中国民营企业500强以全国工商联排名为准。

问：国际组织（机构）地区总部的认定条件有哪些？

答：根据《海南省商务厅关于海南省总部企业认定管理办法》（琼商通函〔2018〕473号）规定，申请认定国际组织（机构）地区总部，须满足下列条件：由知名国际组织（机构）在海南省设立的外国非企业经济组织代表机构，以授权形式在中国或更大区域内履行管理和服务职能的唯一总机构，且首席代表常驻海南。

问：总部企业可享受哪些鼓励政策？

答：《海南省人民政府办公厅关于促进总部经济发展的工作意见》（琼府办〔2018〕37号）规定，省财政加强财力保障、海口市和三亚市自行出台认定管理和扶持政策等、落实人才政策、优化政府服务以及提高便利化等。

《海南省总部经济发展省对市县财政奖励政策实施细则（试行）》（琼财企〔2019〕256号）规定，省财政对市县总部经济财政奖励政策具体包括总部经济土地出让金奖励政策和总部经济税收奖励政策。税收是指增值税、企业所得税、城市维护建设税、房产税、城镇土地使用税、环保税，如政策执行中遇财政体制变化,视情况予以调整。

问:总部企业的管理和服务部门有哪些?

答:《海南省人民政府办公厅关于促进总部经济发展的工作意见》(琼府办〔2018〕37号)规定,建立海南省促进总部经济发展联席会议制度,统筹全省总部经济发展工作。联席会议第一召集人为常务副省长,召集人为分管副省长,成员由省有关部门、海口市政府和三亚市政府负责人组成,负责研究工作推进中的重大问题和重大事项;联席会议办公室设在省商务厅,负责联席会议的组织协调、总部企业备案管理等日常工作。省财政对联席会议成员单位开展总部经济发展工作给予经费保障。

《海南省商务厅关于海南省总部企业认定管理办法》(琼商通函〔2018〕473号)规定,市(县)政府是促进总部经济发展工作的实施主体,负责制定本市(县)总部企业认定具体操作办法,履行总部企业认定、复查、事中事后监管等职责。

19.2 海口市

海口市,又称"椰城",地处海南岛北部,海南省省会;东邻文昌市,南接定安县,西连澄迈县,北临琼州海峡与广东省隔海相望;海口自北宋开埠以来,已有上千年的历史,为古代海上丝绸之路的重要支点,是南海地区海、陆、空交通重要枢纽。自2018年中共中央决定建立海南自由贸易港之后,海口市迎来进一步扩大开放的契机,以及利用外资的又一次高潮,2019年1—9月份,海口市实际利用外资11141.60万美元,比2018年同期增长607.0%。

问:海口市出台的总部经济相关政策有哪些?

答:海口市出台《海口市支持总部经济发展若干政策》(海府〔2018〕58号),贯彻落实《中共中央 国务院关于支持海南全面深化改革开放的指导意见》(中发〔2018〕12号)和《海南省人民政府办公厅关于促进总部经济发展的工作意见》(琼府办〔2018〕37号),加快引导海口自由贸易区(港)总部经济向高端化、集约化和规模化发展,外部引进与内部培育并重,真正发挥企业总部集聚效应,带动产业转型升级,增强海口城市综合竞争力。

问:总部经济相关政策的主要内容有哪些?

答:《海口市支持总部经济发展若干政策》(海府〔2018〕58号)严格按照规范性文件的体例分为总则、分则、附则共四章二十一条。其中,第一章包括第一到三条,明确了支持目的、总部界定和适用对象;第二章包括第四至十一条,明确了对新引进总部企业和现有企业、重点引进总部企业等的政策支持性条款;第三章包括第十二至十七条,明确了组织实施机构、监督问责等相关内容;第四章对文件的解释及生效日期等进行了规定。

问:总部经济相关政策的适用对象有哪些?

答:《海口市支持总部经济发展若干政策》(海府〔2018〕58号)适用于在海口市范围内设立,工商注册和税务登记地在本市并取得海南省促进总部经济发展联席会议依据《海南省总部企业认定管理办法》颁发认定证书的总部。自《海南省总部企业认定管理办法》出台后,海南省内总部企业重新变更注册地在海口市的,不纳入本政策扶持对象,不享受相关扶持政策。

问:总部企业的认定条件有哪些?

答:总部企业认定条件依照《海南省商务厅关于印发海南省总部企业认定管理办法的函》(琼商通函〔2018〕473号)的附件,即《海南省总部企业认定管理办法》相关规定执行。

问:总部企业可享受哪些鼓励政策?

答:根据《海口市支持总部经济发展若干政策》(海府〔2018〕58号)规定,对于新落户总部企业,分别按照不同情形享受一次性开办奖励;租购房补贴;经营贡献奖励;高级管理人员贡献奖励;集聚区管理运营奖励;晋级奖励;重点企业的重点奖励等。

问:总部企业的管理和服务部门有哪些?

答:根据《海口市支持总部经济发展若干政策》(海府〔2018〕58号)"第三章组织实施"规定,海口市促进总部经济发展联席会议制度和增设海口市总部经济发展促进机构负责总部企业相关工作。

第十二条 建立海口市促进总部经济发展联席会议(以下简称"联席会议")制度,统筹全市总部经济发展工作。联席会议召集人为常务副市长,召集人为分管副市长,成员由海口市相关部门、各区政府、经济开发区负责人组成,负责研究解决工作 推进中的重大问题和事项。联席会议办公室(以下简称"联席办")设在市商务局,承担联席会议日常工作。

第十三条 增设海口市总部经济发展促进机构,负责拟定总部经济发展战略、规划,统筹推动总部经济发展;为符合条件的总部企业代办扶持政策兑现等"一站式"绿色服务。建立海口市总部企业常态化联系制度,实行重点服务和信息互联互通。

19.3 三亚市

三亚市,又称"鹿城",位于海南岛南端,东邻陵水县,西接乐东县,北毗保亭县,南临南海。2018 年以来,三亚市以习近平新时代中国特色社会主义思想为指导,全面贯彻党的十九大和十九届二中、三中全会精神,深入学习贯彻习近平"4·13"重要讲话、中央 12 号文件精神,认真落实《中国(海南)自由贸易试验区总体方案》及中央有关部委和省委省政府关于深化改革开放的政策文件,抓紧推进涉及三亚市的重点工作和先导性项目,力争在海南自由贸易试验区和中国特色自由贸易港建设中当好标杆。2018 年全市实现生产总值 595.5 亿元,增长 7.2%,三次产业结构为 11.5∶19.8∶68.7。

问:三亚市出台的总部经济相关政策有哪些?

答:三亚市出台《三亚市促进总部经济发展暂行办法》(三府〔2018〕112号),旨在全面贯彻落实《中共中央国务院关于支持海南全面深化改革开放的指导意见》(中发〔2018〕12 号)和《海南省人民政府办公厅关于促进总部经济发展的工作意见》(琼府办〔2018〕37 号),加快推进自由贸易区(港)建设,加快三亚市经济结构转型升级和构建现代化经济体系,鼓励内外资企业和国际组织(机构)在三亚市设立总部,加强各类总部聚集,促进总部经济发展。

问:总部经济相关政策的主要内容有哪些?

答:《三亚市促进总部经济发展暂行办法》(三府〔2018〕112号)严格按照规范性文件的体例分为总则、分则、附则共四章二十二条。第一章包括第一至三条,明确了支持目的、总部界定和适用对象;第二章包括第四至十二条,明确了对各类总部企业及其集聚区的政策支持性条款;第三章包括第十三至十八条,明确了组织实施机构、政策兑现流程、监督问责等相关内容;第四章包括第十九至二十二条,对文件的解释及生效日期等进行了规定。

问:总部经济相关政策的适用对象有哪些?

答:《三亚市促进总部经济发展暂行办法》(三府〔2018〕112号)适用于在三亚市范围内设立,工商注册和税务登记地在三亚市并取得海南省促进总部经济发展联席会议依据《海南省总部企业认定管理办法》颁发认定证书的总部企业。自《海南省总部企业认定管理办法》出台后,海南省内总部企业重新变更注册地在三亚市的,不纳入本办法扶持对象,不享受本扶持政策。

问:总部企业的认定条件有哪些?

答:根据《三亚市促进总部经济发展暂行办法》(三府〔2018〕112号)规定,依据《海南省总部企业认定管理办法》颁发认定证书的总部企业。

问:总部企业可享受哪些鼓励政策?

答:根据《三亚市促进总部经济发展暂行办法》(三府〔2018〕112号)规定,总部企业可享受开办补助、经营贡献奖励(基础贡献奖励、上台阶贡献奖励、增量贡献奖励)、管理人员贡献奖以及人才服务、办公用房租房补贴、购房补贴、培育企业发展奖励、集聚区奖励、绿色服务、重大贡献的特别支持等鼓励政策。

问:总部企业的管理和服务部门有哪些?

答:根据《三亚市促进总部经济发展暂行办法》(三府〔2018〕112号)规定,建立三亚市促进总部经济发展联席会议(以下简称"联席会")制度,统筹全市总部经济发展工作,负责研究解决工作推进中的重大问题和重大事项。联席会办公室(以下简称"市联席办")设在市商务会展局,承担联席会议日常工作。

第六部分
西南地区

20. 重庆市

20.1重庆市

重庆市,有"山城"之称,位于中国内陆西南部、长江上游地区,是中国中西部地区唯一直辖市。2016年1月,习近平视察重庆,2018年3月参加十三届全国人大一次会议重庆代表团审议,2019年4月再次亲临重庆视察指导,对重庆提出"两点"定位、"两地""两高"目标、发挥"三个作用"和营造良好政治生态的重要指示要求,[①]为新时代重庆改革发展导航定向。2017年3月,党中央、国务院批复正式设立中国(重庆)自由贸易试验区,以落实中央关于发挥重庆战略支点和连接点重要作用、加大西部地区门户城市开放力度的要求,带动西部大开发战略深入实施。

问:重庆市出台的总部经济相关政策有哪些?

答:重庆市出台《关于加快总部经济发展的意见》(渝府办发〔2018〕38号),旨在贯彻落实《国务院关于促进外资增长若干措施的通知》(国发〔2017〕39号)要求,加快重庆市总部经济发展,大力推进内陆开放高地和长江上游地区现代商贸中心建设。

---

① "两点"定位,即西部大开发的重要战略支点、"一带一路"和长江经济带的联结点,在国家区域发展和对外开放格局中具有独特而重要的作用。"两地""两高"目标,即加快建设内陆开放高地、山清水秀美丽之地,努力推动高质量发展、创造高品质生活。发挥"三个作用",即在推进新时代西部大开发中发挥支撑作用、在推进共建"一带一路"中发挥带动作用、在推进长江经济带绿色发展中发挥示范作用。

问：总部经济相关政策的主要内容有哪些？

答：《关于加快总部经济发展的意见》（渝府办发〔2018〕38号）分为总体要求、重点任务、政策支持、营造良好发展环境、保障措施共五个部分十八条。其中，第一部分包括第一至三条，明确了指导思想、基本原则和主要目标；第二章包括第四至七条，明确了发展总部经济的重点任务；第三章包括第八至十一条，明确了总部企业可享受的支持政策；第四章包括十二至十五条，明确了政府营造良好发展环境的功能基础、行政审批制度、服务体系、法制化四个方面；第五章包括第十六至十八条，组织领导、统计分析体系、研究和宣传等进行阐释。

问：总部经济相关政策的适用对象有哪些？

答：《关于加快总部经济发展的意见》（渝府办发〔2018〕38号）适用于总部企业，包括跨国公司、国内外大型企业的综合总部、地区总部和功能总部，以及本土总部企业。

问：总部企业可享受哪些鼓励政策？

答：根据《关于加快总部经济发展的意见》（渝府办发〔2018〕38号）规定，总部企业在落户、办公用房、人才培养等方面给予资金扶持，用地保障，降低融资成本，引进人才等给予支持鼓励政策。

问：总部企业的管理和服务部门有哪些？

答：根据《关于加快总部经济发展的意见》（渝府办发〔2018〕38号）规定，建立健全促进总部经济发展的领导体制和工作机制，市商务委负责全市总部经济发展的日常工作，牵头完善促进总部经济发展的政策、审核奖励标准、协调处理重大问题；发展改革、财政、教育、公安、卫生、税务、统计、金融等部门要落实配套政策。各区县和开放平台可根据实际制定相应政策，形成全市总部经济发展合力。

20.2黔江区

黔江区,地处武陵山区腹地和重庆市东南部中心,东北、西北与湖北咸丰县、利川市相邻,南及酉阳,西抵彭水。集老、少、边、山于一体,是国市定位的武陵山片区、成渝城市群中心城市之一和渝东南中心城市。黔江区拥有渝东南首个百亿级特色工业园区 – 正阳工业园区,"6+1"产业集群全面构建,材料、纺织、环保、食品"四大产业园"提质发展,全力创建武陵山(重庆)高新区。2个院士专家工作站、3个国家千人计划专家顾问团、黔江·北京智库引领创新驱动。深化与清华大学、启迪集团合作,打造1个启迪科技城、1个数据学院、1个产业研究院、1个芯片上市公司"四个一"工程,科技型企业、高新技术企业总量稳居渝东南首位。享有西部大开发、成渝城市群、渝东南武陵山区城镇群、武陵山连片扶贫攻坚等政策叠加优势,形成融资、用地、物流、制度交易等低成本洼地,蕴藏着创新驱动高质量发展的勃勃商机。

问:黔江区出台的总部经济相关政策有哪些?

答:黔江区出台《重庆市黔江区总部经济招商优惠政策》(黔江府发〔2010〕36 号),①旨在鼓励国内外大型企业在本区设立总部或分支机构,促进本区总部经济快速发展。

问:总部经济相关政策的主要内容有哪些?

答:《重庆市黔江区总部经济招商优惠政策》(黔江府发〔2010〕36 号)共分十三条。第一条明确了本政策目的;第二条明确了总部经济界定;第三至十一条明确了不同类别的优惠政策;第十二、十三条分别明确了解释权、施

---

① 2015 年 11 月 12 日,区政府印发了《关于废止和继续施行部分区政府规范性文件的决定》(黔江府发〔2015〕21 号),将《重庆市黔江区人民政府关于印发重庆市黔江区总部经济招商优惠政策的通知》(黔江府发〔2010〕36 号)予以废止。为保持总部经济招商优惠政策的连续性,区政府决定撤销对《重庆市黔江区人民政府关于印发重庆市黔江区总部经济招商优惠政策的通知》(黔江府发〔2010〕36 号)的废止,《重庆市黔江区人民政府关于印发重庆市黔江区总部经济招商优惠政策的通知》(黔江府发〔2010〕36 号)自 2015 年 11 月 12 日起继续施行。

行日期。

问：总部经济相关政策的适用对象有哪些？

答：《重庆市黔江区总部经济招商优惠政策》（黔江府发〔2010〕36 号）适用于总部经济企业。总部经济企业指的是区外企业在本区注册的研发中心、销售中心、采购中心、核算中心或其分支机构（不含百货店、大卖场）。

问：总部企业的认定条件有哪些？

答：根据《重庆市黔江区总部经济招商优惠政策》（黔江府发〔2010〕36 号）附件《黔江区重点总部经济企业认定办法（试行）》规定，满足下列条件之一的可认定为黔江区重点总部经济企业。

（一）在黔江区注册成立，具有独立法人资格，且注册资本金不低于 2000 万元（金融业除外）。

（二）年纳税额 500 万元及以上。

（三）世界 1000 强企业总部或分支机构（本标准选取国家认可的上一年度世界 1000 强企业排序）。

（四）商务部认定或备案的跨国公司地区总部［指《关于外商投资举办投资性公司的规定》①对跨国公司地区总部的规定］。

（五）中国企业 1000 强、中国民营企业 1000 强、中国连锁企业 200 强（中国企业 1000 强是指由中国企业联合会、中国企业家协会按国际惯例向社会公布的上一年度中国企业 1000 强排名；中国民营企业 1000 强是指全国工商联向社会公布的上一年度上规模民营企业排名；中国连锁 200 强是指中国连锁经营协会向社会公布的上一年度中国连锁 200 强排名）。

问：总部企业可享受哪些鼓励政策？

答：根据《重庆市黔江区总部经济招商优惠政策》（黔江府发〔2010〕36 号）规定，总部企业可享受财政贡献奖、购房／自建房补贴、重点企业开办补贴、用地保障、高级管理人员税收补贴、重点企业法人税收贡献奖励、中介机

---

① 商务部令 2004 年第 22 号。

构/人的奖励、其他招商普惠政策等鼓励政策。

问:总部企业的管理和服务部门有哪些?

答:《重庆市黔江区总部经济招商优惠政策》(黔江府发〔2010〕36号)及其附件规定,区财政局、区投促局等一起负责管理和服务总部企业。

20.3渝中区

渝中区,地处长江、嘉陵江交汇处,两江环抱、形似半岛。渝中区相继荣获"全国文明城区""国家服务业综合改革试点区""全国首批公共文化服务体系示范区""全国和谐社区建设示范城区""全国科技进步示范城区""全国双拥模范城"等荣誉称号。渝中区是重庆的"母城"、金融中心、商贸中心、文化中心、总部经济基地和都市旅游目的地。2018年,新增税收亿元楼宇3栋、总数达37栋;地区生产总值1203.9亿元、增长0.9%。

问:渝中区出台的总部经济相关政策有哪些?

答:渝中区出台《渝中区关于扶持楼宇经济和总部经济加快发展的办法》(渝中府发〔2016〕71号),旨在贯彻落实《关于进一步加快楼宇经济和总部经济发展的意见》(渝中委发〔2016〕16号),引导重点楼宇改善软硬件环境,吸引"总、大、新、高"企业入驻,支持总部及重点企业做强做优做大,提高经济贡献度。

问:总部经济相关政策的主要内容有哪些?

答:《渝中区关于扶持楼宇经济和总部经济加快发展的办法》(渝中府发〔2016〕71号)开篇阐明本办法目的之外,共分十条。第一至五条以及第九条明确了楼宇经济的优惠政策;第六至八条明确了总部经济优惠政策;第十条同时涉及楼宇经济和总部经济优惠政策。

问:总部经济相关政策的适用对象有哪些?

答:《渝中区关于扶持楼宇经济和总部经济加快发展的办法》(渝中府发〔2016〕71号)适用于总部企业。总部企业是指管理的全资或控股分支机构3

个以上,统一开票、汇总纳税的重点企业。

问:总部企业的认定条件有哪些?

答:《渝中区关于扶持楼宇经济和总部经济加快发展的办法》(渝中府发〔2016〕71号)规定,总部企业实行申报认定制。但是认定条件没有找到。

问:总部企业可享受哪些鼓励政策?

答:根据《渝中区关于扶持楼宇经济和总部经济加快发展的办法》(渝中府发〔2016〕71号)规定,总部企业可享受西部大开发等政策、购置办公用房补贴、贡献奖励以及"一事一议""一企一策"等政策。

20.4渝北区

渝北区,位于重庆主城北大门,是重庆内陆开放高地建设的重要阵地,国家首批临空经济示范区,重庆自贸试验区、中新互联互通项目重要承载地。渝北区是两江新区开发建设的主战场,有保税港区空港功能区、悦来国际博览中心、龙兴工业园、仙桃国际大数据谷、创新经济走廊等市、区开发开放平台,发展潜力巨大,正成为中西部乃至内陆开放的"桥头堡"、城乡统筹的示范区。

问:渝北区出台的总部经济相关政策有哪些?

答:渝北区出台《重庆市渝北区人民政府关于进一步加快发展楼宇(总部)经济的意见》(渝北府发〔2012〕49号),旨在建设国家中心城市展示区、构建现代产业体系的必然要求,加快产业转型升级、保持经济全面协调发展的迫切需要。

问:总部经济相关政策的主要内容有哪些?

答:《重庆市渝北区人民政府关于进一步加快发展楼宇(总部)经济的意见》(渝北府发〔2012〕49号),除去开篇阐明本意见的目的之外,共分六个部分,分别明确了发展楼宇(总部)经济的重要意义、思路目标、空间布局、培育力度、政策扶持、工作保障等事宜。

问：总部经济相关政策的适用对象有哪些？

答：《重庆市渝北区人民政府关于进一步加快发展楼宇(总部)经济的意见》(渝北府发〔2012〕49 号)适用于楼宇(总部)企业。重点引进世界 500 强、全国 500 强企业以及国内行业 100 强等大型企业集团来区设立地区总部或总部型分支机构；培育发展金融保险、会展物流、信息咨询等生产性服务业楼宇(总部)企业和现代商务、科技服务、文化创意等新兴服务业楼宇(总部)企业,加快培育信息服务、新能源等高新技术产业楼宇(总部)企业。

问：总部企业可享受哪些鼓励政策？

答：根据《重庆市渝北区人民政府关于进一步加快发展楼宇(总部)经济的意见》(渝北府发〔2012〕49 号)规定,总部企业可享受用地优先保障、地方财政的贡献给予奖励、"一企一策""一事一议"等扶持政策。

问：总部企业的管理和服务部门有哪些？

答：根据《重庆市渝北区人民政府关于进一步加快发展楼宇(总部)经济的意见》(渝北府发〔2012〕49 号)规定,全区楼宇(总部)经济发展工作由区政府常务副区长统筹协调,区政府相关领导积极参与配合,具体工作由区总部办牵头,相关部门按照职责全力支持。建立楼宇(总部)经济工作联席制度,每两个月召开一次会议,研究解决楼宇(总部)经济发展的相关问题。各街道、园区(新城)分别成立辖区发展楼宇经济领导小组,主要领导牵头,落实分管领导和专门人员,细化工作职责,扎实抓好楼宇(总部)经济发展的各项工作。

20.5 巴南区

巴南区,位于重庆主城南部,巴南历史文化悠久,前身是千年历史名邑巴县,早在 5000 年前,就有先民在此繁衍生息,巴渝文化、抗战文化、古镇文化、茶文化等异彩纷呈；自然资源丰富,沿江、傍泉、依山、靠林、临湖、环岛,拥有 60 公里长江岸线,主城近 50%的森林面积,全市 50%的温泉资源,是"中国优秀旅游城区""中国温泉之乡";区位优势突出,5条高速公路在境内交汇,是"重庆–东盟南向国际物流大通道"的起点;产业基础雄厚,重庆国际生物城正式落户,公路物流基地成为全市"1+3"国际物流分拨基地之一,汽车摩托、生物医药、电子信息、商贸物流、军民融合等产业集群不断发展壮大。巴南正在努力推动实现更高质量、更有效率、更加公平、更可持续的发展。2019年一季度,全区经济保持平稳向好态势,实现地区生产总值212亿元,增长6.6%。

问:巴南区出台的总部经济相关政策有哪些?

答:巴南区出台《重庆市巴南区总部经济产业扶持政策》(巴南府办发〔2012〕67号),旨在加快巴南区总部经济发展,吸引总部企业入驻。

《重庆市巴南区关于总部企业认定暂行办法》(巴南府办发〔2012〕61号),旨在鼓励国内外企业在巴南区设立总部,推动我区总部经济的发展。

《重庆市巴南区引进总部企业奖励办法》(巴南府办发〔2012〕84号),旨在鼓励社会各方力量参与、推动巴南区总部经济的招商引资工作,集中引进发展一批符合国家产业政策、投资规模大、科技含量高、带动作用强的总部企业,促进巴南区总部经济又好又快发展。

问:总部经济相关政策的主要内容有哪些?

答:《重庆市巴南区总部经济产业扶持政策》(巴南府办发〔2012〕67号)包括奖励扶持范围、产业扶持政策、政策实施、附则四个部分。

《重庆市巴南区关于总部企业认定暂行办法》(巴南府办发〔2012〕61号)包括五章十一条。第一章总则,明确了认定的目的。第二章包括第二、三条,明确了组织领导。第三章包括第四至八条,明确了认定范围。第四章包括第九条,明确了认定程序。第五章包括第十、十一条,明确了申报材料以及法律责任。

《重庆市巴南区引进总部企业奖励办法》(巴南府办发〔2012〕84号)包括六个部分。分别是奖励对象及范围,奖励标准,奖励申报、认定及兑现,币种规定等,解释机构,执行时间。

问：总部经济相关政策的适用对象有哪些？

答：《重庆市巴南区关于总部企业认定暂行办法》（巴南府办发〔2012〕61号）适用于总部企业。总部企业是指其核心营运机构或具备总部性质（集中核算或结算）的职能机构设在巴南区并依法开展经营活动，对一定区域内的控股企业或分支机构（以下称下属企业）行使经营、管理、服务和研发等总部职能，且符合规定条件的企业法人机构（包括在我区新设立或迁入我区的企业）。

问：总部企业的认定条件有哪些？

答：根据《重庆市巴南区关于总部企业认定暂行办法》（巴南府办发〔2012〕61号）规定，申请总部企业认定的企业，应同时具备以下五项基本条件：

（一）工商及税务登记在巴南区，具有独立法人资格。

（二）企业发展方向符合巴南区产业发展政策。

（三）依法纳税，企业所得税在巴南区集中汇缴，非独立核算分支机构按统计法规纳入巴南区统计口径的企业。

（四）在中国境内外投资或授权管理的企业不少于 3 个，并对其负有管理和服务职能。

（五）符合下列条件之一：

1.企业年纳税总额区级留成部分达到 100 万元及以上。

2.母公司或者实际控制人为世界 500 强企业（指美国《财富》杂志每年评选的"全球最大五百家公司"排行榜，本标准选取上一年度的世界 500 强企业），本企业为母公司在本市设立之最高级别机构。

3.商务部认定或备案的跨国公司地区总部（指《关于外商投资举办投资性公司的规定》〔商务部令 2004 年第 22 号〕对跨国公司地区总部的规定）。

4.中国企业 500 强、中国民营企业 500 强或中国连锁 100 强（中国企业500 强是指由中国企业联合会、中国企业家协会按国际惯例向社会公布的上一年度中国企业 500 强排名；中国民营企业 500 强是指全国工商联向社会公布的上一年度上规模民营企业排名；中国连锁 100 强是指中国连锁经营协会向社会公布的上一年度中国连锁 100 强排名）。

5.国家和中央部门确定的大企业（集团）（指由国务院国资委管理的企业；银监会、保监会、证监会管理的金融企业；国务院其他部委管理的烟草、铁路等类型企业）。

6.经认定的市级以上高新技术企业。

7.其他年营业收入（或销售收入、产值）5000 万元以上的规模企业。

问：总部企业可享受哪些鼓励政策？

答：根据《重庆市巴南区总部经济产业扶持政策》（巴南府办发〔2012〕67号）规定，总部企业可享受土地政策、财税政策、奖励政策、其他政策、特殊贡献奖等鼓励政策。

财税政策分为税收补助和办公用房补助；奖励政策主要是总部企业高管奖励；其他政策主要是便利化措施；特殊贡献奖指的是对我区有特殊贡献的总部企业，采取"一企一策"形式签订入驻协议。

问：总部企业的管理和服务部门有哪些？

答：根据《重庆市巴南区关于总部企业认定暂行办法》（巴南府办发〔2012〕61号）规定，建立区政府主要领导亲自挂帅，相关职能部门参加的区发展总部经济工作领导小组，由领导小组统筹协调推动总部经济发展工作。

区投资促进办公室负责总部企业认定的组织工作，主要包括：受理企业申请，协调相关职能部门初审，提出初审意见报区发展总部经济工作领导小组讨论，对符合认定条件的企业报请区政府批准认定，对需取消总部企业资格的企业提请区政府取消其资格等。

20.6 两江新区

两江新区，成立于 2010 年 6 月 18 日，我国内陆地区第一个国家级开发开放新区，也是继上海浦东新区、天津滨海新区后，由国务院直接批复的第三个国家级开发开放新区。两江新区因长江、嘉陵江得名，位于重庆主城区长江以北、嘉陵江以东,辖江北区、渝北区、北碚区3个行政区部分区域以及北部新区、保税港区、两江工业开发区三3个功能区,江北嘴金融城、悦来国际会展城、果园港等3个开发主体,规划总面积1200平方千米,常住人口221万人。两江新区作为新一轮全球产业大转移的焦点地区,欧亚国际物流大通道的枢纽地区,中国发展战略转型的热点地区,内陆新兴大市场的核心地区,国务院赋予其五大功能定位,要求在国家战略层面成为内陆开放门户、科学发展示范窗口、统筹城乡综合配套改革试验的先行区,内陆重要的先进制造业和现代服务业基地,长江上游地区的金融中心和创新中心。两江新区成立以来,努力探索内陆改革开放发展新路子,取得了积极进展,已经成为全球最大的汽车生产基地、笔电生产基地之一,国际贸易高速发展,成为全球瞩目的重要投资目的地。

问:两江新区出台的总部经济相关政策有哪些?

答:两江新区出台《重庆两江新区促进总部经济发展办法》(渝两江管发〔2017〕87号),旨在为鼓励具有国内外资源配置能力的跨国企业、大型企业集团、行业标杆企业在两江新区设立总部,将两江新区打造成为"一带一路"和长江经济带开放型总部经济功能性中心。

问:总部经济相关政策的主要内容有哪些?

答:《重庆两江新区促进总部经济发展办法》(渝两江管发〔2017〕87号)开篇阐明了本办法的目的之外,包括分则(第一至十条)和附则。分则明确了总部经济扶持政策;附则明确了扶持原则、纳税主体、实施期限等。

问:总部经济相关政策的适用对象有哪些?

答:《重庆两江新区促进总部经济发展办法》(渝两江管发〔2017〕87号)适用于在两江新区注册、经营、纳税的总部企业,包括实体性地区总部和功能性总部。

问:总部企业可享受哪些鼓励政策?

答:根据《重庆两江新区促进总部经济发展办法》(渝两江管发〔2017〕87号)规定,总部企业可享受鼓励类产业扶持、项目落户奖励、经济贡献奖励、高端人才奖励、增长贡献奖励、办公用房扶持、企业上市扶持、资金管理便利化、公共服务平台扶持、产业链条联动发展扶持等鼓励政策。

问：总部企业的管理和服务部门有哪些？

答：总部企业的管理和服务由两江新区管委会统筹安排。

21. 四川省

21.1成都市

成都市,有"锦官城""锦城"之称,别称"芙蓉城""蓉城",简称"蓉",位于四川省中部,四川省省会、副省级城市、中国首批国家历史文化名城之一,是西南地区重要的中心城市。成都市是古蜀文明的重要发源地,"天府之国"的中心,有着世界罕见的3000年城址不迁、2500年城名不改的历史特征。成都市正在构建"5+5+1",第一个"5"是指以电子信息、装备制造、医药健康、新型材料和绿色食品五大产业为重点,到2020年,建成电子信息万亿级产业,培育装备制造、医药健康万亿级产业,壮大新型材料和绿色食品千亿级产业。第二个"5"是指着力发展会展经济、金融服务业、现代物流业、广旅产业和生活服务业五大重点领域,到2020年,培育形成5个千亿级产业。"1"是指进一步发展新经济培育新动能,全面构建"人工智能+""大数据+""5G+""清洁能源+""供应链+"为核心的高技术含量、高附加值开放型产业体系,着力将成都建成最适宜新经济发育成长的新型城市。

问:成都市出台的总部经济相关政策有哪些?

答:成都市出台《成都市人民政府关于加快总部经济发展做强国家中心城市核心功能支撑的意见》(成府函〔2018〕13号),旨在进一步引进、扶持和培育总部企业,加快推进"总部成都"建设和总部经济发展,增强对现代产业体系的核心支撑作用,助力建设全面体现新发展理念国家中心城市,构建城市产业生态圈,重塑产业经济地理。

《2018 年成都市总部企业认定申报指南(修订版)》(成总部办〔2018〕13 号),旨在贯彻落实《成都市人民政府关于加快总部经济发展做强国家中心城市核心功能支撑的意见》(成府函〔2018〕13 号),进一步规范、优化总部企业申报认定工作。

问:总部经济相关政策的主要内容有哪些?

答:《成都市人民政府关于加快总部经济发展做强国家中心城市核心功能支撑的意见》(成府函〔2018〕13 号)包括附件在内共计九个部分,分别明确了总体要求、基本原则、主要目标、空间布局、标准条件、支持政策、监督管理、保障措施、附件之名词解释。

《2018 年成都市总部企业认定申报指南(修订版)》(成总部办〔2018〕13 号)包括六个部分,分别明确了总部企业类型、申报总部企业认定需提交的材料、总部企业申报方式及要求、总部企业复查与动态管理、申报咨询机构及联系方式、办理时间。

问:总部经济相关政策的适用对象有哪些?

答:《成都市人民政府关于加快总部经济发展做强国家中心城市核心功能支撑的意见》(成府函〔2018〕13 号)适用于总部企业。总部企业分为跨国公司地区总部、综合型(区域型)总部企业、功能型总部企业三种类型(以下简称总部企业),并将成长型总部企业纳入重点培育和扶持范围。

问:跨国公司地区总部的认定条件有哪些?

答:根据《成都市人民政府关于加快总部经济发展做强国家中心城市核心功能支撑的意见》(成府函〔2018〕13 号)规定,跨国公司地区总部是指注册地在境外的跨国公司设立的履行跨省(直辖市、自治区)以上区域范围管理和服务职能的总部类型的外商投资企业,包括投资性公司、管理性公司。投资性公司是指依据商务部《关于外商投资举办投资性公司的规定》(商务部令第 22 号)在成都设立的从事直接投资的公司。

管理性公司是指具有对中国境内跨省(直辖市、自治区)以上区域实施资金管理、采购、销售、物流、结算、研发、培训及支持服务等营运职能的公司。管理性公司申请认定地区总部应具备下列条件：

（一）基本标准。符合成都市产业发展政策，工商注册、税务登记和统计关系均在成都市，具备独立法人资格。注册资本不低于200万美元。

（二）母公司标准。母公司的资产总额不低于4亿美元，母公司属于服务业的，资产总额不低于3亿美元。

（三）下属企业标准。母公司已在中国境内投资累计缴付的注册资本总额不低于1000万美元且母公司授权管理的省内外企业不少于3家；或母公司授权管理的省内外企业不少于6家。

问：综合型（区域型）地区总部的认定条件有哪些？

答：根据《成都市人民政府关于加快总部经济发展做强国家中心城市核心功能支撑的意见》（成府函〔2018〕13号）规定，综合型（区域型）总部型企业是指综合竞争能力强，负责本企业（集团）跨地级市以上区域范围具备综合管理职能的大型企业。

（一）基本标准。符合成都市产业发展政策，工商注册、税务登记和统计关系均在成都市，具备独立法人资格；履行企业规划和运营决策管理、投融资和资产管理、行政和人力资源管理，或统筹供应链配置、科研和生产场所及资源布局、营销市场区域划分等多项综合管理职能。

（二）下属企业标准。拥有全资子公司或控股子公司或分公司数量不少于3家，其中在市域外全资子公司或控股子公司或分公司数量不少于2家。

（三）产业标准。

农业：上年度营业收入1亿元（人民币，下同）及以上（农业种植、养殖和农业科技推广类企业上年度营业收入5000万元及以上），或上年末资产总额2000万元及以上，或上年度总部企业及其全资子公司、控股子公司和分公司对本市地方经济实际贡献合计200万元及以上。

工业：上年度营业收入10亿元及以上，或上年末资产总额12亿元及以上，或上年度总部企业及其全资子公司、控股子公司和分公司对本市地方经济实际贡献合计 1500 万元及以上。

服务业：上年度营业收入 10 亿元及以上，或上年度总部企业及其全资子公司、控股子公司和分公司对本市地方经济实际贡献合计 1000 万元及以上。

问：功能型地区总部的认定条件有哪些？

答：根据《成都市人民政府关于加快总部经济发展做强国家中心城市核心功能支撑的意见》（成府函〔2018〕13 号）规定，功能型总部企业是指经母公司授权承担部分总部功能的企业。

（一）基本标准。符合成都市产业发展政策，工商注册、税务登记和统计关系均在成都市；授权为母公司内关联企业提供研发、物流、采购、销售、结算、财务、信息处理等职能或其他支持型共享职能服务。

（二）产业标准。

农业：上年度总部企业及其全资子公司、控股子公司和分公司对本市地方经济实际贡献合计 200 万元及以上。

工业：上年度总部企业及其全资子公司、控股子公司和分公司对本市地方经济实际贡献合计 1500 万元及以上。

服务业：上年度总部企业及其全资子公司、控股子公司和分公司对本市地方经济实际贡献合计 1000 万元及以上。

问：成长型地区总部的认定条件有哪些？

答：根据《成都市人民政府关于加快总部经济发展做强国家中心城市核心功能支撑的意见》（成府函〔2018〕13 号）规定，总部企业标准条件具体如下：

（一）基本标准。符合成都市产业发展策，工商注册、税务登记和统计关系均在成都市。

（二）下属企业标准。拥有全资子公司或控股子公司或分公司数量不少于 3 家，其中在市域外全资子公司或控股子公司或分公司数量不少于 2 家。

（三）产业标准。达到综合型（区域型）产业标准中营业收入或资产总额或本市地方经济实得三分之一及以上，且同一指标认定前两年增速连续超过30%。

问：例外标准条件有哪些？

答：根据《成都市人民政府关于加快总部经济发展做强国家中心城市核心功能支撑的意见》（成府函〔2018〕13号）规定，例外标准条件指的是符合成都市产业发展政策，工商注册、税务登记和统计关系均在成都市的企业，具备以下条件可以直接认定为总部企业：在上海证券交易所或深圳证券交易所主板上市的企业；国家和中央部门管理的大企业（集团）区域总部；上年度公布的世界500强、美欧日500强、中国500强、民企500强、服务业500强和新经济500强的中国总部或在华区域总部；估值超过10亿元及以上的瞪羚企业、潜在独角兽企业。

金融业总部企业标准条件和支持政策另行制定。

问：总部企业可享受哪些鼓励政策？

答：根据《成都市人民政府关于加快总部经济发展做强国家中心城市核心功能支撑的意见》（成府函〔2018〕13号）规定，总部企业可享受"引进来"奖励、多做贡献奖励、能级提升奖励、"走出去"支持、人才建设支持、用地支持、融资支持、中介服务支持、落实税收优惠支持、特别支持。

问：总部企业的管理和服务部门有哪些？

答：根据《成都市人民政府关于加快总部经济发展做强国家中心城市核心功能支撑的意见》（成府函〔2018〕13号）规定，成立成都市总部经济发展领导小组，由市长任组长，相关市领导任副组长，市级有关部门为成员单位，负责全市总部经济发展的组织领导和统筹协调，研究制定全市总部经济总体发展战略、规划和重大项目，提出促进全市总部经济发展的政策措施，协调解决总部经济发展中的重大问题，指导、督促、检查总部经济发展各项工作。各区（市）县政府（含成都天府新区、成都高新区管委会，下同）要成立相应领导小组，明确机构具体抓总部经济工作。

21.2德阳市

德阳市,位于四川成都平原东北,东跨龙泉山入川中盆地,丝绸之路经济带和长江经济带的交汇处、叠合点,中国(四川)自由贸易试验区德阳协同改革先行区。

德阳市是国家全面创新改革试验区、中国重大装备制造业基地、国家首批新型工业化产业示范基地和四川省重要的工业城市;目前正在加快建设全省经济副中心城市,打造装备智造之都、改革开放高地、古蜀文化名城、美丽幸福家园新"四张名片"。

问:德阳市出台的总部经济相关政策有哪些?

答:根据德阳市《德阳市招商引资优惠政策(试行)》(德办发〔2019〕11号)规定,其中"四、财政支持政策"和"五、保障支持政策"以及"其他事项"三个部分与总部经济有关。

问:总部经济相关政策的主要内容有哪些?

答:《德阳市招商引资优惠政策(试行)》(德办发〔2019〕11号)规定,涉及总部经济相关政策的主要内容包括:第十七条科技创新支持,明确了国内外知名企业建立研发中心等享受的支持政策。第十八条金融企业落户奖励,明确了金融类与似金融类企业享有的落户奖励政策。第十九条总部经济支持,明确了各类总部企业可享受的各类支持政策。第二十条高层次人才激励,明确了对新引进企业和新增投资企业新引进的高层次管理人才和高技术领军人才的激励政策。第二十三条社会引资人奖励,明确了对社会力量参与招商引资的奖励政策。第二十四条经济贡献奖励,明确了依据项目贡献大小,可享受项目承接地给予的经济贡献奖励。除此之外,还有一些支持保障措施。

问:总部经济相关政策的适用对象有哪些?

答:《德阳市招商引资优惠政策(试行)》(德办发〔2019〕11号)适用于经行业主管部门、商税务部门认定后总部企业,以及世界500强、国内100强企业的总部、运营中心、结算中心、呼叫中心等。

问:总部企业的认定条件有哪些?

答:《德阳市招商引资优惠政策(试行)》(德办发〔2019〕11 号)规定,总部企业认定由行业主管部门、商税务部门来完成。

问:总部企业可享受哪些鼓励政策?

答:《德阳市招商引资优惠政策(试行)》(德办发〔2019〕11 号)规定,新入驻总部企业可享受入驻奖励、购买/自建办公用房补贴。新引进世界 500 强及国内 100 强企业总部、运营中心、结算中心、呼叫中心可享受入驻奖励、"一事一议"政策等。

21.3 乐山市

乐山市,处在南丝绸之路、长江经济带交汇点,是成渝城市群规划建设的成都平原中心城市之一。北与眉山接壤,东与自贡、宜宾毗邻,南与凉山相接,西与雅安连界,中心城区距成都双流国际机场 100 千米。

乐山市是国家首批对外开放城市,也是四川省重要的工业城市,已经形成包括以电子信息、清洁能源、新材料、现代装备制造、生物制药为主的新兴产业,以盐磷化工、冶金建材、农产品加工为主的传统产业。正在深入推进"一总部三基地"建设,促进工业集中集约发展。乐山高新区是全省 7 个国家级高新区之一。

问:乐山市出台的总部经济相关政策有哪些?

答:乐山市出台《加快乐山高新区总部经济发展支持政策》(乐府办发〔2017〕36 号),旨在贯彻落实相关文件精神,吸引世界知名跨国公司、国内大企业、大集团区域总部和功能总部、高新技术企业总部、本土企业总部,以及现代服务业落户乐山高新区总部区。

问:总部经济相关政策的主要内容有哪些?

答:《加快乐山高新区总部经济发展支持政策》(乐府办发〔2017〕36 号)

开篇阐明本政策的目的之外,共分七个部分。第一部分明确了支持范围及方式;第二至五部分,明确了不同类别总部企业的优惠政策;第六部分附则,明确了认定与督促、利益分享、有效期、执行原则等内容;第七部分附件,明确了乐山市高新区总部经济企业认定标准。

问:总部经济相关政策的适用对象有哪些?

答:《加快乐山高新区总部经济发展支持政策》(乐府办发〔2017〕36 号)适用于总部企业,包括世界知名跨国公司、国内大企业、大集团区域总部和功能总部、高新技术企业总部、本土企业总部,以及现代服务业总部。

问:总部企业的认定条件有哪些?

答:《加快乐山高新区总部经济发展支持政策》(乐府办发〔2017〕36 号)及其《乐山市高新区总部经济企业认定标准》规定,总部企业认定标准按照高新技术企业、现代金融业、商贸流通业、其他服务业、其他总部企业分类如下:

(一)高新技术企业:属于国家战略性新兴产业、省战略性新兴产业和五大高端成长产业、市重点培育的新兴产业和优化提升的传统产业等领域的总部企业,上年度营业收入(中国会计年度合并报表数,下同)3 亿元及以上,区内当年应纳税且已入库企业所得税和增值税在 500 万元及以上。

(二)现代金融业:区内当年应纳税且已入库企业所得税和增值税在 300 万元及以上,且同时符合以下条件的。

商业银行上年末存款余额 30 亿元及以上;村镇银行上年末存款余额 10 亿元及以上;基金管理公司上年管理基金规模 30 亿元及以上;人身险保险公司上年保费收入 2 亿元及以上;财产险保险公司上年保费收入 1 亿元及以上;保险中介机构上年末资产总额 2000 万元及以上;金融租赁公司、财务公司上年末资产总额 10 亿元及以上;信托公司、汽车金融公司、消费金融公司上年末资产总额 5 亿元及以上;融资担保机构上年末资产总额 3 亿元及以上;小额贷款公司上年末资产总额 2 亿元及以上。

(三)商贸流通业:属于商贸流通企业总部,上年度营业收入 5 亿元及以上,区内当年应纳税且已入库企业所得税和增值税在500万元及以上。

(四)其他服务业:属于现代物流、信息服务、科技服务、研发设计、文化创意、服务外包、商务会展、旅游业等领域的企业总部(不含房地产业),上年度营业收入5000万元及以上,区内当年应纳税且已入库企业所得税和增值税在300万元及以上。

(五)其他总部企业认定标准。对特定的总部类型、新型业态的企业,或者不具有独立法人资格、但实际履行地区总部职能、实行统一核算、作为纳税主体,对园区经济增长贡献大的分公司(机构),在认定标准上可"一事一议"。

问:新型研发机构的认定条件有哪些?

答:《加快乐山高新区总部经济发展支持政策》(乐府办发〔2017〕36号)附件,即《乐山市高新区总部经济企业认定标准》规定,对研发主攻方向符合"一总部三基地"产业政策,研发成果转化能力突出,并且符合以下条件的新型研发机构给予一定的政策支持。

(一)首个年度研发经费支出不低于150万元或近2年研发经费支出平均不低于100万元/年。

(二)研究、开发和试验所需要的仪器、设备原值不低于200万元,办公和科研场所不少于500平方米。

(三)常驻研发人员不少于10人且占职工总人数比例达到30%以上,硕士学位或副高级职称以上人员应占研发人员的20%以上。

问:市外总部企业可享受哪些鼓励政策?

答:《加快乐山高新区总部经济发展支持政策》(乐府办发〔2017〕36号)规定,积极引进市总部企业,可享受开办补助、办公用房补助、用地支持、经营贡献奖励、人才激励政策等鼓励政策。

问:市内总部企业可享受哪些鼓励政策?

答:《加快乐山高新区总部经济发展支持政策》(乐府办发〔2017〕36号)规定,鼓励市内总部企业迁入总部区,可享受税收补贴,以及市外总部企业同样的鼓励政策。

问：升级类总部企业可享受哪些鼓励政策？

答：《加快乐山高新区总部经济发展支持政策》（乐府办发〔2017〕36 号）规定，支持总部区内企业发展总部，可享受办公用房升级补助、引荐奖励、提升能级补贴。

问：现代服务业总部企业可享受哪些鼓励政策？

答：《加快乐山高新区总部经济发展支持政策》（乐府办发〔2017〕36 号）规定，大力发展现代服务业，包括积极引进和培育研发机构、大力促进金融机构聚集、促进新兴先导型服务业发展、自然人贡献奖励四个部分。

问：总部企业的管理和服务部门有哪些？

答：《加快乐山高新区总部经济发展支持政策》（乐府办发〔2017〕36 号）规定，乐山高新区管委会负责统筹管理组织相关工作。

21.4 达州市

达州市，地处四川东部，是人口大市、资源富市、工业重镇、交通枢纽和革命老区，享有"巴人故里、中国气都"之称。达州市是川陕革命根据地的重要组成部分。达州市地处中国版图中心，是名副其实的中国圆心城，是成渝、关中–天水、大武汉三大经济区的重要连接带，是四川省对外开放的东大门和通江达海的东通道，历为秦巴地区物资集散地和商贸中心。达州市是全国三大气田之一和川气东送工程的起点，是国家重要的能源资源战略基地，是国家商品粮生产基地、生猪调出大市和国家农业综合开发的重点地区，是中国苎麻之乡、中国黄花之乡、中国乌梅之乡、中国糯米之乡、中国油橄榄之都、中国富硒茶之都、中国醪糟之都。达州市曾是国家"三线"建设的重点地区，已形成能源、化工、冶金、建材、机电、食品、医药、纺织、商贸、物流等为主体的产业体系。达州市先后被纳入成渝经济区区域规划和国家"一带一路"发展规划，受惠于秦巴山片区连片扶贫攻坚规划和川陕革命老区发展规划，迎来加快发展的重要战略机遇期。

问：达州市出台的总部经济相关政策有哪些？

答：达州市出台《中共达州市委 达州市人民政府关于促进和保障民营经济健康发展的实施意见》（达市委发〔2019〕3号），在"三、提升民营企业竞争力"中明确提出"（十一）支持总部经济"。

问：总部经济相关政策的主要内容有哪些？

答：根据《中共达州市委 达州市人民政府关于促进和保障民营经济健康发展的实施意见》（达市委发〔2019〕3号）规定，总部经济相关政策主要内容包括支持的总部企业类型、奖励政策及其方式等。

问：总部经济相关政策的适用对象有哪些？

答：《中共达州市委 达州市人民政府关于促进和保障民营经济健康发展的实施意见》（达市委发〔2019〕3号）适用于民营大企业、大集团总部，特别是世界500强、中国企业500强、中国民营企业500强。

问：总部企业的认定条件有哪些？

答：根据《中共达州市委 达州市人民政府关于促进和保障民营经济健康发展的实施意见》（达市委发〔2019〕3号）规定，对新设立或新引进的总部企业，实缴注册资本金在10亿元及以上，或控股母公司总资产不低于10亿元，或年主营业务收入不低于10亿元，且年纳税总额达州市留成部分不低于2000万元，或三类"500强"企业（世界500强、中国企业500强、中国民营企业500强）以及国内排名前10位的行业细分龙头企业，可认定为总部经济企业。

问：总部企业可享受哪些鼓励政策？

答：根据《中共达州市委 达州市人民政府关于促进和保障民营经济健康发展的实施意见》（达市委发〔2019〕3号）规定，总部企业可享受财政补助、落户和培育奖励。

问：总部企业的管理和服务部门有哪些？

答：根据《中共达州市委 达州市人民政府关于促进和保障民营经济健康

发展的实施意见》(达市委发〔2019〕3号)规定,各级党委、政府要加强对促进民营经济发展工作的领导,健全相应工作机制。完善政企沟通协调机制,广泛听取涉企政策意见,及时解决企业反映问题;建立政策发布机制,利用涉企政策信息发布平台,将有关项目、政策信息及时向民营企业发布推送;建立各级领导干部联系重点民营企业和商(协)会制度,推动各级领导干部和有关部门主动帮扶企业,第一时间回应诉求,第一时间解决问题。

21.5巴中市

巴中市,是四川省下辖地级市,位于四川盆地东北部,地处大巴山系米仓山南麓,中国秦岭 - 淮河南北分界线南,东邻达州,南接南充,西抵广元,北接陕西汉中。巴中市有丰富的矿产资源,比如石墨。巴中市拥有巴州工业园、恩阳工业园、南江东榆工业园、通江春在工业园、平昌星光工业园;拥有工业"绿色材料"镁合金项目、意科高性能碳石墨、四川兆润、同凯能源等重点项目。

问:巴中市出台的总部经济相关政策有哪些?

答:巴中市出台《关于加快发展总部经济的意见(试行)》(巴府发〔2018〕10号),旨在加快转变发展方式、优化经济结构、转换增长动力,积极引进、培育和扶持总部企业,大力提升全市对外开放合作水平。

问:总部经济相关政策的主要内容有哪些?

答:《关于加快发展总部经济的意见(试行)》(巴府发〔2018〕10号)主要内容分为五个大部分,分别明确了发展总部经济的指导思想;到2022年拟达到的工作目标;不同类型总部企业的认定条件;扶持政策的种类和条件;组织领导、发展规划、招引力度、政务环境等。

问:总部经济相关政策的适用对象有哪些?

答:《关于加快发展总部经济的意见(试行)》(巴府发〔2018〕10号)适用于总部企业。总部企业是指符合巴中产业发展政策,工商注册、税务登记和统计关系均在巴中市的企业,包括综合性总部企业、跨国(境)型公司地区总部、功能性总部企业、成长性总部企业、上市企业、世界500强和中国500强及央企区域性总部企业。

问:总部企业的认定条件有哪些?

答:根据巴中市出台《关于加快发展总部经济的意见(试行)》(巴府发〔2018〕10号)规定,总部企业认定条件如下:

一、特色农业

(一)上年度营业收入5000万元以上。

(二)上年度在巴中市纳税总额不低于200万元。

(三)注册资本100万元以上(实收资本)。

二、新型工业和建筑业

(一)新型工业。

1.上年度营业收入3亿元以上。

2.上年度在巴中市纳税总额不低于5000万元。

3.注册资本100万元以上(实收资本)。

(二)建筑业。

1.上年度营业收入5亿元以上。

2.上年度在巴中市纳税总额不低于5000万元。

3.注册资本2000万元以上(实收资本)。

(三)服务业。

(一)物流业、旅游业、租赁和商务服务业、科技服务、交通、水利、环境和公共设施管理业、教育、医疗卫生和社会服务业。

1.上年度营业收入5000万元以上。

2.上年度在巴中市纳税总额不低于1000万元。

3.注册资本100万元以上(实收资本)。

(二)批发零售业。

1.上年度营业收入5亿元以上。

2.上年度在巴中市纳税总额不低于3000万元。

3.注册资本200万元以上(实收资本)。

(三)住宿餐饮业和其他服务业。

1.上年度营业收入3亿元以上。

2.上年度在巴中市纳税总额不低于3000万元。

3.注册资本200万元以上(实收资本)。

(四)软件和信息服务业(含电商产业)、文化创意产业。

1.上年度营业收入1亿元以上。

2.上年度在巴中市纳税总额不低于5000万元。

3.注册资本100万元以上(实收资本)。

(五)金融业。

1.上年度营业收入1亿元以上。

2.上年度在巴中市纳税总额不低于2000万元。

3.注册资本100万元以上(实收资本)。

(六)房地产业。

1.上年度营业收入30亿元以上。

2.上年度在巴中市纳税总额不低于3亿元。

3.注册资本5000万元以上。

以上所称"上年度营业收入、纳税总额"是指企业上一个纳税年度汇算清缴完毕后在我市形成的营业收入、纳税总额。纳税总额是指由企业自身产生的企业所得税、增值税、消费税、房产税、土地使用税、印花税等全部税收,代扣代缴个人所得税、海关关税除外。企业营业收入和纳税总额,可以单个企业本身数据计算,也可将企业及其下属各级控股企业和分支机构的有关数据合并计算,但不得重复计算。对分公司、合伙企业等法律法规规定不需要注册资本的商事主体,不以注册资本作为条件。

问：总部企业可享受哪些鼓励政策？

答：根据巴中市出台《关于加快发展总部经济的意见（试行）》（巴府发〔2018〕10号）规定，总部企业可享受财政扶持、办公用房补贴、财力贡献大户奖励、上市融资奖励、高层管理人员奖励等。

问：总部企业的管理和服务部门有哪些？

答：根据巴中市出台《关于加快发展总部经济的意见（试行）》（巴府发〔2018〕10号）规定，成立巴中市总部经济发展协调小组，负责全市总部经济发展的组织领导和统筹协调，研究制定全市总部经济发展规划、政策措施，协调解决总部经济发展中的重大问题，指导、督促、检查总部经济发展各项工作。

22. 贵州省

22.1贵州省

贵州省,简称"黔"或"贵",位于我国西南地区东南部,东毗湖南、南邻广西、西连云南、北接四川和重庆。贵州省正在大力发展大数据信息产业、清洁能源产业、新能源汽车产业、新型建筑建材产业、民族特色文化产业等低碳清洁型产业,以及电子信息产业、大健康产业、现代山地高效产业、文化旅游业、新型建筑建材业等五大新兴产业等。2018年,全省地区生产总值14806.45亿元,比2017年增长9.1%。全年新设外商投资企业122个,比2017年增长52.5%;实际利用外资总额44.86亿美元,增长15.3%;高技术产业(制造业)实际直接使用外资2.06亿美元,增长290.2%。

问:贵州省出台的总部经济相关政策有哪些?

答:贵州省出台《贵州省跨国公司地区总部和功能性机构评定办法(试行)》(黔府办函〔2019〕49号),旨在鼓励跨国公司在黔设立地区总部和功能性机构,实现利用外资持续稳定增长,促进经济又好又快发展。

问:总部经济相关政策的主要内容有哪些?

答:《贵州省跨国公司地区总部和功能性机构评定办法(试行)》(黔府办函〔2019〕49号)按照规范性文件的体例分为总则、分则、附则共四章十二条。第一章包括第一、二条,明确了制定本办法的目的、对象。第二章包括第三、四、五、六、七条,明确了申报要求、评定条件、评定原则、评定机构。第三章包括第八、九条,明确了总部企业可以享受的支持政策种类。第四章包括第十、十一、十二条,明确适用范围、实施期限等。

问:总部经济相关政策的适用对象有哪些?

答:《贵州省跨国公司地区总部和功能性机构评定办法(试行)》(黔府办函〔2019〕49号)适用于在贵州省范围内设立的地区总部和功能性机构。跨国公司地区总部是指境外注册的母公司在贵州省设立的履行跨省以上区域范围管理和服务职能的总部类型的外商投资企业,分为投资性公司和非投资性公司两类。

跨国公司功能性机构是指境外注册的母公司在贵州省设立的履行在中国境内跨省市区域内的管理决策、资金管理、采购、销售、物流、结算、研发、培训等支持服务中多项职能的外商投资企业或分支机构。

问:跨国公司地区总部的认定条件有哪些?

答:根据《贵州省跨国公司地区总部和功能性机构评定办法(试行)》(黔府办函〔2019〕49号)规定,跨国公司地区总部须符合以下两个条件之一:

(一)经商务主管部门批准或备案在贵州省境内设立的外商投资性公司。

(二)经商务主管部门批准或备案设立并具备以下条件的外商投资企业。

1.符合本办法第二条中跨国公司地区总部的定义,且具有独立法人资格。

2.注册资本不低于100万美元。

3.母公司资产总额不低于3亿美元或净资产不低于1亿美元。

4.母公司已在中国境内投资累计缴付的注册资本总额不低于1000万美元,且母公司授权管理的中国境内外企业数(含分公司)不少于3个(其中至少1家注册在贵州省);或母公司在中国境内外投资或授权管理的企业(含分公司)不少于6个。基本符合前述条件,并为所在地区经济发展做出突出贡献的,可酌情考虑评定。

问:功能性机构的认定条件有哪些?

答:根据《贵州省跨国公司地区总部和功能性机构评定办法(试行)》(黔府办函〔2019〕49号)规定,功能性机构需符合以下条件:

（一）经商务部门批准或确认设立，具有独立法人资格的外商投资企业或其分支机构。

（二）符合本办法第二条中跨国公司功能性机构的定义。

（三）母公司的资产总额不低于 2 亿美元，在中国境内已投资设立不少于 2 家外商投资企业，其中至少 1 家注册在贵州省。

（四）注册资本不低于 200 万美元，如以分支机构形式设立的，总公司拨付的运营资金应不低于 200 万美元。

问：总部企业可享受哪些鼓励政策？

答：根据《贵州省跨国公司地区总部和功能性机构评定办法（试行）》（黔府办函〔2019〕49 号）规定，跨国公司地区总部和功能性机构可享受高层次人才便利化政策、财政贡献奖励、营收奖励、配套奖励等。

问：总部企业的管理和服务部门有哪些？

答：根据《贵州省跨国公司地区总部和功能性机构评定办法（试行）》（黔府办函〔2019〕49 号）规定，省商务厅负责统筹安排、协调、管理相关工作。

22.2 铜仁市

铜仁市，地处黔湘渝三省市结合部、武陵山区腹地，是西南地区连接中部和东部的桥头堡，素有"黔东门户"之称。铜仁市是社会稳定风险评估发源地，是首批国家智慧城市试点市，是武陵山片区区域发展与扶贫攻坚示范区，是民族团结进步示范区。铜仁市自然资源丰腴富饶，丰富的矿产资源为新材料、冶金化工等产业发展奠定了基础，已经形成以锰矿、煤矿开发和金属锰、铁合金、工业硅生产为主的原材料工业体系。目前，铜仁市正紧扣全省"加速发展、加快转型、推动跨越"主基调和"工业强省、城镇化带动"主战略，立足"一山两江四文化"的资源禀赋和交通环境的改善，大力实施新型工业化、信息化、城镇化、农业现代化"四化同步"发展和文化旅游产业"一业振兴"战略，着力打造黔东工业聚集区、环梵净山"金三角"文化旅游创新区和

"乌江经济走廊",全市经济社会持续快速健康发展。香港百丽集团、浙江农夫山泉等知名企业落户铜仁,中国淘宝网·铜仁馆已上线运营。

问:铜仁市出台的总部经济相关政策有哪些?

答:铜仁市出台《铜仁市人民政府关于推进总部经济发展的若干政策意见》(铜府发〔2017〕17号),旨在推进总部经济发展,发挥铜仁"黔东门户"的区位优势,挖掘铜仁"梵天净土"的生态潜力,做大做强中心城区经济规模,增加中心城区辐射带动功能,提升城市发展水平。

问:总部经济相关政策的主要内容有哪些?

答:《铜仁市人民政府关于推进总部经济发展的若干政策意见》(铜府发〔2017〕17号)包括九部分内容,分别明确了总部经济发展的重大意义;发展总部经济的重点领域及产业导向;吸引总部企业的大体框架;总部企业集聚区的规划布局;不同总部企业的认定条件及其负责部门;总部企业可以享受的六类优惠政策;为总部企业提供的各类服务性保障;为总部企业服务的工作机制;申请原则、解释权、实施期限等。

问:总部经济相关政策的适用对象有哪些?

答:《铜仁市人民政府关于推进总部经济发展的若干政策意见》(铜府发〔2017〕17号)适用于总部企业,包括引进来的国内外集团总部和区域性总部、扶持发展起来的本市总部企业。

问:总部企业的认定条件有哪些?

答:根据《铜仁市人民政府关于推进总部经济发展的若干政策意见》(铜府发〔2017〕17号)规定,总部企业认定分为新引进总部企业认定和现有总部企业认定。

(一)新引进总部企业认定。将企业营运总部或科技创新研发中心、商品采购配送中心、财务核(结)算中心、地区营运分支机构在铜仁市新注册登记具有独立法人和纳税主体资格的企业,采取财务集中核(结)算、商品汇总调拨、代理注册登记、申领填开发票、投资研发创新等方式,依法将所创税收缴纳在铜仁市,且符合以下条件的依法经营企业:

1.在铜仁市注册成立,具有独立法人资格,实行统一核算。

2.符合铜仁市产业发展规划和政策,且承诺在铜仁市经营期限不少于五年。

3.实缴注册资本货币出资不低于5000万元人民币。

4.对一些特定的总部类型或新兴业态的企业,在认定条件和鼓励政策上,可一事一议。高新技术企业、基金管理企业、投资性公司、文化旅游企业、物流企业、金融后台服务企业及其他高端服务企业,在总部认定时可适度倾斜。

(二)现有总部企业认定。在大力引进新的总部企业同时,鼓励本地现有企业申报总部企业认定并在铜仁做大做强。经认定的本地现有总部企业,须实缴注册资本货币首次增资超过5000万元,就增量部分分类参照享受补助政策。

(三)总部经济企业实行预认定制度。新设企业如要求申报总部经济企业的,可依据验资报告、企业设立批准文件或营业执照、项目可行性研究报告等正式文件及投资方专项说明,并且符合总部经济企业认定条件的,预认定为总部经济企业,预认定期为1年。预认定总部经济企业,可先兑现落户补助,其余补助在正式认定后一并兑现或补发。

问:总部企业可享受哪些鼓励政策?

答:根据《铜仁市人民政府关于推进总部经济发展的若干政策意见》(铜府发〔2017〕17号)规定,总部企业可享受落户补助政策、用房/用地扶持政策、税收优惠政策、后续奖励政策、人才激励政策、企业挂牌上市优惠政策等鼓励政策。

问:总部企业的管理和服务部门有哪些?

答:根据《铜仁市人民政府关于推进总部经济发展的若干政策意见》(铜府发〔2017〕17号)规定,成立市发展总部经济部门联席工作制度,由市政府分管领导担任联席工作总召集人,市直相关部门和各区县(高新区、开发区)政府(管委会)为联席成员单位,定期或不定期召开联席会议,研究解决总部经济发展中遇到的困难和问题,统筹指导、协调、督促整体工作开展。办公室设在市发改委,负责日常工作。

22.3贵安新区

贵安新区,2014 年 1 月 6 日国务院批复设立的第八个国家级新区,承载着西部地区重要经济增长极、内陆开放型经济新高地、生态文明示范区三大战略定位。位于贵阳市和安顺市结合部,地处黔中经济区核心区。重点发展以大数据为引领的电子信息、高端装备制造等五大产业,苹果、高通、富士康、华为、腾讯等知名企业落户,长江汽车首台纯电动商务客车下线,"两大一超"等项目加快推进。

问:贵安新区出台的总部经济相关政策有哪些?

答:贵安新区出台《贵安新区"建城市、聚人气、广招商、招大商"若干支持措施(试行)》(黔贵安管办发〔2019〕6 号),旨在迅速掀起新区"一城一带"产业大招商热潮,实现新区产业招商提质增效。

《贵安新区总部企业认定办法(试行)》(黔贵安管办发〔2018〕7 号),旨在规范总部企业认定和管理工作。

问:总部经济相关政策的主要内容有哪些?

答:《贵安新区"建城市、聚人气、广招商、招大商"若干支持措施(试行)》(黔贵安管办发〔2019〕6 号)开篇阐明本措施目的之外,共分八条。第一至五条分别明确了制造业、创新创业、软件和信息技术服务业、服务贸易、绿色金融等产业支持;第六、七条,分别明确了人才支持、用电支持;第八条明确了"一事一议","就高不就低、从优不重复"原则,监督管理,废止文件,施行日期和有效期、解释权等。

《贵安新区总部企业认定办法(试行)》(黔贵安管办发〔2018〕7 号)按照规范文件分为总则、分则和附则共计五章十六条。第一章包括第一至三条,明确了制定本办法的目的、适用对象、认定原则。第二章包括第四、五条,明确了总部企业认定的基本条件和具体条件。第三章包括第六至十二条,明确了总部企业申报的具体程序。第四章包括十三、十四条,明确了监督管理的具体方面。第五章包括十五、十六条,明确了解释权和执行期限等。

问:总部经济相关政策的适用对象有哪些?

答:《贵安新区"建城市、聚人气、广招商、招大商"若干支持措施(试行)》(黔贵安管办发〔2019〕6号)适用于制造业、创新创业、软件和信息技术服务业、服务贸易、绿色金融等行业的支持措施。

《贵安新区总部企业认定办法(试行)》(黔贵安管办发〔2018〕7号)适用于总部企业。总部企业是指在新区注册并依法开展经营活动,对一定区域内的控股企业或分支机构(以下称下属企业)行使管理和服务职能的企业法人机构。总部企业的投资主体、经济性质不限。

问:总部企业的认定条件有哪些?

答:根据《贵安新区总部企业认定办法(试行)》(黔贵安管办发〔2018〕7号)规定,总部企业认定标准包括基本条件和具体条件。

第四条 申请总部企业认定的企业,应具备以下基本条件:

(一)在新区直管区注册的法人企业,税收户管地在贵安新区。

(二)符合贵安新区产业发展政策。

(三)营业收入中来自下属企业的比例不低于30%。

(四)在贵安新区外投资或授权管理的企业不少于3个,并对其负有管理和服务职能。

(五)符合下列条件之一:

1.母公司或者实际控制人为世界500强企业(指美国《财富》杂志每年评选的"全球最大五百家公司"排行榜,本标准选取上一年度的世界500强企业),本企业为母公司在新区设立之最高级别机构。

2.商务部认定或备案的跨国公司地区总部(指《关于外商投资举办投资性公司的规定》〔商务部令2004年第22号〕对跨国公司地区总部的规定)。

3.中国企业500强、中国民营企业500强或中国连锁100强(中国企业500强是指由中国企业联合会、中国企业家协会按国际惯例向社会公布的上一年度中国企业500强排名;中国民营企业500强是指全国工商联向社会公布的上一年度上规模民营企业排名；中国连锁 100 强是指中国连锁经营协会向社会公布的上一年度中国连锁 100 强排名）。

4.国家和中央部门确定的大企业（集团）（指由国务院国资委管理的企业；银监会、保监会、证监会管理的金融企业；国务院其他部委管理的烟草、铁路等类型企业）。

5.经认定的国家高新技术企业。

6.其他年营业收入（或销售收入、产值）5000 万元以上的规模企业。

第五条　申请认定的总部企业应承诺 10 年内不将注册地址迁离贵安新区，不改变其在贵安新区的纳税义务。

问：总部企业可享受哪些鼓励政策？

答：根据《贵安新区"建城市、聚人气、广招商、招大商"若干支持措施（试行）》（黔贵安管办发〔2019〕6 号）规定，《贵州贵安新区管理委员会办公室关于加大总部经济财政扶持的意见（试行）》（黔贵安管办发〔2016〕115 号）同其他招商引资相关文件自然废止，也就是说，总部企业如同其他投资项目一样可享受相应行业的支持政策。

问：总部企业的管理和服务部门有哪些？

答：根据《贵安新区总部企业认定办法（试行）》（黔贵安管办发〔2018〕7 号）规定，招商引资领导小组负责统筹、协调、管理总部企业。

23. 云南省

23.1昆明市

昆明市,位于中国西南云贵高原中部,南濒滇池,三面环山,滇池平原。昆明市是中国面向东南亚、南亚乃至中东、南欧、非洲的前沿和门户,具有东连黔桂通沿海,北经川渝进中原,南下越老达泰柬,西接缅甸连印巴的独特区位优势。2019 年 8 月 2 日,《国务院关于印发 6 个新设自由贸易试验区总体方案的通知》印发实施,中国(云南)自由贸易试验区正式设立。昆明片区成为云南省自由贸易试验区三个片区之一。

问:昆明市出台的总部经济相关政策有哪些?

答:昆明市出台《昆明市人民政府关于加快发展总部经济的意见》(昆政发〔2010〕62 号)、《昆明市加快总部经济发展支持政策(试行)》(昆政发〔2016〕62 号)。经过与昆明市相关部门核实,前者正在申请废止过程中,后者已经废止。修订版正在提交市政府的过程中。

《昆明市人民政府关于加快建设区域性国际经济贸易中心的实施意见》(昆政发〔2019〕25 号),旨在加快建设立足西南、面向全国、辐射南亚东南亚的区域性国际经济贸易中心。

问:总部经济相关政策的主要内容有哪些?

答:《昆明市人民政府关于加快建设区域性国际经济贸易中心的实施意见》(昆政发〔2019〕25 号),除去开篇阐明本意见的目的之外,共分四个部分,分别明确了总体要求、发展目标、主要任务、保障措施等相关事宜。

问：总部经济相关政策的适用对象有哪些？

答：《昆明市人民政府关于加快建设区域性国际经济贸易中心的实施意见》(昆政发〔2019〕25号)适用于总部企业。其中鼓励跨国公司在昆设立总部及研发、采购、运营和培训中心，逐步发展上中下游配套的产业聚集和人才汇聚。

问：总部企业的管理和服务部门有哪些？

答：根据《昆明市人民政府关于加快建设区域性国际经济贸易中心的实施意见》(昆政发〔2019〕25号)规定，在市建设区域性国际中心城市领导小组的领导下，成立昆明市区域性国际经济贸易中心建设领导机构，建立由市发展改革委、市商务局牵头，市级有关部门参加的经济贸易中心建设协调议事机制，研究制定经济贸易中心建设具体措施，明确任务分工、落实工作责任。

23.2 普洱市

普洱市，别称思茅，云南地级市，位于云南省西南部；东临红河、玉溪，南接西双版纳，西北连临沧，北靠大理、楚雄，东南与越南、老挝接壤，西南与缅甸毗邻。普洱市是"七彩云南"丰富性和多样性的缩影，是全国唯一的国家绿色经济试验示范区，是云南"动植物王国"的缩影，全国生物多样性最丰富的地区之一；是北回归线上最大的绿洲，被联合国环境署称为"世界的天堂，天堂的世界"；具有"一市连三国、一江通五邻"的独特区位，有2个国家一类口岸、1个国家二类口岸、17条通道，是云南建设面向南亚东南亚辐射中心的前沿。2018年，全市实现生产总值662.48亿元，同比增长8.5%，高于全国1.9个百分点，低于全省0.4个百分点。

问：普洱市出台的总部经济相关政策有哪些？

答：普洱市出台《普洱市人民政府关于发展总部经济的实施意见(试行)》(普政发〔2012〕204号)，旨在深入贯彻落实科学发展观，转变经济发展方式，加快总部经济发展,推动产业结构优化升级和城市功能提升,积极吸引国内外大企业到普洱设立企业总部,推进普洱科学发展、和谐发展、跨越发展。

问:总部经济相关政策的主要内容有哪些?

答:《普洱市人民政府关于发展总部经济的实施意见(试行)》(普政发〔2012〕204号)分为六个部分的主要内容,分别明确了发展总部经济对普洱加快发展具有重要意义;发展总部经济的指导思想、原则和目标;发展总部经济的战略定位;总部企业的认定标准;促进总部经济发展的优惠政策;总部经济发展保障措施。

问:总部经济相关政策的适用对象有哪些?

答:《普洱市人民政府关于发展总部经济的实施意见(试行)》(普政发〔2012〕204号)适用于企业总部。重点引进茶、林、电、咖啡、生物药、休闲养生等六方面的知名企业集团,符合普洱产业发展导向的新兴行业领军企业,以及国内外大企业的决算中心、管理中心、研发中心、采购中心、物流中心、投资中心和营销中心等在普洱设立区域总部;大力引进东盟和面向东盟发展的企业总部进驻普洱;大力支持普洱市茶、林、电、矿、文化旅游养生五大支柱产业和咖啡、生物药、烟草、蚕桑、橡胶、渔牧六大骨干产业成长型企业总部的建立和发展。

问:总部企业的认定条件有哪些?

答:根据《普洱市人民政府关于发展总部经济的实施意见(试行)》(普政发〔2012〕204号)规定,具备以下条件之一的企业,经认定可视为总部企业:

(一)具有独立法人资格,在本市注册登记,总部或核心运营机构设在本市;注册资本金1000万元人民币以上;营业收入2亿元人民币以上;上一年企业所纳税额中本地财政收入部分500万元人民币以上;普洱市外2个以上下属机构的企业。

(二)世界500强、中国500强、央企、全国民营企业100强,在普洱注册成立、具有独立法人资格的分支机构。

(三)新引进的、对普洱未来发展具有支撑、引领、带动作用,发展前景好,或拥有高新技术知识产权、市外有 1 个以上下属机构的企业。

问:总部企业可享受哪些鼓励政策?

答:根据《普洱市人民政府关于发展总部经济的实施意见(试行)》(普政发〔2012〕204 号)规定,经认定的总部企业,可享受资金扶持、用地支持、人才奖补、绿色通道以及其他方面的鼓励政策。同时,也可享受普洱市其他发展优惠政策,按最优惠政策享受,不重复享受。

问:总部企业的管理和服务部门有哪些?

答:根据《普洱市人民政府关于发展总部经济的实施意见(试行)》(普政发〔2012〕204 号)规定,成立普洱市总部经济工作领导小组,由市主要领导任组长,市政府研究室、发改、工信、普洱市建设国家绿色经济试验示范区领导小组办公室(以下简称"市绿办")、人社、财政、住建、商务、招商、统计、工商、税务、质量技术监督等部门和各县(区)主要领导为成员,领导小组办公室设在市绿办。领导小组实行联席会议制度,负责谋划总部经济的发展。领导小组办公室负责具体组织实施工作。

第七部分

西北地区

24. 陕西省

24.1西安市

西安市,古称长安,陕西省省会,地处关中平原中部,是国家明确建设的3个国际化大都市之一、国家中心城市,先后获评国家卫生城市、国家园林城市、中国形象最佳城市、中国国际形象最佳城市、全国第四届、第五届文明城市,中国最具幸福感城市;拥有7个国家级开发区(西安高新技术产业开发区、经济技术开发区、曲江新区、浐灞生态区、阎良国家航空产业基地、国家民用航天产业基地、国际港务区),并代管一个国家级新区,即西咸新区。

中国(陕西)自由贸易试验区三个片区均位于西安市。中心片区重点发展战略性新兴产业和高新技术产业,着力发展高端制造、航空物流、贸易金融等产业,推进服务贸易促进体系建设,拓展科技、教育、文化、旅游、健康医疗等人文交流的深度和广度,打造面向"一带一路"的高端产业高地和人文交流高地;西安国际港务区片区重点发展国际贸易、现代物流、金融服务、旅游会展、电子商务等产业,建设"一带一路"国际中转内陆枢纽港、开放型金融产业创新高地及欧亚贸易和人文交流合作新平台;杨凌示范区片区以农业科技创新、示范推广为重点,通过全面扩大农业领域国际合作交流,打造"一带一路"现代农业国际合作中心。

2018年,实际利用外商直接投资63.54亿美元,增长14.9%。进出口总值3303.87亿元,增长29.6%,增速位居副省级城市第一。累计登记各类市场主体总数达到 148.15 万户。

问：西安市出台的总部经济相关政策有哪些？

答：西安市出台《西安市支持总部企业发展若干政策》（市政办发〔2018〕30号），旨在深入贯彻省委、省政府落实追赶超越的总要求，加快实现市第十三次党代会提出的"聚焦'三六九'，振兴大西安"的奋斗目标，助力品质西安建设，加快国际化大都市建设步伐，着力服务好现有总部企业，培育一批新的总部企业，推动全市经济社会持续稳定健康发展。

问：总部经济相关政策的主要内容有哪些？

答：《西安市支持总部企业发展若干政策》（市政办发〔2018〕30号）按照规范文件体例分为总则、分则、附则共计五章十四条主要内容，之外包括两个附件。第一章包括第一至三条，明确了制订本政策的目的、支持原则、支持对象的基本条件等；第二章包括第四条，明确了政策支持对象的具体条件；第三章包括第五至七条，明确了具体的支持政策；第四章包括第八至十二条，明确了组织机构构成、认定申请与政策兑现、政策落实督办、支持资金来源、监督问责等。第五章包括第十三、十四条，明确了政策执行原则、实施期限等。附件1《西安市支持总部企业发展若干政策实施细则》和附件2《西安市支持总部企业发展若干政策备忘录》。

问：总部经济相关政策的适用对象有哪些？

答：《西安市支持总部企业发展若干政策》（市政办发〔2018〕30号）适用于总部企业，包括总部机构及分支机构。

问：总部企业的认定条件有哪些？

答：根据《西安市支持总部企业发展若干政策》（市政办发〔2018〕30号）规定，总部企业是指在西安市注册、纳税及进行会计核算的总分机构；同时须满足还应符合以下条件之一：

（一）境内世界企业 500 强、中国企业 500 强、中国服务业企业 500 强、民营企业 500 强、国内行业细分排名前 30 位的龙头企业在本市实缴注册资本不低于 1 亿元，其纳入本市统计核算的产值规模（营业收入）不低于 5 亿元,年缴税总额西安市留成部分不低于 2000 万元。

(二)境外世界企业 500 强、国际行业细分排名前 50 位的龙头企业在本市实缴注册资本不低于 2000 万美元,其纳入本市统计核算的产值规模(营业收入)不低于 1 亿美元,年缴税总额西安市留成部分不低于 400 万美元。

(三)新一代信息技术、生物与健康产业、新材料与高端制造、文化传媒、时尚创意、新能源与节能环保、新能源汽车等新兴产业企业在所属行业内,行业排名或营业收入居全国前 50 名、全省前 10 名的领军企业,且年缴税总额西安市留成部分不低于 500 万元。

(四)科学研究企业年度营业收入 1 亿元以上,技术服务业、普惠金融业、文化教育业企业年度营业收入 5000 万元以上,年缴税总额西安市留成部分不低于 500 万元。

(五)互联网、物联网、大数据公司、互联网金融等网络经济类企业年缴税总额西安市留成部分不低于 300 万元。

(六)符合本市产业发展规划和产业政策,且对我市行业发展具有重大支撑带动作用,经市政府一事一议,可纳入本政策支持范围。上述未涉及的其他行业企业,年缴税总额西安市留成部分不低于 1000 万元。

上述年缴税总额西安市留成部分为总部企业及其投资管理企业或控股企业在西安市范围内缴入市级、区县级(开发区)国库的税收收入之和。

问:总部企业可享受哪些鼓励政策?

答:根据《西安市支持总部企业发展若干政策》(市政办发〔2018〕30 号)规定,总部企业可享受落户奖、贡献奖、效益奖、进步奖、发展奖、投资奖、产业奖、出口奖、上市奖等奖励政策;可享受用地补助、用房补助、公交服务、物流服务、政务服务等服务政策;可享受员工落户、人才引进、员工医疗保障、员工子女教育、员工住房、员工再教育等员工奖励政策。

问:总部企业的管理和服务部门有哪些?

答:根据《西安市支持总部企业发展若干政策》(市政办发〔2018〕30 号)规定,成立西安市总部企业发展领导小组,组长由市政府常务副市长担任,副组长由分管投资合作工作的副市长及副秘书长担任,成员包括市投资委、市发改委、市工信委、市财政局、市国税局、市地税局、市统计局、市商务局、市公安局、市房管局、市教育局、市工商局、市国土局、市建委、市卫计委、市金融办、市人社局、市交通局、市公交总公司、市地铁办、西安海关等单位主要负责人,负责全市总部企业发展工作。领导小组下设办公室,办公室设在市投资委,办公室成员单位包括市投资委、市发改委、市工信委、市财政局、市国税局、市地税局、市统计局、市商务局等部门,牵头负责本政策的组织实施。

24.2 渭南市

渭南市,地处陕西关中渭河平原东部,东濒黄河与河东古邑运城、陕州故地三门峡、帝尧都邑临汾相毗邻,西与千年帝都西安、咸阳相接,南倚秦岭与商洛为界,北靠桥山与革命圣地延安、铜川接壤。渭南市是中华民族的重要发祥地,素有华夏之根、文化之源、三圣故里、将相之乡美誉;是八百里秦川最宽阔的地带,有"三秦要道,八省通衢"之称,是中原地区通往陕西乃至大西北的咽喉要道,又是新欧亚大陆桥的重要地段,是丝绸之路经济带起点段的关键组成部分。

问:渭南市出台的总部经济相关政策有哪些?

答:渭南市出台《渭南市人民政府关于扩大对外开放积极利用外资的实施意见》(渭政发〔2018〕33 号),旨在落实省政府文件精神,深入推进对外开放,提升利用外资水平,打造更加优良的营商环境。

问:总部经济相关政策的主要内容有哪些?

答:《渭南市人民政府关于扩大对外开放积极利用外资的实施意见》(渭政发〔2018〕33 号),除去开篇阐明本意见的目的之外,共分三个部分,分别明确了培育外资发展新动能、优化营商环境、加大招引外资力度、完善保障措施等相关政策,并将每部分进行了分工安排。

问：总部经济相关政策的适用对象有哪些？

答：《渭南市人民政府关于扩大对外开放积极利用外资的实施意见》（渭政发〔2018〕33 号）适用于总部企业，包括跨国公司地区总部、研发中心、国内企业总部等。

问：总部企业可享受哪些鼓励政策？

答：《渭南市人民政府关于扩大对外开放积极利用外资的实施意见》（渭政发〔2018〕33 号），总部企业可享受"一事一议"和"一企一策"、重大项目支持、各县市区自行出台的跨国公司地区总部鼓励政策、用地保障、拓宽融资渠道、高层次人才政策等。

问：总部企业的管理和服务部门有哪些？

答：《渭南市人民政府关于扩大对外开放积极利用外资的实施意见》（渭政发〔2018〕33 号），建立渭南市利用外资工作联席会议制度，加强对利用外资工作的组织领导，统筹重大外商投资项目"一事一议""一企一策"等扶持政策，及时解决全市外资工作中重大问题。

25. 甘肃省

25.1 甘肃省

甘肃省,古属雍州,地处黄河上游,东接陕西,南控巴蜀青海,西倚新疆,北扼内蒙古、宁夏,是古丝绸之路的锁匙之地和黄金路段。甘肃省是一个发展潜力和困难都比较突出、优势和劣势都比较明显的省份。经过新中国成立以来的开发建设,已形成了以石油化工、有色冶金、机械电子等为主的工业体系,成为我国重要的能源、原材料工业基地。2018 年,全省生产总值 8246.1 亿元,比 2017 年增长 6.3%,增速比上年提高 2.7 个百分点,实现了 6% 左右的预期发展目标。其中,第一产业增加值 921.3 亿元,增长 5.0%;第二产业增加值 2794.7 亿元,增长 3.8%;第三产业增加值 4530.1 亿元,增长 8.4%。三次产业结构比为 11.17:33.89:54.94。

问:甘肃省出台的总部经济相关政策有哪些?

答:甘肃省出台《甘肃省支持总部企业发展政策措施(试行)》(甘政办发〔2018〕227 号),旨在吸引总部企业集聚,培育壮大总部企业规模,增强区域辐射带动力和综合竞争力,加快经济结构转型升级和构建现代化经济体系。

问:总部经济相关政策的主要内容有哪些?

答:《甘肃省支持总部企业发展政策措施(试行)》(甘政办发〔2018〕227 号)共计包括三个主要内容,第一部分明确了制定本措施的意义及其适用对象;第二部分明确了八个方面的支持政策及其具体分工;第三部分,即最后的附加条款则明确了支持原则和实施期限等。

问：总部经济相关政策的适用对象有哪些？

答：《甘肃省支持总部企业发展政策措施（试行）》（甘政办发〔2018〕227号）适用于总部企业。总部企业是指在甘肃省注册、纳税及进行会计核算的总分机构（包括总部机构及分支机构），对全球或一定区域内的企业行使投资控股、运营结算、营销推广和财务管理等管理服务职能，至少拥有3家以上分支（子）公司或控股公司。

问：总部企业可享受哪些鼓励政策？

答：根据《甘肃省支持总部企业发展政策措施（试行）》（甘政办发〔2018〕227号）规定，总部企业可享受引进培育奖、发展壮大的递增奖励、设立总部企业绿色通道等"保姆式"服务、保障项目用地、施行各类税费优惠、落实人才引进便利化服务等支持政策、满足差异化融资需求等融资服务、支持各类研发机构／平台／研发中心等科技创新平台。

问：总部企业的管理和服务部门有哪些？

答：根据《甘肃省支持总部企业发展政策措施（试行）》（甘政办发〔2018〕227号）规定，省发展改革委会同省财政厅、省市场监管局、省统计局、省税务局等部门共同负责为总部企业提供管理和服务。

后 记

2019年的最后一天，辞旧迎新之日，我完成第五部有关跨国公司地区总部的专著书稿，心中别有一番滋味。

一是坚守初心却难驾驭。笔者围绕跨国公司地区总部展开相关研究已然近二十年，随着研究越来越深入，似乎需要研究的问题也越来越多。这着实让笔者有些兴奋，但也有些头疼。兴奋的是有机会实现出版一部关于跨国公司地区总部相关政策研究专著的愿望，头疼的是年底考核无情地挤占了我的精力和时间。该何去何从？

二是感恩之情不禁油然而生。感恩父母生我养我育我纵容我！感恩姐姐们的无私奉献！感恩博士导师张岩贵先生和博士后导师唐朱昌先生多年来的细心指导和培养！感恩梁学平院长的支持！感恩卢春艳、翁建玲、王赫洋三位同学帮助搜集资料！感恩所有提供帮助的老师和朋友！感恩在写作过程中各地方政府部门给予的帮助！感恩所有读者！

三是感慨近二十年的时光流逝。2001年秋季，笔者有幸进入南开大学跨国公司研究中心，跟随张岩贵先生攻读世界经济学博士学位，研究方向为跨国公司与国际直接投资。张先生学识渊博，为人谦和、温文尔雅，指导弟子们总是不厌其烦。入学之后的第二个学期，当我向张先生请教论文选题时，坦言想研究有关跨国公司地区总部区位选择方面的问题。张先生剖析了国内外跨国公司发展特点及其未来趋势，当即肯定了我的想法……那情那景已经过去近二十年，今日此刻想起来依然让我感动。

回想这近二十年，既是笔者成长的近二十年，也是中国对外开放的大门越开越大的近二十年，更是以跨国公司地区总部作为主体之一的总部经济政策越来越完善的近二十年。对此，笔者萌发了梳理解读各地区总部经济相关政策的念头，但是一直苦于脑勤手懒的状态，一拖再拖，最后拖到了中国全面建成小康社会之年……

　　是为后记。

任永菊

2019 年 12 月 31 口